तीर्थों में तीर्थराज प्रयाग

तीर्थों में तीर्थराज प्रयाग

श्री प्रकाश
पूर्व प्रमुख उप सम्पादक 'दि लीडर' अंग्रेजी दैनिक
पूर्व महामन्त्री इलाहाबाद जर्नलिस्ट एसोसिएशन

लोकभारती प्रकाशन
पहली मंजिल, दरबारी बिल्डिंग, महात्मा गाँधी मार्ग, इलाहाबाद-1

लोकभारती प्रकाशन
पहली मंजिल, दरबारी बिल्डिंग, महात्मा गाँधी मार्ग
इलाहाबाद-211 001
वेबसाइट : www.lokbharatiprakashan.com
ईमेल : info@lokbharatiprakashan.com
शाखाएँ : 1-बी, नेताजी सुभाष मार्ग, दरियागंज
नई दिल्ली-110 002
अशोक राजपथ, साइंस कॉलेज के सामने
पटना-800 006 (बिहार)
36-ए, शेक्सपियर सरणी
कोलकाता-700 017

प्रथम संस्करण : 2013
द्वितीय संस्करण : 2017

मूल्य : ₹ 350

इण्डियन प्रेस
इलाहाबाद द्वारा मुद्रित

TEERTHON MEIN TEERTHRAJ PRAYAG
by Shri Prakash

ISBN : 978-81-8031-579-4

अनुक्रम

दो शब्द

तीर्थ तो अनेक हैं, लेकिन तीर्थराज है केवल एक—प्रयागराज। गंगा, यमुना तथा सरस्वती के त्रिवेणी संगम पर बसा प्रयागराज पौराणिक युग से ही भारतीय संस्कृति का प्रतीक रहा है। गंगा-यमुना का संगम आज भी मौजूद है, किन्तु सरस्वती कब, कहाँ और कैसे विलुप्त हो गयी यह शोध का विषय है।

प्राचीन काल से ही शिक्षा का भी यह प्रमुख केन्द्र था। महर्षि भरद्वाज ने यहीं अपना गुरुकुल स्थापित किया था। कहते हैं गंगा की धारा उस समय भरद्वाज मुनि के आश्रम के नीचे बहती थी। उस समय उनके आश्रम का इतना महत्त्व था कि भगवान् राम भी वन जाते समय यहाँ आये थे। देश के प्रथम स्वतन्त्रता संग्राम के समय सन् 1857 में भी इस नगर ने बढ़-चढ़कर हिस्सा लिया और ब्रिटिश शासन को यहाँ से उखाड़कर अपना परचम फहराया था।

अकबर के समय ही प्रयाग का नाम बदलकर अल्लाह-आबाद और यही नाम बिगड़ता हुआ इलाहाबाद हो गया। अंग्रेजी शासन के खिलाफ कांग्रेस तथा महात्मा गाँधी के स्वतन्त्रता आन्दोलन के समय इलाहाबाद का आनन्द-भवन आन्दोलन का केन्द्र बन गया। देशभर के नेता यहाँ एकत्र होकर आन्दोलन की रूपरेखा तैयार करते थे और आन्दोलन की दिशा निर्धारित होती थी। असहयोग आन्दोलन, नमक सत्याग्रह और 1942 के भारत छोड़ो आन्दोलन के दौरान इस नगर की अग्रणी भूमिका थी, जिसने नेहरू के आनन्द-भवन को आधुनिक तीर्थ बना दिया।

स्वतन्त्रता के बाद इस नगर ने देश को सात प्रधानमन्त्री दिये—जवाहरलाल नेहरू, लालबहादुर शास्त्री, इन्दिरा गाँधी, विश्वनाथप्रताप सिंह, गुलजारीलाल नन्दा, चन्द्रशेखर और राजीव गाँधी। गुलजारीलाल नन्दा तथा चन्द्रशेखर इलाहाबादवासी तो नहीं थे, किन्तु उन्होंने उच्च शिक्षा यहीं ग्रहण की थी। उल्लेखनीय है कि राष्ट्रपति शंकरदयाल शर्मा ने भी उच्च शिक्षा इलाहाबाद विश्वविद्यालय से ही प्राप्त की थी।

इलाहाबाद विश्वविद्यालय प्रगति के ऐसे शिखर पर पहुँचा कि इसे ऑक्सफोर्ड ऑफ द ईस्ट (पूर्व का ऑक्सफोर्ड) की प्रतिष्ठा प्राप्त हुई। अपनी प्रतिष्ठा के अनुरूप

इलाहाबाद विश्वविद्यालय के समक्ष विकास तथा प्रगति की अपार सम्भावनाओं के मार्ग प्रशस्त हो गये हैं।

शिक्षा, संस्कृति तथा राजनीति के इस केन्द्र को अपने देश ही नहीं, पूरे विश्व में अद्वितीय प्रतिष्ठा प्राप्त है और यह आकर्षण का प्रमुख केन्द्र है।

प्रयाग साहित्य का भी महत्त्वपूर्ण केन्द्र रहा है, जहाँ महावीरप्रसाद द्विवेदी-जैसे 'सरस्वती' के सम्पादक ने खड़ीबोली के विकास में अविस्मरणीय योगदान दिया। पन्त, महादेवी, निराला ने हिन्दी कविता में छायावाद की परम्परा को तीन सशक्त स्तम्भ के रूप में आगे बढ़ाया। अन्यान्य उपन्यासकारों, कहानीकारों और निबन्धकारों ने इस नगर की साहित्यिक परम्परा को सशक्त बनाया और एक ऐसी विरासत छोड़ी जो नयी प्रतिभाओं के लिए प्रेरणा प्रदान करती रहेगी।

इलाहाबाद मात्र एक नगर नहीं, सम्पूर्ण भारतीय संस्कृति का प्रतिनिधि, पूरे विश्व के आकर्षण का केन्द्र है। यह शिक्षा, संस्कृति तथा धार्मिक आस्था का प्रतीक ही नहीं, भारतीय स्वतन्त्रता आन्दोलन और राजनीति का भी केन्द्र रहा है। इसे वह गौरव प्राप्त है जो सम्भवतः विश्व के किसी नगर को प्राप्त नहीं होगा।

हमारा विश्वास है कि इस नगर के सम्बन्ध में जानकारी प्राप्त करना सभी के लिए रोचक और रोमांचक होगा।

भविष्य में इस नगर को देश ही नहीं विश्व के भी पर्यटन मानचित्र में प्रमुख और प्रतिष्ठित स्थान प्राप्त होगा, इसमें कोई सन्देह नहीं।

हमने इस पुस्तक में अपने नगर की सभी जानकारियों को सँजोने का प्रयास किया है। फिर भी कुछ छूट गया हो या कोई त्रुटि रह गयी हो, तो क्षमाप्रार्थी हूँ।

—श्री प्रकाश

को कहि सकइ प्रयाग प्रभाऊ!

गोस्वामी तुलसीदासजी ने रामचरितमानस में कहा है–

तीरथपति पुनि देखु प्रयागा।
निरखत जन्म कोटि अघ भागा।।

तीर्थों के तीर्थ प्रयागराज का अपना महत्त्व और माहात्म्य है। इसका वर्णन हमें वेद, पुराण, उपनिषद्, रामचरितमानस, महाभारत, वाल्मीकि रामायण, कालिदासकृत रघुवंशम्, महाकवि विल्हण कृत विक्रमांक देव, सुबन्धु कृत वासवदत्ता आदि अनेक प्राचीन ग्रन्थों में मिलता है।

महाभारत के वनपर्व के 84वें अध्याय में प्रयाग प्रतिष्ठानपुर (वर्तमान झूँसी), वासुकी (वर्तमान नागवासुकी) और दशाश्वमेध (वर्तमान दारागंज) की चर्चा करते हुए कहा गया है कि पूर्व दिशा में ऋषि-सेवित, लोक-विख्यात गंगा-यमुना-सरस्वती के संगम पर सृष्टिकर्त्ता प्रजापति ब्रह्मा द्वारा सौ अश्वमेध यज्ञों का आयोजन किया गया था और इसीलिए इस स्थान का नाम प्रयाग पड़ा। कहते हैं कि भगवान् शिव, ब्रह्मा, इन्द्र, यम, वरुण, अग्नि, भरद्वाज, दुर्वासा, अत्रि, अनसुइया, मनु, पराशर आदि देवताओं एवं ऋषियों ने भी यहाँ यज्ञ किया था।

गंगायमुनयोर्वीर संगम लोक विश्रुतम्।
यत्रायजत भूतात्मा पूर्वमे पितामह।।

प्र का अर्थ हुआ प्रकृष्ट और याग का अर्थ यज्ञ, अर्थात् वह स्थान जहाँ विशेष रूप से यज्ञ किये गये थे। कहते हैं यहीं सोम, वरुण और प्रजापति-जैसे पूर्व-महाभारत तथा महाभारतकालीन योद्धाओं का जन्म हुआ था।

इसकी स्थिति के सम्बन्ध में मनु ने अपनी मनुस्मृति के दूसरे अध्याय में कहा है–

हिमवद्विन्ध्ययोर्मध्ये, यत्प्राग्विनशनादपि।
प्रत्यगेव प्रयागाच्च, मध्यदेशः प्रकीर्तितः।।

अर्थात्-हिमालय और विन्ध्याचल के बीच उस स्थान से पूर्व जहाँ सरस्वती बालुका पिण्ड में लोप हो जाती हैं और प्रयाग के पश्चिम में जो प्रदेश है उसे मध्यदेश कहते हैं।

मत्स्य पुराण में कहा गया है कि प्रयाग तीनों लोकों में विख्यात है। अग्नि पुराण और कूर्म पुराण में तो यहाँ तक कह दिया गया है कि इस पृथ्वीरूपी शरीर की जाँघ प्रयाग ही है।

तीर्थराज प्रयाग में गंगा-यमुना का सरस्वती के साथ जैसा संगम है, वैसा ही माहात्म्य को बतलानेवाले समस्त वेद, पुराण एवं मत-मतान्तरों में भी स्वर एवं विचारों का पारस्परिक संगम है, जो निम्न उद्धरणों से प्रकट होता है—

ग्रहाणाम् च यथा सूर्यो, नक्षत्राणां च यथा शशी।
तीर्थानामुत्तमं तीर्थं प्रयागाख्यामनुत्तमम्।।

—पद्मपुराण

इसी प्रकार नारदपुराण में संगम का महत्त्व बताते हुए ऋषि ने कहा है—

गंगा यमुनयोश्चैव संगमो लोक विश्रुतः।
स्वर्गं स्यात् स्वर्ग कामस्य, मोक्षः स्यात् मोक्षकामिनः।।

कहने का अभिप्राय यह है कि प्रयाग का त्रिवेणी क्षेत्र कामिक तीर्थ है। संगम में स्नान करने मात्र से राज्य, स्वर्ग, मोक्ष, सब-कुछ प्राप्त हो जाता है। त्रिवेणी में गंगा की धारा धवल, यमुना की धारा हरित एवं अन्तःसलिला सरस्वती की धारा लुप्त है। ब्रह्माजी ने त्रिवेणी की रचना ब्रह्मलोक की प्राप्ति के लिए किया था। इसी कारण सारे तीर्थ यहाँ इकट्ठे होते हैं, और एक मास का कल्पवास करके भक्तजन आत्मशुद्धि करते हैं।

कहते हैं कि प्रयाग में गंगा, यमुना तथा अदृश्य सरस्वती के संगम पर स्नान करके मानव पापमुक्त हो जाता है तथा ऐसा प्राणी शरीर त्यागने पर वैकुण्ठ लोक में निवास करता है।

प्रयागे तु नद्योयस्त माघ स्नानं करोति च।
मा तस्य फल संख्यास्ति श्रृणु देवर्षि सत्तम।।

महाकवि कालिदास ने अपने अमर ग्रन्थ 'रघुवंशम्' में कहा है कि सागरराज की दो पत्नीस्वरूपा गंगा और यमुना में स्नान करके लोग पवित्र हो जाते हैं और अज्ञानी अर्थात् तत्त्वज्ञानी न होने पर भी वे संसार के बन्धन अर्थात् जन्म-मरण के बन्धन से मुक्ति प्राप्त कर लेते हैं।

महाकवि विल्हण ने स्वयं संगम में स्नान करके अपने को धन्य माना है।

रामभक्ति परम्परा के प्रवर्तक गोस्वामी तुलसीदास जी ने 'रामचरितमानस' में प्रयाग के माहात्म्य पर यथेष्ट प्रकाश डाला है। उन्होंने एक स्थान पर कहा है कि प्रयागराज अलौकिक है, दिव्य है और इसके माहात्म्य की कथा गूँगे के गुड़ के सदृश अवर्णनीय है।

बटु बिस्वास अचल निज धरमा।
तीरथराज प्रयाग सुकरमा।।
अकथ अलौकिक तीरथ राऊ।
देइ सद्य फल प्रगट प्रभाऊ।।
को कहि सकइ प्रयाग प्रभाऊ।
कलुष पुंज कुंजर मृग राऊ।।

एक स्थान पर तुलसी ने कहा है–

माघ मकरगत रबि जब होई।
तीरथपतिहिं आव सब कोई।।
देव दनुज किन्नर नर श्रेनी।
सादर मज्जहिं सकल त्रिबेनी।।
पूजहिं माधव पद जलजाता।
परसि अखयबटु हरषहिं गाता।।

स्वयं भगवान् राम भी वन जाते समय प्रयाग आये थे और लंका-विजय के बाद अयोध्या लौटते समय भी वे पुष्पक विमान से प्रयाग होते हुए गये थे। राम, लक्ष्मण और सीता के साथ जब प्रयाग के निकट पहुँचे तो लक्ष्मण से बोले–"देखो सौमित्र, यही प्रयाग है। ऋषियों और मुनियों ने जो अग्निहोत्र किया है उसका सुगन्धित धुआँ यहीं से उठता दिख रहा है। और दो नदियों के मिलने की कल-कल ध्वनि भी तो सुनायी पड़ रही है। निश्चय ही हम गंगा और यमुना के संगम पर आ गये हैं।"

आज भी गंगा और यमुना के संगम पर पहुँचने पर दोनों नदियों के मिलाप से उत्पन्न कल-कल ध्वनि और लहरों का हर्षमिश्रित स्वर दूर से ही सुनायी पड़ता है।

वाल्मीकि रामायण के अनुसार संगम होकर राम-लक्ष्मण और सीता वर्तमान कर्नलगंज स्थित मुनिश्रेष्ठ भरद्वाज जी के आश्रम में वन जाते समय आये थे और

वहाँ विश्राम किया था। वहीं भरद्वाज मुनि ने चित्रकूट जाने का सुगम मार्ग श्रीराम को बताया था। उन्होंने कहा था, "हे राम, आप गंगा और यमुना के संगम से पश्चिम की ओर मुड़कर यमुना के किनारे-किनारे कुछ दूर चले जायँ। वहाँ आपको बरगद का विशाल वृक्ष मिलेगा और उसके चारों ओर अनेक छोटे-छोटे वृक्ष और पौधे दिखेंगे। कुछ-कुछ श्याम रंग के उस वृक्ष के नीचे सिद्धगण बैठकर जप-तप कर रहे होंगे। वहाँ से एक कोस और आगे चलने पर आपको नील वर्ण के वृक्षों का एक सघन वन मिलेगा, जिसमें अधिकांश पलाश, बेर और जामुन के वृक्ष होंगे। बस उसी वन से चित्रकूट जाने का मार्ग आपको मिल जायगा।"

रामचरितमानस के इसी काण्ड में चित्रकूट जाते समय भरतजी के भरद्वाज मुनि के आश्रम में आने का वर्णन किया गया है कि मुनि ने भरत की सेना के आतिथ्य-सत्कार के लिए ऋद्धि और सिद्धि का आह्वान किया था।

लंका पर विजय प्राप्त करके जब श्री रामचन्द्र वापस लौट रहे थे तो उन्होंने सीता जी को बताया था कि तीर्थों में श्रेष्ठ प्रयाग के दर्शन मात्र से करोड़ों पापों का नाश हो जाता है।

तीरथपति पुनि देखु प्रयागा।
निरखत जन्म कोटि अघ भागा।।
देखु परम पावनि पुनि बेनी।
हरनि सोक हरि लोक निसेनी।।

—रामचरितमानस

प्रयाग : इतिहास के धुन्ध में

बौद्ध काल, उसके पूर्व और उसके बाद

प्रयाग बौद्ध काल में देश का महत्त्वपूर्ण हिस्सा था, जिसकी राजधानी इस नगर से 30 मील दूर पश्चिम की ओर स्थित कौशाम्बी थी। कहते हैं चन्द्रवंशीय राजा कौशाम्ब ने इस नगर को बसाया था और इसका नाम भी अपने ही नाम पर रख दिया था। यह भी कहते हैं कि जिस स्थान पर कौशाम्बी को बसाया गया वहाँ कोसम्ब वृक्षों की बहुतायत थी। इन वृक्षों को कटवाकर इस नगर का निर्माण हुआ—इसी से इसे कौशाम्बी कहा गया। कौशाम्बी का वर्णन चीनी यात्री ह्वेनसांग ने भी इस प्रकार किया है—"प्रयाग के दक्षिण-पश्चिम से होकर हम एक सघन वन में पहुँचे जहाँ वन्य जीव-जन्तु तथा भयंकर जंगली हाथी भरे थे। अगर हमारे साथ यात्रियों की पूरी टोली न होती तो हमें उस जंगल को पार कर पाना मुश्किल-सा था।"

बाद में यह नगर कालचक्र में पड़कर ध्वस्त हो गया। अब उस स्थान पर खुदाई के बाद कुछ बड़े-बड़े टीले और उस नगर के भग्नावशेष प्राप्त हुए हैं। प्रदेश सरकार कौशाम्बी को पर्यटनस्थल के रूप में विकसित करने का प्रयास कर रही है।

बौद्ध काल के पश्चात् एक लम्बे अरसे तक प्रयाग किस नरेश के अधिकार में रहा, यहाँ क्या-क्या हुआ यह पता नहीं चलता।

अजातशत्रु के शासनकाल में ईसा से लगभग 450 वर्ष पूर्व गौतम बुद्ध भी प्रयाग की महानता के वशीभूत हो यहाँ आये और कई वर्षों तक उन्होंने यहाँ धर्म-प्रचार किया।

ईसा से 319 वर्ष पहले चन्द्रगुप्त मौर्य मगध का शासक बना तो प्रयाग पर भी उसका अधिकार हो गया। गुप्तवंशीय नरेशों के शासनकाल के अनेक चिह्न प्रयाग के आस-पास प्राप्त होते हैं। चन्द्रगुप्त के ही दरबार में यूनानी शासक सिल्यूकस

द्वारा भेजे हुए दूत मेगस्थनीज की पुस्तक में बार-बार प्रयाग का वर्णन देखने को मिलता है।

मौर्य शासक अशोक ने कौशाम्बी को अपनी उप राजधानी बनाया था, क्योंकि अपने पिता बिन्दुसार के समय प्रदेश के शासन के लिए वह कौशाम्बी में ही नियुक्त किया गया था और कौशाम्बी के महत्त्व को वह समझता था। उसने यहाँ एक कीर्ति-स्तम्भ भी बनवाया और उस पर अपनी तथा अपनी पत्नी की ओर से प्रजा के कल्याण के लिए आदेश अंकित करवाया था। इस स्तम्भ का ऊपरी हिस्सा तो नष्ट हो चुका है किन्तु शेष हिस्सा अभी भी इलाहाबाद के किले में मौजूद है।

समुद्रगुप्त ने भी प्रयाग के महत्त्व को अच्छी तरह पहचाना था। उस महाप्रतापी नरेश ने पुरानी झूँसी के ऊँचे टीले पर कुआँ बनवाया था जो समुद्रकूप के नाम से आज भी प्रसिद्ध है। उसने एक शिलालेख भी यहाँ लिखवाया था।

चन्द्रगुप्त द्वितीय के शासनकाल में एक चीनी यात्री फाहियान भारत आया। पूरे देश का भ्रमण करते हुए वह प्रयाग पहुँचा था। उसने अपने वर्णन में लिखा है कि महात्मा बुद्ध कुछ समय तक यहाँ रहे थे और एक भयंकर पिशाच को काबू में करके उसे बौद्ध बना दिया था। यहाँ के निवासियों ने एक स्तूप भी बनवाया था, जिसे महात्मा बुद्ध ने पवित्र कर दिया था। यहीं एक संघाराम या विहार भी था, जहाँ लगभग सौ बौद्ध भिक्षु रहते थे।

सन् 525 ई. तक तो प्रयाग मगध राज्य के ही अन्तर्गत रहा, किन्तु तभी मध्य एशिया की एक असभ्य जाति हूण लोगों का आक्रमण शुरू हो गया। मगध साम्राज्य में इतनी शक्ति न थी कि वह हूणों को परास्त कर सके इसीलिए मगध नरेश नरसिंह ने मध्य भारत के एक अन्य नरेश यशोधर्मन की सहायता ली। इन दोनों ने मिलकर हूणों को परास्त कर दिया किन्तु मगध नरेश की कमजोरी देखकर स्वयं यशोधर्मन ने मगध साम्राज्य के पश्चिमी भाग पर अधिकार कर लिया, जिसमें प्रयाग भी शामिल था। सन् 606 में यशोधर्मन की मृत्यु हो गयी और तब थानेश्वर के प्रसिद्ध नरेश हर्षवर्द्धन ने पूरे राज्य को जीत लिया और कन्नौज को अपनी राजधानी बना लिया। तब से प्रयाग कन्नौज राज्य के ही अन्तर्गत रहा।

कहते हैं, महाराज हर्षवर्द्धन प्रत्येक छह वर्ष पर कुम्भ या अर्द्धकुम्भ मेले के समय प्रयाग आया करते थे और पाँच वर्ष में संचित अपना धन-धान्य दान दे दिया करते

थे। हर्षवर्द्धन के काल में महात्मा बुद्ध भी यहाँ आये थे। हर्षवर्द्धन के काल में ही प्रसिद्ध चीनी यात्री ह्वेनसांग यहाँ आया था। उसने लिखा है, "संगम पर सैकड़ों मनुष्य आ-आकर स्नान करते हैं, और कुछ तो वहाँ पर प्राण ही त्याग देते हैं। उनका विश्वास था कि वहाँ प्राण त्यागने से स्वर्ग मिलता है। वे सात दिन तक भोजन नहीं करते, और इस व्रत के बाद संगम की धारा में कूदकर प्राण त्याग देते हैं। प्राचीन काल से यह प्रथा चली आयी है कि राजे-महाराजे और अन्य बड़े-बड़े धनाढ्य लोग जब यहाँ आते हैं तो वे अपना धन-धान्य दान-पुण्य में दे डालते हैं। महाराज हर्षवर्द्धन ने भी अपना पाँच वर्ष का संचित धन यहाँ एक दिन में बाँट दिया। उनके पास जब कुछ न रह गया तो उन्होंने अपना रत्नजड़ित मुकुट और गले से मुक्तमाल भी उतारकर दे दिया।"

ह्वेनसांग के उपर्युक्त वर्णन से स्पष्ट होता है कि अवश्य ही यह अवसर कुम्भ अथवा अर्द्धकुम्भ का रहा होगा और उसने पाँच वर्ष के संचित धन को छठे वर्ष दान में अर्पित किया होगा।

सन् 648 ई. में हर्षवर्द्धन की मृत्यु के बाद प्रयाग का इतिहास एक धुन्ध में डूब गया। ऐसा अनुमान है कि इस बीच गौड़ के पाल नरेश गोपाल और धर्मपाल के पश्चात् परिहार राजपूतों और फिर चन्द्रदेव गहरवार का प्रयाग पर अधिकार रहा। चन्द्रदेव गहरवार के वंश का अधिकार प्रयाग पर मुसलमानों के आगमन तक बना रहा। इस वंश के अन्तिम नरेश जयचन्द्र के किले के ध्वंसावशेष अभी भी गंगा के किनारे कड़ा में मौजूद हैं।

उथल-पुथल, मुस्लिम शासन

ग्यारहवीं शताब्दी में उत्तर भारत में पुनः विदेशी आक्रमणों से उथल-पुथल मच गयी। दिल्ली और कन्नौज की देशी रियासतें कमजोर पड़ चुकी थीं, उनके नरेशों में पहले जैसी शक्ति न थी। फलस्वरूप विदेशियों का आक्रमण स्वाभाविक ही था।

विदेशी आक्रमणों की इन आँधियों के बीच सन् 1194 ई. तक शहाबुद्दीन गौरी ने एक-एक करके दोनों बड़े देशी साम्राज्यों और छोटी-छोटी रियासतों को भी अपने अधिकार में कर लिया। इसी उथल-पुथल के बीच प्रयाग भी पहली बार मुसलमानी शासन के अन्तर्गत आया।

जब मुसलमानी शासन की जड़ें देश में काफी मजबूत हो गयीं तो उन शासकों ने तेरहवीं शताब्दी में अपने राज्य के पूर्वीय प्रदेशों की देख-रेख के लिए कड़ा को

एक केन्द्र बना दिया। कड़ा में जयचन्द के समय का किला पहले से मौजूद ही था। वहीं बादशाह द्वारा नियुक्त सूबेदार रहने लगा और बादशाह की ओर से प्रदेश का शासन चलाने लगा। जिस समय यह व्यवस्था शुरू हुई उस समय कुतुबुद्दीन ऐबक का शासन था।

और फिर आया मुगलों का शासनकाल। उनके समय में भी कड़ा ही साम्राज्य के पूर्वीय भाग के शासन का केन्द्र बना रहा।

•

ऐतिहासिक एवं अतिविशिष्ट घटनाएँ

नामकरण

अबुल फजल की आईने अकबरी के अनुसार प्रयाग का नया नामकरण इलाहावास अकबर के शासनकाल में ही हुआ था। अकबर ने इलाहावास को अपनी सल्तनत के पहले सूबे की इज्जत से नवाजा था। नया नाम आधा उर्दू आधा हिन्दी। अबुल फजल के अनुसार, यह नाम इसलिए पड़ा क्योंकि शहंशाह अकबर एक उदारवादी बादशाह थे और हिन्दू-मुस्लिम दोनों ही जनता की भावनाओं की कद्र करते थे। इसलिए उन्होंने आधा नाम इलाहा मुस्लिम भावनाओं के अनुरूप तथा वास हिन्दुओं की भावनाओं को तरजीह देने के लिए रखा था। इलाहावास का अर्थ था—"अल्लाह अर्थात् ईश्वर का निवास"। इतिहासकार बदायूँनी के अनुसार कलकत्ता के नेशनल म्यूजियम में सोने की दो मुहरें मौजूद हैं जिन पर इलाहावास के अतिरिक्त जहाँगीर का नाम भी अंकित है। उनका विश्वास है कि जहाँगीर जब अकबर से बागी हो गया था, उस दौरान यहाँ आकर उसने ये मुहरें इलाहाबाद में ही गढ़वायी थीं। मुहरों पर जहाँगीर नाम अंकित होने से उसका यह अनुमान सत्य प्रतीत होता है।

आईने अकबरी के अनुसार अकबर ने जब इलाहावास को अपना पहला सूबा बनाया तो उन्होंने इसकी सीमा जौनपुर के सिझौली परगना तक बढ़ा दिया और इसका विस्तार रीवा की सीमा कैमोर तक कर दिया। इस सूबे की चौड़ाई अकबर ने गाजीपुर की पूर्वी सीमा चौकाघाट से कानपुर के घाटमपुर तक कर दिया।

इस इलाहावास सूबे के उत्तर में अवध, दक्षिण में बान्धव (रीवा राज्य), पूर्व में बिहार और पश्चिम में आगरा का सूबा आईने अकबरी के अनुसार स्थित था।

जाहिर है कि शहंशाह अकबर ने इस नगर को 1584 ई. में नया नाम ही नहीं दिया बल्कि इसे अपनी सल्तनत का एक सूबा बना दिया—पहला सूबा।

इलाहावास नाम समय के साथ बदलता हुआ इलाहाबाद हो गया, जो सूबा तो नहीं रहा, लेकिन नगर इतना महत्त्वपूर्ण, जो देश में ही नहीं पूरे विश्व में विख्यात है और यहाँ आना पूरे विश्व के पर्यटकों के लिए एक अद्‌भुत अनुभव होता है।

किले का निर्माण

शहंशाह अकबर का एक सरदार काली कुली खाँ बागी हो गया था। उसकी पदवी खानेजमा थी और वह एक महत्त्वपूर्ण सूबेदार था। उसका भाई बहादुर खाँ भी बागी हो गया था।

अकबर को यह कतई बर्दाश्त नहीं था। अतः 1567 ई. में अकबर ने एक बड़ी सेना के साथ इन बागियों का दमन करने के लिए स्वयं उनका पीछा किया।

कड़ा से दक्षिण की ओर दस मील पर उन बागियों को अकबर की सेना ने घेर लिया। दोनों सेनाओं में जबर्दस्त युद्ध हुआ, जिसमें दोनों ही बागी भाई मारे गये। शहंशाह की सेना विजयी हुई।

इस विजय की स्मृति के रूप में अकबर ने इस युद्धस्थल का नाम फतेहपुर रख दिया, जो परगना कड़ा में आज भी फतेहपुर बेला के नाम से जाना जाता है।

युद्ध में अपनी विजय के बाद बादशाह अकबर ने प्रयाग की ओर प्रस्थान किया और प्रयाग में दो दिन निवास करने के बाद काशी की ओर प्रस्थान किया।

उसी यात्रा के समय गंगा-यमुना के संगम पर एक रमणीक स्थान देखकर अकबर ने वहाँ एक किला निर्मित करने का निश्चय कर लिया। लेकिन अपने विचार को कार्यान्वित करने में अकबर को देर लगी, क्योंकि उस समय वे विद्रोहियों को पूरी तरह कुचल देने में बहुत व्यस्त थे। उन्होंने झूँसी और प्रयाग की जागीर अपने एक विश्वसनीय हाजी मुहम्मद खाँ को जागीर के रूप में सौंप दी। 1568 ई. में अकबर का प्रसिद्ध योद्धा आसफ खाँ इस जागीर का जागीरदार बना। बाद में वह भी बादशाह से बागी हो गया और कुछ सेना के साथ उसने कड़ा के किले पर हमला कर दिया। इस आक्रमण में वहाँ का किलेदार इलियास खाँ मारा गया।

यह समाचार प्राप्त होते ही अकबर ने नयाबत खाँ को दण्डित करने के लिए फौज की एक बड़ी टुकड़ी को प्रयाग की ओर कूच करने का आदेश दिया।

यह खबर पाते ही नयाबत खाँ भागकर प्रयाग पहुँच गया और अरैल की तरफ यमुना को पार कर पूर्व की ओर भाग निकला। बादशाही सेना ने मिर्जापुर के निकट पीछा करते हुए उसे घेर लिया। युद्ध में शहंशाह की सेना ने उसे बुरी तरह पराजित कर दिया।

सन् 1580 में उन्हीं दिनों अकबर ने इलाहाबाद में अपना किला निर्मित करने की परिकल्पना को पूरा करने का निश्चय किया और किले के निर्माण के लिए नींव डाली गयी। जहाँ तक निश्चित तिथि का प्रश्न है, उसके सम्बन्ध में इतिहासकारों में मतभेद है।

उस समय के एक इतिहासकार अब्दुल कादिर बदायूँनी ने मुस्तकबुल तवारीख में लिखा है कि पटना से लौटते समय अकबर ने 1574 में प्रयाग में विश्राम किया था और उसी समय प्रयाग का नाम बदलकर इलाहावास रखने के साथ ही यहाँ किले के निर्माण के लिए नींव रखी थी। यही नहीं, बादशाह ने यहाँ सिक्के भी ढलवाये और फिर फतेहपुर सीकरी की ओर प्रस्थान किया।

दूसरे इतिहासकार निजामुद्दीन अहमद ने 'तबकाते अकबरी' में इस घटना की तारीख 1584 लिखी है।

एक अन्य इतिहासकार अबुल फजल ने 'आईने अकबरी' में किले के निर्माण की कोई तारीख नहीं लिखी है। परन्तु उसने यह लिखा है कि बादशाह ने प्रयाग का नया नाम इलाहावास रखने के साथ ही यहाँ पत्थर का एक किला बनवाया। इस किले में अनेक महल आदि बने हुए हैं। उसने लिखा है कि गंगा-यमुना के संगम को शहंशाह एकता का प्रतीक समझता था और यहाँ वह किला निर्मित करवाना चाहता था। यही नहीं, वह कुछ समय के लिए इसी किले से अपने साम्राज्य का शासन चलाना चाहता था ताकि बार-बार इस इलाके में होनेवाले विद्रोहों को कुचला जा सके और बगावती अपना सर उठाने से बाज आयें। इस सम्बन्ध में इस इतिहासकार ने सन् 1583 ई. का उल्लेख किया है। इसके अनुसार, अकबर फतेहपुर सीकरी से यमुना नदी के रास्ते 300 बड़ी नावों के बेड़े के साथ इलाहावास आया और नवम्बर, 1583 की पहली तारीख को यहाँ पहुँच गया। दूसरे ही दिन शुभ मुहूर्त्त में किले की नींव रखी गयी। निर्माण कार्य गंगा-यमुना के संगम के निकटवाले स्थान से आरम्भ करवाया गया।

किले के प्रथम खण्ड में आनन्द वाटिकाएँ निर्मित करवायी गयीं। प्रत्येक वाटिका में सुन्दर महल स्वयं शहंशाह के निवास के लिए निर्मित करवाये गये। दो

खण्डों में बेगमों के रहने के लिए महल बनवाये गये और चौथे खण्ड में सैनिकों के रहने के लिए बैरकें बनवायी गयीं।

ब्रिटिश इतिहासकार एलेक्जेण्डर कनिंघम का मत है कि इलाहाबाद का किला सन् 1572 में निर्मित हुआ था। दूसरे इतिहासकार विन्सेण्ट ए. स्मिथ की खोज है कि किला नवम्बर, 1583 में निर्मित हुआ।

वैसे अबुल फजल का कथन इस सम्बन्ध में अधिक प्रामाणिक प्रतीत होता है, क्योंकि वे शहंशाह के निकटस्थ इतिहासकार थे। अतः किले की नींव रखने की तिथि सोमवार, 14 नवम्बर, 1583 ही मान लेना उचित प्रतीत होता है।

जो भी हो, इतना निश्चित है कि किले का निर्माण बहुत अधिक कारीगर लगाकर बहुत कम समय में पूरा किया गया था।

आज किले को पूरी तरह सेना ने अपने नियन्त्रण में ले रखा है, अतः आम जनता उसमें निर्मित महलों, ख्वाबगाहों और फौजी बैरकों को नहीं देख पाती। और तो और अशोक स्तम्भ तथा असली अक्षयवट तक भी कोई नहीं पहुँच सकता।

सलीम का विद्रोह और खुसरूबाग का निर्माण

अकबर के समय में इलाहाबाद का सूबा सबसे महत्त्वपूर्ण था। अतः यहाँ का सूबेदार बादशाही खानदान का सदस्य ही हुआ करता धा। अकबर का बेटा सलीम भी 1595 में यहाँ का सूबेदार बना था। बाद में जहाँगीर के नाम से अकबर के देहान्त के बाद 1605 ई. में वह मुगल शहंशाह बना।

सलीम ने अपनी सूबेदारी के समय ही इलाहाबाद में खुसरूबाग का निर्माण करवाया था। खुल्दाबाद की सराय का निर्माण भी उसी की देन है। खुसरूबाग आज भी नगर का एक दर्शनीय स्थल और पर्यटकों के आकर्षण का केन्द्र है।

इतिहासकारों के अनुसार खुसरूबाग का निर्माण सन् 1595 से 1605 के बीच ही किया गया होगा।

कहते हैं कि सलीम ने जब अकबर से बगावत की थी उस समय उसने किले की टकसाल में अपने नाम के सिक्के ढलवाये थे और अलग राज्य बनाने के लिए अनेक इलाकों पर कब्जा कर लिया था।

किन्तु 1605 ई. में अकबर के देहान्त के बाद वही सलीम जहाँगीर के नाम से मुगल साम्राज्य का शहंशाह बनाया गया।

उसने सन् 1606 ई. में अपने बेटे परवेज को इस सूबे का सूबेदार बनाया और किले के अशोक स्तम्भ पर फारसी में अपना नाम और अपने वंश का सजरा भी खुदवाया।

जहाँगीर के बेटे खुसरू ने भी अपने बादशाह पिता से बगावत कर दी थी। उसके भाई खुर्रम ने खुसरू को बुरहानपुर में मरवा डाला और उसके मृत शरीर को इलाहाबाद लाकर खुसरूबाग में दफना दिया गया था।

इसी कारण इस बाग का नाम खुसरूबाग प्रसिद्ध हुआ। यह घटना सन् 1622 ई. की बतायी जाती है।

बादशाह जहाँगीर की मृत्यु हो जाने पर खुर्रम शाहजहाँ के नाम से दिल्ली के राजसिंहासन पर आसीन हुआ और उसने पक्के तौर पर इलाहावास का नाम इलाहाबाद रख दिया।

दाराशिकोह के स्मृति-चिह्न

यद्यपि दाराशिकोह को औरंगजेब ने कुचल दिया था, लेकिन इलाहाबाद के किले के अन्दर उसके निवास और पूरे इलाके में उसके प्रभाव के स्मृति-चिह्न आज भी मौजूद हैं। गंगा के किनारे बसा दारागंज उसी की स्मृति में बना मुहल्ला प्रतीत होता है। इस मुहल्ले में शिवाजी भी आकर एक पण्डे के यहाँ ठहरे थे और अपने एक बेटे सम्भाजी को छोड़ गये थे। कवि कलश नाम के व्यक्ति के यहाँ कुछ दिन रहने के कारण ही सम्भाजी ने गद्‌दी पर बैठने पर कवि कलश को अपना मन्त्री नियुक्त किया था।

दाराशिकोह का एक और स्मृति-चिह्न दारानगर है, जो कड़ा के पास स्थित है।

कड़ा से चार मील की दूरी पर बेगम सराय कस्बे को दाराशिकोह की बेगम नादिरा बेगम ने बनवाया था। इससे भी स्पष्ट है कि यहाँ दाराशिकोह ही नहीं, उसकी बेगम का भी अच्छा प्रभाव था।

राजा नवल राय

राजा नवल राय इलाहाबाद के इतने महत्त्वपूर्ण व्यक्ति थे कि सन् 1749 में नवाब सफदरजंग ने इन्हें यहाँ का आमिल नियुक्त किया। उन्होंने नवाब के आदेश

पर फर्रूखाबाद के बंगश पठानों पर हमला बोल दिया। वहाँ के नवाब मारे गये तब उनकी विधवा मालिया बेगम ने राजा नवल राय के पास सन्धि के लिए प्रार्थनापत्र भेजा। राजा नवल राय ने सन्धि के लिए 50 लाख की माँग की जिसे मालिया बेगम ने स्वीकार भी कर लिया लेकिन बाद में बीबी के साथियों ने यह रकम अदा नहीं की। फलस्वरूप राजा नवल राय स्वयं फौज लेकर फर्रूखाबाद पहुँचे और बेगम तथा उनके पाँचों बेटों को कैद कर लिया। बेटों को नवल राय ने इलाहाबाद के किले में भेज दिया लेकिन बेगम को उनके साथी छुड़ा ले गये। फर्रूखाबाद के पठानों ने मोहम्मद खाँ को अपना सरदार बना लिया और राजा नवल राय के क्षेत्रों में लूटमार शुरू कर दी। अगस्त, 1750 में राजा नवल राय अपनी सेना के साथ इन पठानों को दबाने के लिए गये। खुदागंज में पठानों और नवल राय की सेना में भीषण युद्ध हुआ। नवल राय हाथी पर सवार होकर स्वयं अपनी सेना का संचालन करते रहे और शत्रुओं पर तीर बरसाते रहे लेकिन दुर्भाग्यवश इस युद्ध में राजा नवल राय मारे गये।

राजा नवल राय ने इलाहाबाद के किले के निकट वर्तमान कीडगंज में एक तालाब बनवाया था जो 'राजा नवल राय का तालाब' के नाम से प्रसिद्ध है। उन्होंने यहीं पर एक बस्ती भी बसायी थी जो राजा नवल राय के तालाब के नाम से ही जानी जाती है।

राजा नवल राय के स्मृति-चिह्न के रूप में उन्नाव और फैजाबाद में भी 'नवलगंज' कस्बा बसा हुआ है।

नवाब सफदर जंग राजा नवल राय की मृत्यु से बहुत आहत हुआ। वह क्रोध से इतना उबल उठा कि इलाहाबाद के किले में कैद मोहम्मद खाँ बंगश और आलिया बेगम के पाँचों बेटों को बड़ी बेरहमी से कत्ल करवा दिया।

प्रयाग में मुगलकाल का अन्तिम युद्ध

सितम्बर, सन् 1750 के आरम्भ से 5 महीने तक इलाहाबाद का किला बागी सरदारों की सेना से घिरा रहा। अहमद खाँ ने इलाहाबाद के किले पर कब्जा करने के लिए इसे पूरी तरह घेर लिया था। झूँसी में टीलों के ऊपर उसने तोपें लगा दी थीं, जिनसे गंगा के उस पार से वह किले पर गोले बरसा रहा था। किले में रसद तथा माल लाने व ले जाने के लिए जो पुल किलेदार बर्काउल्ला खाँ ने बनवा रखा था उस पर बनारस के राजा बलवन्त सिंह ने कब्जा कर लिया। किलेदार बर्काउल्ला

खाँ अपनी सेना लेकर किले के बाहर आया और दोनों फौजों में भयंकर युद्ध छिड़ गया। किले और शहर के बीच में इतना भयंकर युद्ध हुआ कि पूरा शहर तहस-नहस हो गया। फिर भी अहमद खाँ किले पर कब्जा नहीं कर पाया। किले के लिए मुगलकाल का यह अन्तिम युद्ध था जिसमें किला तो बच गया किन्तु शहर तबाह हो गया।

●

किले तथा पूरे इलाहाबाद पर अंग्रेजों का अधिकार

दिल्ली में शहंशाह आलमगीर की मृत्यु की खबर पाकर उसका बेटा अली गौहर जो उस समय बंगाल में था, शाहआलम के नाम से बादशाह बन बैठा। लेकिन वह अवध के सूबेदार शुजाउद्दौला की मुट्ठी में था। इलाहाबाद का किला भी सन् 1759 में शुजाउद्दौला के ही अधिकार में था। सन् 1764 में शुजाउद्दौला की बक्सर की लड़ाई में अंग्रेज फौजों से युद्ध में पराजय हुई तब शाहआलम को महसूस हुआ कि अंग्रेजी फौजों की ताकत इतनी बढ़ चुकी है कि उनका मुकाबला करना मुश्किल है। उसने अंग्रेजों के सामने पूरी तरह आत्मसमर्पण कर दिया। अंग्रेज अफसर सर राबर्ट क्लेचर ने शाहआलम का बहुत स्वागत और सम्मान किया तथा उसे लेकर अपनी फौजों के साथ इलाहाबाद आ पहुँचा। यहाँ अंग्रेजी फौजों ने किले को घेर लिया लेकिन थोड़े से विरोध के बाद ही किलेदार ने भी आत्मसमर्पण कर दिया और किला अंग्रेजी फौजों को सौंप दिया। शाहआलम ने किले में पहुँचकर ईस्ट इण्डिया कम्पनी से सन्धि कर ली। इस सन्धि के अनुसार बंगाल, बिहार, उड़ीसा के दीवानों से शाहआलम को मिलनेवाले 25 लाख रुपये को वसूल करने का अधिकार भी ईस्ट इण्डिया कम्पनी ने अपने हाथ में ले लिया। शाहआलम को इलाहाबाद से लेकर कड़ा तक के इलाके पर अपना शासन बनाये रखने का अधिकार ईस्ट इण्डिया कम्पनी ने दे दिया। ईस्ट इण्डिया कम्पनी ने शाहआलम को नजराने में कुछ नकद रुपये भी दिये और उसे खुसरूबाग में रहने का आदेश दिया। इस प्रकार किले पर ईस्ट इण्डिया कम्पनी का अधिकार हो गया और शाहआलम खुसरूबाग में अपने दिन चैन से काटने लगा।

सन् 1797 ई. में आसफुद्दौला के स्थान पर सआदत अली खाँ नवाब बना। ईस्ट इण्डिया कम्पनी को इलाहाबाद किले से 76 लाख रुपये की जो रकम सालाना दी जानी थी, वह नियमपूर्वक नहीं दी जा रही थी और बकाया रकम लगातार बढ़ती

जा रही थी। अतः ईस्ट इण्डिया कम्पनी के दबाव में 14 नवम्बर, सन् 1801 को नवाब ने अंग्रजों से एक नयी सन्धि की जिसके अनुसार, इलाहाबाद जिला तथा इलाहाबाद का किला बकाया रकम के एवज में ईस्ट इण्डिया कम्पनी को दे दिया गया। तब से लगातार इलाहाबाद और उसके किले पर ईस्ट इण्डिया कम्पनी का ही आधिपत्य मामूली फेरबदल के साथ बना रहा।

उपर्युक्त सन्धि के अनुसार, इलाहाबाद के सूबे की केवल 5 सरकारें ईस्ट इण्डिया कम्पनी को मिलीं। ये सरकारें थीं इलाहाबाद, कड़ा, मानिकपुर, भटफोटा (वर्तमान बारा) और कोड़ा। इन सरकारों के अन्तर्गत 26 परगने थे। अंग्रेजों ने इलाहाबाद का पहला कलेक्टर ए. अहमूटी को नियुक्त किया। वर्तमान मुट्ठीगंज मोहल्ला उन्हीं के नाम से आज तक चला आ रहा है।

मार्च, 1829 में डिवीजन कमिश्नरी भी अंग्रेजों ने स्थापित कर दी और पहले कमिश्नर राबर्ट बार्लो नियुक्त किये गये।

सन् 1836 में 41 जिलों का एक अलग प्रान्त बनाया गया जिसको अंग्रेजों ने पश्चिमोत्तर देश का नाम दिया। इस प्रान्त का शासन चलाने के लिए इलाहाबाद को ही उसका केन्द्र बनाया गया और उसके लिए यहाँ एक लेफ्टिनेण्ट गवर्नर की नियुक्ति हुई। सन् 1831 में ही यहाँ बोर्ड ऑफ रेवेन्यू की स्थापना हुई जो अभी तक यहीं कायम है।

•

प्रथम स्वतन्त्रता संग्राम, सन् 1857

इतना है बदनसीब जफर दफ्न के लिए
दो गज जमीं भी न मिली कूए यार में।

यह दर्द है आखिरी मुगल शहंशाह बहादुरशाह जफर का, जिसने अवाम की नब्ज को अच्छी तरह पहचान लिया था और बादशाहत का गुमान छोड़कर अंग्रेजी शासन के खिलाफ पूरी सल्तनत के स्वतन्त्रता-सेनानियों का नायक, अलमदार बन गया था।

ईस्ट इण्डिया कम्पनी के दमनात्मक शासन के खिलाफ जो आग भड़की वह पूरी सल्तनत में तेजी से फैल गयी। स्वतन्त्रता के लिए संघर्ष कर रहे सभी सरगनाओं ने बहादुरशाह जफर से लाल किले में भेंटकर उन्हीं को अपना नायक बनाया और उन्हीं के नेतृत्व में जबरदस्त संग्राम छेड़ दिया।

12 मई, 1857 को स्वतन्त्रता-सेनानियों ने मेरठ में अंग्रेजी शासन के खिलाफ जो अलख जगाया वह चारों ओर फैलता हुआ इलाहाबाद तक भी पहुँच गया और यहाँ पूरे सवा साल तक स्वतन्त्रता-सेनानियों ने अंग्रेजों के छक्के छुड़ाये रखा जिनको कुचलने के लिए अंग्रेजी शासकों ने भयंकर दमनचक्र चलाया।

12 मई को मेरठ की घटना की खबर जब इलाहाबाद पहुँची तो पूरे नगर की जनता में भयंकर उत्तेजना फैल गयी। यहाँ तक कि बाजारों से खाने-पीने की चीजें भी गायब होने लगीं, महँगाई चरम सीमा पर पहुँच गयी और लगने लगा कि किसी भी दिन इलाहाबाद में भी अंग्रेजी शासन के खिलाफ जंग छिड़ जायेगी।

उत्तेजना लगातार बढ़ती जा रही थी। एक दिन आटे से लदी हुई कुछ नावें यमुना की ओर से आती दिखायी दीं। जब नावें किनारे पर आकर लगीं तब अंग्रेज मजिस्ट्रेट ने आटा यहाँ के बनियों के हाथ बेचने का हुक्म जारी किया। इस हुक्म के खिलाफ शोर-शराबा शुरू हो गया और बाजारें बन्द हो गयीं। यद्यपि मजिस्ट्रेट ने अंग्रेजों के खिलाफ शुरू हुई जंग की खबरों को छिपाने की जबरदस्त व्यवस्था कर रखी थी, फिर भी धीरे-धीरे स्वतन्त्रता के लिए छिड़ी लड़ाई की खबरें शहर में फैलने लगीं।

उस समय इलाहाबाद में पलटन नम्बर 6 तैनात थी। वहाँ दो मेवातियों को कैद कर रखा गया था। एक दिन पलटन के सिपाहियों ने दोनों मेवातियों को छोड़ दिया जिन्होंने अंग्रेजों के खिलाफ छिड़ी जंग का बिगुल शहर भर में फूँक दिया।

यह समाचार मिलते ही हेनरी लारेन्स ने घुड़सवार सैनिकों की एक पलटन को प्रतापगढ़ से किले की रक्षा के लिए रवाना किया। उस समय इलाहाबाद के खजाने में 30 लाख रुपये भी जमा थे। इस खजाने की रक्षा का भार भी इन्हीं सैनिकों को सौंपा गया। सुरक्षा के लिए खजाने में रखे 30 लाख रुपये किले में भेजने का निश्चय किया गया। इसके लिए गाड़ियाँ भी मँगायी गयीं लेकिन अंग्रेज अधिकारी भयभीत थे कि किले की ओर जाते समय रास्ते में ही खजाना लुट न जाये। इसी बीच सर हेनरी लारेन्स ने आदेश भेजा कि सेना के सिक्ख सिपाहियों का भी विश्वास न किया जाये, और किले तथा खजाने की रक्षा में केवल गोरे सिपाहियों को ही तैनात किया जाये। इसके फलस्वरूप खजाने को किले तक पहुँचाने की व्यवस्था नहीं हो सकी। अंग्रेजों के खिलाफ स्वतन्त्रता-सेनानियों की बगावत इतनी तेजी से फैलती जा रही थी कि 5 जून, 1857 को अंग्रेज जनरल ने इलाहाबाद के अफसरों को कानपुर से यह निर्देश भेजा कि सारे अंग्रेजों को किले के अन्दर सुरक्षित रखा जाये। उनके इस आदेश का पालन भी किया गया लेकिन कुछ अंग्रेज शहर में ही रह गये। पलटन नम्बर 6 के कुछ अंग्रेज अफसर भी किले में नहीं गये। उन्हें अपने सिपाहियों पर बड़ा भरोसा था।

यहाँ जब बनारस से यह खबर पहुँची कि वहाँ के सिपाहियों ने विद्रोह का झण्डा उठा लिया है और वे इलाहाबाद की ओर आ रहे हैं तब पलटन नम्बर 6 में भी खलबली मच गयी। उन्हें खुश करने के लिए 6 जून को दोपहर में एक परेड की गयी जिसमें गवर्नर-जनरल का सन्देश पढ़कर सुनाया गया जिसमें सिपाहियों की बहुत तारीफ की गयी थी। तारीफ सुनकर सिपाही खुश भी हुए लेकिन 6 जून को ही शाम के समय खबर आ गयी कि बनारस के सिपाही इलाहाबाद के नजदीक पहुँच रहे हैं।

दारागंज में गंगा पर बने नाव के पुल की रक्षा के लिए अंग्रेज अफसर हिक्स और हारवर्ड के साथ सिपाहियों को भेजा गया। इस पलटन के पास दो तोपें भी थीं। उसी दिन रात में 9 बजे इन दोनों तोपों से गोले दगने की आवाज आने लगी और उसी समय सिपाहियों ने आकाश में एक जलता हुआ अग्नि बाण फेंका। जवाब में

छावनी से सिपाहियों ने भी आकाश में अग्नि बाण छोड़ दिया। यही अंग्रेजों के शासन के खिलाफ इलाहाबाद में भी जंगे-आजादी का एलान था।

दोनों अंग्रेज अफ़सर हिक्स और हारवर्ड सिपाहियों द्वारा बन्दी बना लिये गये। तोपों के मुँह किले की तरफ घूम गये। पूरे शहर में अंग्रेजों को बन्दी बनाने और अंग्रेज सौदागरों की दुकानों को तहस-नहस कर देने की मुहिम शुरू हो गयी। किले पर भारतीय सिपाहियों का कब्जा हो गया।

वर्तमान चैथम लाइन्स में उस समय अंग्रेजी फौजों की छावनी थी। रात में जिस समय अंग्रेज अफसर खाना खाने के लिए बैठे थे उसी समय सिपाहियों ने अपनी पलटन में बिगुल बजाना शुरू कर दिया। अंग्रेज अफसर उस तरफ दौड़कर गये। उनमें से कुछ मारे गये और कुछ को बन्दी बना लिया गया। भारतीय सिपाहियों ने खजाने पर भी कब्जा कर लिया और उसे गंगा पार फाफामऊ की तरफ ले जाकर पश्चिम शहाबपुर के छोटे किले के किलेदार संग्रामसिंह के पास जमा करके उनसे रसीद ले ली और वे सब संग्रामसिंह के साथ हो लिये।

इधर शहर में छीतपुर और समदाबाद के स्वतन्त्रता-सेनानियों ने जेल का फाटक तोड़कर तीन हजार कैदियों को आजाद करा लिया जो जंग-ए-आजादी में शामिल हो गये। इन लोगों ने सिविल स्टेशन और छावनी पर भी कब्जा कर लिया और पूरे नगर पर इनका अधिकार हो गया। इसी के दूसरे दिन पुलिस के जवान भी जंग-ए-आजादी में शामिल हो गये। कोतवाली पर इनका कब्जा हो गया और ब्रिटिश झण्डे की जगह स्वतन्त्रता-सेनानियों का हरे रंग का झण्डा लहरा दिया गया। मँहगाँव के मौलवी लियाकत अली ने अपने सिपाहियों के साथ शहर आकर खुसरूबाग में शासन का अपना केन्द्र बनाया और अपने-आपको सूबेदार घोषित कर दिया।

किन्तु अंग्रेजों के खिलाफ यह जंग अधिक दिनों तक नहीं चल सकी। पहली जून को जब कर्नल नील अपनी पलटन के साथ बनारस से इलाहाबाद पहुँचा तो उसके सामने भारतीय सिपाही टिक नहीं सके। सबसे पहले कर्नल नील ने किले पर कब्जा किया और 15 जून, 1857 को उसने मुट्ठीगंज और कीडगंज को भी अपने अधिकार में ले लिया। पूरे शहर पर 17 जून तक अंग्रेजी फौजों का कब्जा हो गया।

मौलवी लियाकत अली को खुसरूबाग में अपने शासन का केन्द्र छोड़कर भागना पड़ा। वह अपने साथ हथियार और तोपें भी नहीं ले जा सका।

शहर पर तो अंग्रेजों का अधिकार हो गया लेकिन गाँवों में आग सुलगती रही। विशेष रूप से गंगापार में फूलपुर तथा सोराँव पर फिर से अपना कब्जा जमाने में अंग्रेजों को कई महीने का समय लग गया। ग्रामीण क्षेत्रों पर अंग्रेज अपना आधिपत्य

जुलाई, 1858 तक ही जमा पाये। स्वतन्त्रता-सेनानियों को पूरी तरह परास्त कर देने के बाद अंग्रेजों ने बड़ी बेरहमी से दमनचक्र चलाया। शहर के स्वतन्त्रता-सेनानियों को सैकड़ों की तादाद में कोतवाली के निकट नीम के पेड़ पर तथा अन्य स्थलों पर भी पेड़ों पर फाँसी पर लटका दिया गया। सार्वजनिक स्थानों पर फाँसी देने का मकसद आम जनता में दहशत फैलाना था। गाँवों में भी दमनचक्र चला। स्वतन्त्रता-संग्राम में हिस्सा लेनेवालों की जमीन-जायदाद छीन ली गयी और उन्हें प्राणदण्ड दे दिया गया।

शहर के बीचोंबीच जो गाँव थे उनको पूरी तरह उजाड़ दिया गया। जिस स्थान पर इस समय चन्द्रशेखर आजाद पार्क है वहाँ अंग्रेजों के दमन के कुछ अवशेष आज भी खँडहरों के रूप में दिखायी देते हैं। इस पूरे क्षेत्र को अंग्रेजों ने ईस्ट इण्डिया कम्पनी के नाम से कम्पनी बाग बना दिया था जो बाद में एलफ्रेड पार्क के नाम से और वर्तमान समय में अमर शहीद चन्द्रशेखर आजाद के नाम से जाना जाता है।

छीतपुर और नीमागाँव के ग्रामीणों को गाँवों से उजाड़कर यमुना नदी की तरफ खदेड़ दिया गया था।

अंग्रेजों ने शहर और गाँव के उन रईसों और जमींदारों को खूब पुरस्कृत किया जिन्होंने जंग-ए-आजादी के समय किसी-न-किसी रूप में अंग्रेजों का साथ दिया था। किसी को राजा, किसी को राय साहब और किसी को सर आदि उपाधियों से नवाजा गया।

बारा के लाल वनस्पतिसिंह और डैय्या के लाल तेजबलसिंह को क्रमशः 5000 और 3000 तक की मालगुजारी वसूलने का अधिकार दिया गया और इन्हें राजा की पदवी से भी नवाजा गया। आनापुर के बाबू शिवशंकर सिंह को भी राजा की उपाधि दी गयी। ढोकरी के शिवपालसिंह, तारडीह के ठाकुर आशापालसिंह, फूलपुर के राय मानिकचन्द, मऊ के शेख नसीरुद्दीन, उद्रहिन के पाण्डे शिवसहाय, बीरपुर के ठाकुर अयोध्या बख्शसिंह, सराय अकिल के ठाकुर जालिमसिंह और शाहपुर के ठाकुर नयनसिंह को पदवियाँ और इलाके देकर पुरस्कृत किया गया। शहर में लाला मनोहरदास, लाला बाबूलाल कलवार और दारागंज की बड़ी कोठीवालों को भी अंग्रेजों ने राय साहब की उपाधि दी।

इलाहाबाद में स्वतन्त्रता के इस पहले संग्राम का अन्त होने के साथ ही पूरे देश में स्वतन्त्रता-सेनानियों को एक-एक करके कुचल दिया गया। अन्तिम मुगल बादशाह बहादुरशाह जफर के बेटों और पूरे परिवार को अंग्रेजों ने मौत के घाट उतार दिया और बहादुरशाह जफर को देश से ही निकाल दिया। जफर को रंगून भेज दिया

गया, वहीं उनकी मृत्यु हुई और वहीं उनको दफनाया गया। इसी का दर्द था जफर के इस शेर में—

इतना है बदनसीब जफर दफ्न के लिए
दो गज जमीं भी न मिली कूए यार में।

उन्हें अपने वतन में दफन किये जाने के लिए भी अंग्रेजों ने जगह नहीं दी।

अंग्रेजों के खिलाफ 1857 की जंग-ए-आजादी को कुचल दिये जाने के साथ ही भारत में ईस्ट इण्डिया कम्पनी का शासन भी समाप्त हो गया। ब्रिटेन की महारानी विक्टोरिया ने ईस्ट इण्डिया कम्पनी से शासन अपने हाथ में ले लिया। इस सम्बन्ध में उनका घोषणा-पत्र इलाहाबाद में ही उस स्थान पर किले के पश्चिम की ओर यमुना नदी के किनारे गवर्नर-जनरल लॉर्ड कैनिंग ने पढ़कर सुनाया था, जहाँ बाद में मिण्टो पार्क बनाया गया जो अब मदन मोहन मालवीय पार्क के नाम से प्रसिद्ध है।

अपने घोषणा-पत्र में महारानी विक्टोरिया ने अपने-आपको तथा ब्रिटेन की सरकार को दया और क्षमा की प्रतिमूर्ति के रूप में उद्‌घोषित किया था।

●

राजधानी इलाहाबाद

अवध के सूबे की राजधानी पहले आगरा हुआ करती थी किन्तु 1858 में ही राजधानी आगरा से इलाहाबाद स्थानान्तरित कर दी गयी और राजधानी के रूप में इलाहाबाद का अच्छा खासा विकास हुआ। अंग्रेज प्रेस को शासन का एक महत्त्वपूर्ण अंग मानते थे। अतः उन्होंने गवर्नमेण्ट प्रेस भी यहाँ स्थापित किया जो शुरू-शुरू में उस भवन में चलाया गया जहाँ पर पायनियर प्रेस था। बाद में गवर्नमेण्ट प्रेस का अपना भवन 3 लाख पैंतालीस हजार रुपये की लागत से बनाया गया।

कोतवाली–चौक में घण्टाघर के पास एक इमारत थी, जिसमें पहले-पहल कोतवाली हुआ करती थी। इस भवन का निर्माण सन् 1858 में हुआ था, जो उस ऐतिहासिक नीम के पेड़ों के सामने स्थित था जिन पर सन् 1857 के स्वतन्त्रता-सेनानियों को फाँसी पर लटका दिया गया था। बाद में इस भवन में पहले चायल तहसील का दफ्तर और बाद में चुंगी कार्यालय बना दिया गया था। अब इस भवन को तोड़कर एक विशाल संजय गाँधी मार्केट का निर्माण कर दिया गया है जो क्लाक टावर (घण्टाघर) के दक्षिण की ओर स्थित है। वर्तमान कोतवाली भवन का निर्माण सन् 1874 में 75,193 रुपये की लागत से करवाया गया, जो नीम के ऐतिहासिक वृक्षों से पश्चिम की ओर है।

हाईकोर्ट–हाईकोर्ट भवन का शिलान्यास चीफ जस्टिस सर जॉन स्टैनली ने 1911 में किया था। इस भव्य भवन के वास्तुकार मैक लिसमेन थे। यह भवन पश्चिमी तथा पूर्वी वास्तुकला के अद्‌भुत मिश्रण का नमूना है। भवन का निर्माण इस नगर के मौसम के अनुसार इतनी कुशलता से किया गया था कि भयंकर गर्मी

में भी भवन के अन्दर उसका प्रभाव न पड़े तथा शरद् ऋतु में भी शीतलहरी का अधिक असर न हो। वर्तमान हाईकोर्ट भवन का निर्माण मात्र 15 लाख रुपये की लागत से करवाया गया जो अपनी भव्यता के कारण इलाहाबाद आनेवाले पर्यटकों को अपनी ओर आकर्षित करता है। न्याय के इस मन्दिर का उद्‌घाटन 27 नवम्बर, सन् 1916 को तत्कालीन वाइसराय लॉर्ड चेम्सफोर्ड ने किया था।

●

इण्डियन नेशनल कांग्रेस का उदय

वह घटना अविस्मरणीय है जब इण्डियन नेशनल कांग्रेस के प्रारम्भिक काल में ही सन् 1888 में पण्डित अयोध्यानाथ के प्रयास से इलाहाबाद में कांग्रेस का अधिवेशन हुआ था। ब्रिटिश शासन की दमनात्मक नीतियों के कारण इस अधिवेशन के लिए स्थान तक नहीं मिल पा रहा था। बड़े प्रयास के बाद दरभंगा नरेश के दरभंगा कैसेल में अधिवेशन के लिए स्थान प्राप्त हो सका। अधिवेशन जार्ज यूल की अध्यक्षता में सम्पन्न हुआ। कांग्रेस का एक और अधिवेशन 1892 में इसी दरभंगा कैसेल में आयोजित किया गया। इस अधिवेशन में स्वागताध्यक्ष पण्डित विश्वम्भर नाथ रहे और अध्यक्षता उमेशचन्द्र बनर्जी ने की। अब उस ऐतिहासिक दरभंगा कैसेल के परिसर में विशाल दरभंगा कॉलोनी बन गयी है जिसमें अनेक सुन्दर आवासीय भवन निर्मित किये गये हैं।

तीसरी बार इण्डियन नेशनल कांग्रेस का अधिवेशन इलाहाबाद में सन् 1910 में एक विशाल पण्डाल में आयोजित किया गया जो किले के उत्तर-पश्चिम में बनाया गया था। सर सुन्दरलाल इस अधिवेशन में स्वागताध्यक्ष थे और अधिवेशन की अध्यक्षता सर विलियम वेडरबर्न ने किया।

महात्मा गाँधी की प्रेरणा से जब पण्डित जवाहरलाल नेहरू तथा उनके पिता पण्डित मोतीलाल नेहरू ने कांग्रेस में शामिल होकर स्वतन्त्रता आन्दोलन का नेतृत्व सँभाला तब से इलाहाबाद कांग्रेस ही नहीं, वरन् स्वतन्त्रता आन्दोलन का प्रमुख केन्द्र बन गया। स्वयं गाँधी जी इलाहाबाद आकर आनन्द-भवन में ठहरते थे और देश के सभी प्रमुख कांग्रेसी नेता समय-समय पर यहाँ एकत्रित होते रहते थे।

उस समय प्रान्तीय कांग्रेस कमेटी का कार्यालय हीवेट रोड पर था, जहाँ बड़ी-बड़ी बैठकें होती रहती थीं। ब्रिटिश पुलिस वहाँ बीच-बीच में छापे मारती थी, महत्त्वपूर्ण

कागजात जब्त कर लेती थी और बैठक में भाग ले रहे नेताओं और कार्यकर्त्ताओं को गिरफ्तार कर लेती थी।

'क्रान्ति' अखबार का प्रकाशन

स्वतन्त्रता आन्दोलन में नेहरू परिवार इतना अधिक सक्रिय था कि कु. कृष्णा नेहरू और नन्हीं इन्दिरा नेहरू भी आन्दोलन में हिस्सा ले रही थीं। कु. कृष्णा नेहरू ने उस समय राजेश्वरप्रसाद सिंह और भगवतप्रसाद के सहयोग से 'क्रान्ति' अखबार प्रकाशित किया था जो हाथ से लिखकर साइक्लोस्टाइल मशीन द्वारा छापकर बँटवाया जाता था। यह साइक्लोस्टाइल मशीन कृष्णा नेहरू किसी अंग्रेज अफसर से माँगकर लायी थीं जो आज भी आनन्द-भवन में रखी हुई है।

ब्रिटिश पुलिस के छापों से बचने के लिए इस मशीन को हर रोज आनन्द-भवन से हटाकर किसी अन्य स्थान पर ले जाया जाता था।

क्रान्ति को बँटवाने की जिम्मेदारी इन्दिरा जी ने ले रखी थी जो अपनी वानर सेना की सहायता से इस पत्र को शहर भर में बँटवाती थीं। वानर सेना के बच्चे जब भी पुलिस के हत्थे चढ़ जाते थे तो उनकी पिटाई भी होती थी और अखबार भी छीन लिये जाते थे।

पण्डित मोतीलाल नेहरू ने जब आनन्द-भवन का निर्माण करवा लिया तब उन्होंने स्वराज-भवन कांग्रेस को अपने क्रिया-कलाप चलाने के लिए दे दिया था। इस भवन में अब जवाहर बाल-भवन तथा प्रदर्शनी लगा दी गयी है। जवाहर बाल-भवन में अनाथ बच्चों को रखने तथा उन्हें शिक्षा प्रदान करने की बहुत अच्छी व्यवस्था है।

उस समय स्वराज-भवन के बगल में ही कांग्रेस का अस्पताल था जहाँ ऐसे लोगों की चिकित्सा की व्यवस्था थी जिन्हें ब्रिटिश शासन के अस्पतालों में चिकित्सा सहायता नहीं मिल पाती थी।

असहयोग आन्दोलन, नमक आन्दोलन, भारत छोड़ो आन्दोलन

महात्मा गाँधी के नेतृत्व में छिड़े ब्रिटिश शासन को उखाड़ फेंकने के इन आन्दोलनों में भी इलाहाबाद की भूमिका कम महत्त्वपूर्ण नहीं थी। असहयोग आन्दोलन के समय हजारों छात्रों ने स्कूलों में पढ़ाई छोड़ दी। बाद में शास्त्री की परीक्षा पास की। गाँधीजी के नमक आन्दोलन के समय इलाहाबाद में भी ब्रिटिश शासन

का नमक बनाकर जमकर विरोध किया गया। और 1942 के भारत छोड़ो आन्दोलन में तो इलाहाबाद की सड़कों पर बिजली और टेलीफोन के टूटे खम्भे और तार बिखर गये, ईंट-पत्थर चारों तरफ बिखरे दिखने लगे और गलियों तक में बन्दूक ताने, बूट पटकते दौड़ते हुए, गश्त लगाते ब्रिटिश सिपाहियों को इलाहाबाद के पुराने नगरवासी अभी भी भूले नहीं होंगे। इसी आन्दोलन के दौरान कचहरी में छात्रों पर अंग्रेज पुलिस की गोलीबारी में इलाहाबाद विश्वविद्यालय के छात्र लाल पद्मधर सिंह शहीद हो गये। उनके साथी छात्र खून से लथपथ पद्मधर को लेकर कचहरी से अस्पताल की ओर इक्के पर भागे लेकिन अस्पताल पहुँचते-पहुँचते ही लाल पद्मधर सिंह ने दम तोड़ दिया।

इलाहाबाद विश्वविद्यालय छात्र संघ के सामने उनकी मूर्ति स्थापित करके इस अमर शहीद की कीर्ति को अमर कर दिया गया है।

इसी दौरान हल्द्वानी के बल्यूटी गाँव से आये नारायण दत्त तिवारी ने छात्रों का नेतृत्व सँभाला। उन्होंने ब्रिटिश सरकार द्वारा बन्द कराये गये छात्र संघ को पुनर्गठित कराया।

ब्रिटिश गवर्नर हैलेट का जनाजा 'हैलेट का जनाजा है जरा धूम से निकले, इलाहाबाद की सड़कों पर जरा झूम के निकले' के नारे के साथ निकालकर उन्होंने नगरवासियों को उद्वेलित कर दिया। यूनिवर्सिटी के सीनेट हॉल पर आजादी के पहले ही तिरंगा भी फहरा दिया।

आन्दोलनों के दौरान नेहरू परिवार की महिलाओं और लड़कियों की भागीदारी भी प्रेरक थी। कमला नेहरू, कृष्णा नेहरू तथा बालिका इन्दिरा ने अपनी वानरसेना के साथ अंग्रेजी शासन के खिलाफ जबरदस्त जंग छेड़ा था।

आनन्द-भवन पर बार-बार पुलिस के छापे, उत्पीड़न और उस पर भी महिलाओं तक का न घबराना, बल्कि आन्दोलन को और उत्साह से तीव्रतर बनाते रहना नगरवासियों के लिए प्रेरणा का स्रोत था।

15 अगस्त, 1947 का समारोह

15 अगस्त, 1947 को जब भारत स्वतन्त्र हुआ उस दिन इलाहाबाद में गवर्नमेण्ट हाउस परिसर में जितना विशाल समारोह हुआ था उसकी मिसाल शायद ही कहीं मिले। लगता था जैसे पूरा शहर गवर्नमेण्ट हाउस में उमड़ पड़ा हो।

बाद में इस परिसर में मेडिकल कॉलेज की स्थापना हो गयी और राजभवन के रूप में सर्किट हाउस की स्थापना अशोक नगर में की गयी।

वैसे तो इलाहाबाद नाम के स्थान पंजाब में शेखपुरा, गुजरानवाला, लायलपुर और भावलपुर में भी हैं, लेकिन इलाहाबाद तो इलाहाबाद ही है जिसका मुकाबला कोई और स्थान नहीं कर सकता।

प्राचीन तीर्थराज प्रयाग का यवनानी नाम 'काली सोबरा', चीनी नाम 'पोलोइकिया' और अकबरी नाम 'इलाहावास' है जो समय के साथ बदलता हुआ 'इलाहाबाद' हो गया और यह नाम विश्व भर में विख्यात है।

●

महाकुम्भ : पौराणिक-ऐतिहासिक राष्ट्रीय पर्व

तान्येति यः पुमान् योगे सो मृतत्वाय कल्पते।
देवा नमन्ति तत्रस्थान यथा रंका धनाधिपान्।।

–विष्णुपुराण

अर्थात्–"जो मनुष्य कुम्भ में सम्मिलित होकर त्रिवेणी संगम में स्नान करते हैं वे संसार में आवागमन से छुटकारा पा लेते हैं। कहने का तात्पर्य है कि उन मनुष्यों को संसार में पुनः आने की आवश्यकता नहीं रहती। वे परमब्रह्म को प्राप्त हो जाते हैं, उन जीवात्माओं के सम्मुख देवगण भी उसी प्रकार नतमस्तक होते हैं जैसे किसी धनवान् के सम्मुख कोई निर्धन।"

कुम्भ का अर्थ होता है घड़ा और बारह राशियों में यह एक विशिष्ट राशि भी होती है। वैसे कुम्भ के सम्बन्ध में अनेक पौराणिक कथाएँ प्रचलित हैं।

शिवपुराण के अनुसार, देवताओं ने गंगावतरण के बाद गौतमी-गंगा-गोदावरी से प्रार्थना की कि जब-जब ग्रहराज गुरु सिंह राशि में प्रवेश करेंगे तब-तब हम सब यहाँ अवश्य एकत्र होंगे और आप भी महादेव जी के साथ लोक द्वारा ग्यारह वर्षों में किये गये पापों का नाश करने के लिए अवश्य पधारें।

विष्णुपुराण की 'कलशोत्पत्ति कथा' के अनुसार उत्तर भारत में हिमालय के समीप क्षीरसागर का मन्थन करने हेतु देवताओं और दानवों ने एक विशाल अभियान का आयोजन किया। कच्छप अवतार भगवान् विष्णु की पीठ पर मन्दराचल पर्वत को मथानी की भाँति रखा गया, नागवासुकि को रस्सी बनाया गया और देवताओं तथा दानवों ने मिलकर सागर मन्थन किया, जिसके फलस्वरूप क्षीरसागर से चौदह रत्न निकले–विष, वारुणी, शंख, ऐरावत हाथी, उच्चैःश्रवा अश्व, रम्भा, चन्द्रमा, कल्पवृक्ष,

लक्ष्मी, कामधेनु, धन्वन्तरि, कौस्तुभमणि, विश्वकर्मा और अमृतकुम्भ। धन्वन्तरि अमृतकुम्भ को लेकर जब प्रकट हुए तब इन्द्र का पुत्र जयन्त उसे लेने के लिए झपटा और उसे लेकर भागा। दानव यह देखकर बौखला उठे और देवताओं का पीछा किया। इस घड़े के लिए बारह दिन और बारह रात तक भाग-दौड़ चलती रही। इस अवधि के दौरान जयन्त से जिन बारह स्थानों पर कलश से अमृत छलक पड़ा वहाँ-वहाँ कुम्भ का पावन पर्व बड़े उत्साह से मनाया जाता है। यह बारह स्थान चार तो पृथ्वी पर हैं और आठ देवलोक में बताये गये हैं।

कहते है कि चन्द्रमा, बृहस्पति, सूर्य, शनि ने इस कुम्भ की रक्षा की थी। इसी कारण सूर्य, चन्द्रमा, बृहस्पति और शनि के विशिष्ट स्थितियों में आने पर ही कुम्भ का योग बनता है।

एक अन्य कथा के अनुसार, जब धन्वन्तरि अमृत लेकर प्रकट हुए, तब देवताओं और दानवों के बीच अमृत के लिए भीषण संघर्ष प्रारम्भ हुआ। यह देख भगवान् विष्णु मोहिनी रूप रखकर प्रकट हुए और उन्होंने अपने पूर्व निश्चय के अनुसार, देवताओं को अमृत तथा दैत्यों को विष दिया। खाली कलश को विष्णु ने फेंक दिया, जिसे गरुड़ लेकर उड़ा और उससे कुछ बची-खुची अमृत की बूँदें चार स्थानों पर गिरीं। गरुड़ और कुम्भ का उल्लेख शतपथ ब्राह्मण में भी है। जिन चार स्थानों पर अमृत की बूँदें गिरीं वे हैं—हरिद्वार, प्रयाग, नासिक और उज्जैन। इन चारों स्थानों पर बारी-बारी से कुम्भ पर्व लगता है। इनमें से हरिद्वार और प्रयाग में अर्द्धकुम्भ भी लगता है। प्राचीन परम्परा के अनुसार, प्रत्येक छठे साल हरिद्वार और प्रयाग में अर्द्धकुम्भ और प्रत्येक बारहवें साल कुम्भ लगता है।

खगोलशास्त्र के अनुसार, बृहस्पति का वृषस्थ और सूर्य का मकरस्थ होना प्रयाग में पर्वयोग लाता है तो दूसरी ओर उज्जैन में बृहस्पति का सिंहस्थ और चन्द्र-सूर्य का मेषस्थ होना पर्व का सुयोग बनाता है। नासिक में बृहस्पति के अलावा सूर्य और चन्द्रमा भी सिंहस्थ हो जाते हैं। इसी कारण उज्जैन और नासिक के कुम्भ पर्व के लिए सिंहस्थ नाम ही प्रचलित है।

ऐतिहासिक महत्त्व

कुम्भ के साथ कुछ ऐतिहासिक कथाएँ भी जुड़ी हुई हैं। कहते हैं कि महाराज हर्षवर्द्धन (सन् 612-647) के काल में भी कुम्भमेला लगता था, और सम्भवतः उन्हीं के काल में इस मेले का शुभारम्भ हुआ। सातवीं शताब्दी में चीनी यात्री ह्वेनसांग ने

अपनी पुस्तक में लिखा है कि महाराज हर्षवर्द्धन प्रत्येक पाँच वर्ष बाद अर्थात् छठे वर्ष प्रयाग में, जो कि गंगा, यमुना और अदृश्य सरस्वती का पावन संगम है, सर्वप्रथम पूर्वजों की परम्परानुसार आराधना कर अपनी सारी सम्पत्ति बुद्ध की प्रतिमा के समक्ष समर्पित करके साधु-सन्तों, दीन-दुःखियों, असहायों को दान कर देते थे। यहाँ तक कि वे अपने राजमुकुट, राजसी वस्त्रादि तक दान में दे देते थे और दूसरों के वस्त्र धारण कर लौटते थे।

कहते हैं इस अवसर पर मुगल सम्राट् अकबर की हिन्दू बेगम जोधाबाई भी त्रिवेणी के पवित्र तीर्थ पर स्नान करने आती थीं।

सम्भवतः बौद्धयुग में कुम्भ पर्व का प्रचलित रूप बदलकर महादान पर्व के रूप में आया होगा जिसे शंकराचार्य ने पुनः व्यवस्थित किया होगा। आज साधु-सन्त विशेष धार्मिक निर्णयों के लिए कुम्भ की प्रतीक्षा करते हैं, क्योंकि इस पावन अवसर पर इनका सारा समुदाय एक स्थान पर एकत्र होता है।

लगता है लगभग एक हजार वर्ष पूर्व शंकराचार्य ने भारतवर्ष को एकता के सूत्र में बाँधने का जो प्रयास किया था, उसी परम्परा में कुम्भ का पावन पर्व आज भी उस दिशा में महत्त्वपूर्ण भूमिका निभा रहा है। क्योंकि यही ऐसा संयोग बनाता है जबकि समस्त साधु समाज एक स्थान पर एकत्र होता है।

आज भी शंकराचार्य के अनुयायी दशनामी संन्यासियों को ही कुम्भ स्नान का प्रथम अधिकार प्राप्त है। साधुओं की दशनामी परम्परा का प्रारम्भ शंकराचार्य के समय में ही हुआ और साधु-संन्यासियों को दो दिशाओं में प्रशिक्षित करके समाज-सेवा के लिए प्रेरित किया गया। प्रथम दिशा शस्त्र की और दूसरी शास्त्र की बतायी जाती है। साधुओं को शस्त्र में प्रशिक्षित करके उनसे यह आशा की जाती थी कि समाज की दुष्टों, विधर्मियों से रक्षा करेंगे।

समय आने पर इन प्रशिक्षित साधुओं ने समाज की रक्षा भी की। दूसरी ओर आम्नाय, पद, मढ़ी और मठ को संगठित किया गया। इनसे सम्बद्ध संन्यासियों ने समाज को शास्त्र ज्ञान से परिचित कराने की जिम्मेदारी ली और उसे बखूबी निभाया भी। दशनामी संन्यासियों के सात अखाड़े अभी भी समाज-सेवा में कार्यरत हैं।

इसी परम्परा में श्रीचन्दजी, जो कि गुरुनानक के पुत्र बताये जाते हैं, ने उदासीन सम्प्रदाय तथा बाद में अन्य सिक्ख साधुओं ने निर्मल सम्प्रदाय को संगठित किया। इन सम्प्रदायों के विभिन्न अखाड़े भी बने, जो आज भी कुम्भ में पूरे राजसी वैभव के साथ त्रिवेणी में स्नान करते हैं।

जब इन संन्यासियों की वैभवशाली सवारियाँ निकलती हैं, तो लोग श्रद्धावश देखने के लिए दौड़ पड़ते हैं। पुराने समय में कई बार ऐसा भी अवसर आता था जबकि लुटेरे इन सवारियों को लूट लेते थे और उनकी हत्याएँ भी करते थे।

कुम्भ का राष्ट्रीय दृष्टि से भी बड़ा महत्त्व है। इस पावन अवसर पर देश-विदेश के विभिन्न भाषा-भाषी, खान-पान, रहन-सहन, रूप-रंग, जाति-पाँति के मनुष्य एक स्थान पर एकत्र होते हैं और राष्ट्र को एक धारा में जोड़ने का प्रयत्न करते हैं।

कुम्भ नगर

कुम्भ नगर में हमेशा निर्वाणी, निरंजनी, जूना, वैरागी, दिगम्बर, निर्मोही, उदासी आदि अनेक साधुओं के अखाड़े लगते हैं। ये साधु हर साल माघ मेले के अवसर पर भी यहाँ आते हैं, और त्रिवेणी तट पर अपने शिविर लगाकर एक महीने तक रहते हैं। कुम्भ के अवसर पर तो और भी बड़ी संख्या में यहाँ साधु आते हैं।

त्रिवेणी तट पर पण्डों की चौकियाँ लगती हैं और उन पर सैकड़ों रंग-बिरंगे झण्डे लहरा उठते हैं। किसी झण्डे पर लोटा टँगा होता है, किसी पर छतरी, किसी पर कुछ और। इन चिह्नों को देखकर यात्री दूर से ही अपने पारिवारिक पण्डे की पहचान कर लेते हैं, और उसी की चौकी पर स्नान करने पहुँच जाते हैं। संगम पर लाखों की संख्या में स्त्री, पुरुष और बच्चे एक साथ डुबकियाँ लगाते हैं। स्नान करके लौटनेवाले यात्री पण्डों की चौकियों पर आकर बाल सँवारते हैं, माथे पर चन्दन-रोली लगाते हैं, और मन्त्रोच्चारण के बीच भरसक दान-दक्षिणा देते हैं। पण्डों के सामने चावल, खिचड़ी और दान में मिली अन्य वस्तुओं के ढेर लग जाते हैं। गाँव की स्त्रियों के झुण्ड मस्ती से लोकगीत गाते आते-जाते दिखते हैं। मेले में आये लोग बड़े हनुमानजी का दर्शन करने भी अवश्य आते हैं। रामभक्त हनुमान की विशाल लेटी हुई मूर्ति स्थापित है यहाँ। लोग श्रद्धा से आकर पवनपुत्र हनुमान को सर नवाते हैं, हाथ जोड़ते हैं और फूल-मालाएँ, बताशे, लड्डू तथा सिक्के, नोट आदि सादर समर्पित करते हैं।

यहाँ इधर-उधर से बराबर कीर्त्तन-भजन की मधुर धुनें आ-आकर कानों में रस घोलती रहती हैं और रोम-रोम को पुलकित करती रहती हैं। स्थान-स्थान पर साधु आसन जमाये अपने-अपने ढंग से प्रवचन करते रहते हैं और सैकड़ों श्रद्धालु यात्री

नतमस्तक बैठे प्रवचन का अमृत रसपान करते दिखते हैं। कोई हारमोनियम के स्वरों पर बीच-बीच में भजन की पंक्तियाँ भी गाता जाता है, कोई यों ही तेज स्वर में रामायण के पद्य पढ़कर प्रवचन करता है। लगभग प्रत्येक साधु लाउडस्पीकरों की सहायता अवश्य लेते हैं और अधिक-से-अधिक श्रोताओं को अपनी ओर आकृष्ट करने का भरसक प्रयास करते हैं।

मेले का बाजार भी अपने ही ढंग का होता है। टीन की चद्दरों से बनी दूकानों में क्या नहीं मिलता। कपड़े, श्रृंगार प्रसाधन, खाने की वस्तुएँ, चाय, बिस्कुट, नमकीन, मिठाइयाँ, सभी-कुछ तो मिलता है यहाँ। हलवाइयों की दूकानों पर सबसे अधिक भीड़ देखने को मिलती है और जमीन पर चादर बिछाकर सिन्दूर, टिकली, नेल-पालिश वगैरह तथा धार्मिक पुस्तकों से लेकर लोक-गीतों की छोटी-बड़ी किताबें बेचनेवाले दूकानदारों की भी कम बिक्री नहीं होती।

भिखारियों की कतार-की-कतार भी दिखती है। यहाँ लगता है, जैसे देश भर के भिखारी इकट्ठे हो गये हों। कोई लँगड़ा है, कोई लूला, किसी के शरीर पर घावों के बजबजाते निशान हैं, कोई काँटों पर बैठा या लेटा है। कोई-कोई तो रोते हैं, रिरियाते हैं। कैसा करुण दृश्य होता है। हर भिखारी के सामने चादर फैली होती है और चादर पर चावल, अमरूद, पैसे वगैरह बिखरे पड़े होते हैं।

महाराज हर्षवर्द्धन का आगमन

महाराज हर्षवर्द्धन प्रत्येक 6 वर्ष पर प्रयाग के त्रिवेणी संगम पर आते थे जो एक बार अर्द्धकुम्भ और दूसरी बार बारह वर्ष पर कुम्भ का अवसर हुआ करता था।

ईसा की सातवीं शताब्दी में जब महाराज हर्षवर्द्धन प्रयाग आये तो चीन का यात्री ह्वेनसांग भी प्रयाग आया हुआ था। उसने लिखा है कि बौद्ध धर्मावलम्बी प्रयाग में महाराज हर्षवर्द्धन के युग में प्रत्येक छठे वर्ष आकर अपने पापों का प्रायश्चित्त और दान भी किया करते थे। महाराज हर्षवर्द्धन भी यहाँ आकर खुले हाथों दान करते थे। ह्वेनसांग ने लिखा है कि उसके सामने जब महाराज हर्षवर्द्धन प्रयाग के त्रिवेणी संगम पर आये तो वहाँ 1300 वर्गगज भूमि पर गुलाब के सुन्दर फूलों व पौधों से उस भूमि को सजाया गया। फूलों से सजी उस भूमि पर सोने-चाँदी के जेवरात, सुन्दर वस्त्रादि और अन्य बहुमूल्य वस्तुएँ सजाकर रखी गयी थीं, जिन्हें महाराज हर्षवर्द्धन दान करने के लिए अपने साथ लाये थे।

उस समय भी संगम क्षेत्र में फूस और पुवाल से बनी कुटिया तथा तख्तों और जमीन पर बिछी चादरों पर दुकानें लग जाती थीं। दुकानों पर घरेलू इस्तेमाल के बर्तन तथा उस समय प्रचलित सौन्दर्य प्रसाधन बिका करते थे। जगह-जगह विचित्र वेशधारी साधु भी दिखते थे। किसी-किसी के बाल तो इतने लम्बे होते थे कि उसे वे पगड़ी की तरह सिर पर बाँध लेते थे। नागा साधु भी इस मेले में दिखायी देते थे। इन साधुओं के सामने तीर्थयात्रियों द्वारा दान में दिये गये अन्न के ढेर लगे रहते थे। स्थान-स्थान पर कीर्त्तन और भजन भी होते थे जिनकी ध्वनि से पूरा मेला क्षेत्र प्रतिध्वनित होता रहता था।

शहंशाह अकबर की उदारता

अपनी महारानी जोधाबाई से अन्तर्मन तक प्रभावित बादशाह अकबर हिन्दू-मुस्लिम सद्भाव के हिमायती तो थे ही, हिन्दुओं की धार्मिक भावनाओं के प्रति भी उनके मन में आदर और गहरी सद्भावना थी।

इलाहाबाद में संगम तट पर अपना भव्य किला निर्मित करवाने के बाद अन्दर बने महल में शहंशाह ने सपरिवार काफी दिनों तक निवास भी किया था। उस दौरान माघमेला के समय संगम तट पर उमड़े आस्था के सैलाब ने शहंशाह को इतनी गहराई से प्रभावित किया कि उन्होंने संगम तट पर पण्डों को आबण्टित भूमि पर लगान पूरी तरह माफ कर दिया और आदेश दिया कि मेले के लिए दी गयी भूमि के लिए कभी कोई कर न वसूला जाये।

इलाहाबाद के सबसे वयोवृद्ध पण्डों में से एक रामानन्द शर्मा ने दावा किया है कि यह बात उन्हें उनके पुरखों ने बतायी थी और अकबर की इस उदारता की चर्चा गजेटियर में भी मौजूद है।

रामानन्द शर्मा का ही कथन है कि माघमेला के दौरान रीवा के महाराज खुले हाथों से पण्डों तथा दीन-हीनों को दान-दक्षिणा दिया करते थे। इसका अनुसरण करते हुए शहंशाह अकबर ने भी दान-दक्षिणा देने का प्रयास किया किन्तु पण्डों ने बादशाह के हाथ से दान स्वीकार करने से इनकार कर दिया।

बादशाह तो बादशाह ही था। पण्डों के इनकार से क्रोधित होकर शहंशाह ने सभी पण्डों को संगम तट से बाहर चले जाने का हुक्म जारी कर दिया। चारों ओर खलबली मच गयी। तब रीवा के महाराज ने समझौता कराने की पहल की। उनके बीच-बचाव से पण्डों ने उदार हृदय बादशाह अकबर से दान-दक्षिणा लेना स्वीकार कर लिया। संगम तट पर उन्हें भूमि भी वापस मिल गयी। कहते हैं

इलाहाबाद किले में निवास करने पर महारानी जोधाबाई ने भी पवित्र संगम में स्नान करके पुण्य लाभ लिया था।

रामानन्द पण्डा खेदपूर्वक कहते हैं कि जमींदारी प्रथा आरम्भ होने के बाद संगम तट पर भूमि आबण्टन के लिए पुनः लगान वसूली आरम्भ हो गयी, जो आज भी जारी है।

रामानन्द शर्मा कहते हैं कि उनका पेशा अत्यन्त प्राचीन और सनातन धर्म तथा जनसाधारण की आस्था से सम्बन्धित है, फिर भी उन्हें लगान वसूली से सरकार मुक्त नहीं करती, जो अत्यधिक खेदजनक है।

•

रामलीला प्रयागराज की

भगवान् राम का प्रयागराज से विशिष्ट सम्बन्ध वाल्मीकि रामायण तथा तुलसीदासकृत रामचरितमानस से स्वयं प्रमाणित है।

राम जब चौदह वर्ष के वनवास के लिए देवी सीता तथा भाई लक्ष्मण के साथ अयोध्या से निकले तो सबसे पहले शृंगवेरपुर पहुँचे, जो इलाहाबाद की वर्तमान सीमा में ही स्थित है। शृंगवेरपुर से गंगा पार करके वे प्रयाग क्षेत्र में आ गये, जहाँ ऋषि भरद्वाज के आश्रम में जाकर भरद्वाज मुनि का आशीर्वाद प्राप्त करने के पश्चात् ही उन्होंने वन की ओर प्रस्थान किया था।

भरत जी जब राम की खोज में निकले तो अपनी सेना के साथ प्रयाग आकर ऋषि भरद्वाज से मिले थे। वाल्मीकि रामायण के अनुसार भरद्वाज मुनि ने ऋद्धि-सिद्धि का आवाहन करके भरत तथा उनकी सेना का भव्य स्वागत-सत्कार किया था।

पिछले दिनों प्राप्त एक विवरण के अनुसार लंका-विजय तथा रावण-वध के पश्चात् अयोध्या लौटने पर जब राम का राज्याभिषेक हो गया उसके पश्चात् राम अपने पूर्वजों का पिण्डदान तथा श्राद्ध संस्कार सम्पन्न करने के लिए भी प्रयाग आये थे।

राम विष्णु के अवतार थे, भगवान् थे। किन्तु अयोध्या में महाराज दशरथ के कुल में जन्म लेकर उन्होंने मानव-जीवन का उदात्त रूप प्रस्तुत किया। उन्होंने मनुष्य के रूप में जीवन को जीने के ऐसे मर्यादित आदर्श प्रस्तुत किये, जो समस्त मानव-मात्र के लिए अनुकरणीय है। जीवन जीने की जो कला राम ने प्रस्तुत की, उसमें कोई चमत्कार नहीं, वरन् मात्र आदर्श है। ईश्वर के अवतार थे अतः चमत्कार भी कर सकते

थे। किन्तु उन्होंने चमत्कार करने की अपेक्षा ऐसे कार्य सम्पन्न किये जो साधारण मनुष्य को करने चाहिए और उनका पालन करके साधारण मनुष्य भी अपने को ही नहीं पूरे समाज को आदर्श जीवनक्रम में ढाल सकता है। राम के मर्यादित जीवनक्रम ने ही उन्हें मर्यादा पुरुषोत्तम बना दिया और आज भी उनकी लीलाओं का मंचन भक्तजनों को ही नहीं, साधारण मनुष्यों को भी प्रेरित करता है। लीलाएँ वही हैं, किन्तु उनमें सदैव नवीनता है। प्रत्येक वर्ष उन्हीं लीलाओं का मंचन भिन्न-भिन्न रूपों में होता है, किन्तु उनमें वही नवीनता, वही प्रेरणा दर्शक को प्रतीत होती है। उनकी मर्यादित लीलाओं ने सम्पूर्ण हिन्दू समाज को राममय बना दिया। कोई विपत्ति हो तो अनायास ही मुँह से 'हे राम' ही निकलता है। गाँधी जी को जब गोली लगी तो उनके मुख से अन्तिम शब्द 'हे राम' ही निकले। अनेक लोग तो अभिवादन के लिए भी 'राम-राम' तथा 'जय रामजी की' ही कहते हैं। राम नाम ही सत्य है, बाकी सब मिथ्या।

प्रयाग से राम के विशिष्ट सम्बन्ध के कारण ही सम्भवतः राम की लीलाओं का मंचन सर्वप्रथम प्रयाग में ही आरम्भ हुआ, जो पूरे देश में प्रचलित हो चुका है और कहीं-कहीं तो विदेशों में भी रामलीला प्रचलित हो चली है।

ब्रिटिश शासनकाल में ब्रिटिश सेना के भारतीय सिपाहियों की एक टुकड़ी प्रयाग के चैथम लाइन्स में तैनात थी। उस टुकड़ी के भारतीय सिपाही भगवान् राम की कथा और उनकी लीलाओं से इतने प्रभावित और प्रेरित थे कि उन्होंने प्रत्येक वर्ष शारदीय नवरात्र में अपनी छावनी में राम की लीलाओं का मंचन आरम्भ किया। रामलीला ऐसी प्रेरक और मनोरंजक थी कि आस-पास के निवासी भी रामलीला की ओर आकर्षित हुए और रामलीला का विकास होता गया।

सैनिकों द्वारा रामलीला का मंचन इतना प्रभावशाली हुआ करता था कि कतिपय ब्रिटिश विद्वान् भी उसे देखकर प्रेरित हुए बिना नहीं रहे। एक ब्रिटिश विद्वान् बिशप हेबर ने रामलीला के सम्बन्ध में सन् 1824 में लिखा था कि राम, लक्ष्मण और सीता लगभग बारह-बारह वर्ष के लड़के बने थे, जो सिपाहियों की छावनी में एक शामियाने के नीचे सजे बैठे हुए थे। कुछ सिपाही उन्हें पंखा झल रहे थे। कुछ सिपाही शंख, घण्टा और घड़ियाल बजा रहे थे।

राम, लक्ष्मण और सीता की भूमिका करनेवाले लड़के बहुत सुन्दर थे और अपना अभिनय बड़ी चतुराई से कर रहे थे। राम-लक्ष्मण के बायें हाथ में धनुष तथा दायें

हाथ में तीर थे। उन्होंने कई प्रकार के आभूषण तथा गोटा-किनारे से सुसज्जित वस्त्र धारण कर रखे थे। उनके वस्त्र बड़े सुन्दर और चमकदार थे। उनके सिर पर चमकदार मुकुट थे और माथे पर रोली का उज्ज्वल लाल तिलक लगा हुआ था। सीता भड़काऊ वस्त्र पहने थीं और हलका-सा घूँघट निकाले बैठी थीं।

बाँस की पट्टियों से एक घेरा बनाकर उस पर सुनहरे कागज चिपकाकर लंका बनायी गयी थी। इसके बायें तरफ खिड़कियाँ बनायी गयी थीं। द्वार भी खूब रँगे हुए थे। उसी में लगभग पन्द्रह फीट ऊँचा रावण का बहुत भयानक पुतला बनाया गया था। रावण के हाथों में तलवार, धनुष, फरसा तथा बल्लम थे।

राम और लक्ष्मण एक चमकदार पालकी पर बैठकर अपनी वानरसेना को पीछे हटा रहे थे।

राम की सेना के सेनापति हनुमान थे, जिनकी लम्बी पूँछ लहरा रही थी। वे दो बड़े-बड़े रंगीन डण्डे लिये हुए आगे-आगे चल रहे थे। उनके पीछे वैसे ही लाल वस्त्र धारण किये पूँछ लगाये वानरों की सेना चल रही थी। हनुमान तथा उनके वानर सैनिकों के मुँह पर वानरों के मुखौटे थे। सेना का यह पूरा रूप बहुत लुभावना प्रतीत हो रहा था।

पूरी वानरसेना स्वाँग करती हुई चल रही थी। शरीर पर नीले रंग, मुँह पर लाल मुखौटा, प्रत्येक के हाथ में लाल डण्डे।

राम ने जब रावण का वध करने के लिए तीर चलाया तो रावण का पुतला भयंकर आवाज के साथ जल-जलकर गिरने लगा और धीरे-धीरे पूरा पुतला धराशायी हो गया। लंका भी आतिशबाजियों तथा क्रैकरों की आवाज के साथ धधकने लगी। कुछ ही देर में पूरी लंका का विध्वंस हो गया।

दर्शक हर्ष-ध्वनि के साथ राम के जयकारे लगाने लगे।

सन् 1829 में एक अंग्रेज महिला फैनी पार्क्स ने रामलीला के सम्बन्ध में लिखा था कि हवाचक्की के समान मोटा तगड़ा रावण परेड की भूमि पर बनाया गया था। रावण के इस पुतले के अन्दर आतिशबाजी भरी हुई थी। लीला के अन्त में राम ने रावण का विध्वंस किया। भयंकर ध्वनि के साथ रावण के पुतले का दहन हो गया। आतिशबाजी छूटने लगी। दूसरी तरफ सिपाही तरह-तरह के खेल-तमाशे कर रहे थे। परेड मैदान पर नकली लड़ाई लड़ी जा रही थी। एक ओर कुश्ती हो रही थी। पूरा मैदान आतिशबाजी से गूँज रहा था।

इस महिला ने भी लिखा था कि दस-बारह वर्ष के सुन्दर बालक राम और लक्ष्मण बने हुए थे। उनके साथ बहुत-सारे वानर बन्दरों का रूप धारण किये पूँछ लहराते दिख रहे थे। उनकी अगुवाई हनुमान कर रहे थे।

प्रत्येक देशी रेजीमेण्ट के सिपाही अपना-अपना झण्डा लेकर चल रहे थे और मिठाई, फूल, चावल से राम-लक्ष्मण की पूजा कर रहे थे। यह पूरा दृश्य आज की रामलीला से यद्यपि अलग प्रतीत होता है, किन्तु मूलरूप से लीलाएँ वही हैं।

बाद में जब सिपाहियों की ये टुकड़ियाँ चैथम लाइन्स से हट गयीं, तब भरद्वाज आश्रम के एक जोगी ने रामलीला की व्यवस्था अपने हाथ में ले ली, जिसे पूरे कटरा क्षेत्र के निवासियों का सहयोग प्राप्त हुआ।

कटरा क्षेत्र की रामलीला थार्नहिल रोड पर इलाहाबाद विश्वविद्यालय के मुस्लिम छात्रावास के पीछे रामलीला मैदान में होने लगी। इस मैदान को बाँस-बल्लियों से घेरकर रामलीला का मंचन होता, बाँस-बल्ली के बाड़े के पीछे बैठकर दर्शक उसका आनन्द लेते।

मुनि विश्वामित्र द्वारा महाराज दशरथ से उनके पुत्रों राम-लक्ष्मण को राक्षसों से यज्ञ की रक्षा के लिए माँगकर ले जाने, राक्षसों का वध, राजा जनक के दरबार में धनुषयज्ञ, फिर राम-सीता के विवाह, राम के वनवास, लक्ष्मण द्वारा रावण की बहन शूर्पणखा की नाक काटने, सीता-हरण, जटायु-वध, फिर लंका-दहन और अन्त में मेघनाद तथा रावण के वध की लीलाओं के मंचन का दर्शकों को विशेष इन्तजार रहता था। विशेषरूप से भारी भीड़ एकत्र होती थी। लंका-दहन के समय आतिशबाजी का आनन्द लेने के लिए दर्शक जुटते थे। इसी प्रकार मेघनाद तथा रावण के विशाल पुतलों के वध के साथ उनमें लगी आतिशबाजी को देखने और रावण पर राम की विजय का हर्षोल्लास तथा जयकार के साथ स्वागत करने के लिए बच्चे, बूढ़े, नौजवान सभी भारी संख्या में एकत्र होते थे।

कटरा रामलीला मैदान में रामलीला का मंचन आज भी परम्परागत रूप में हो रहा है। अन्तर इतना है कि अच्छा, सुन्दर मंच बन चुका है, लाउडस्पीकर लग गये हैं और लीलाओं के मंचन को बहुत-कुछ आधुनिक रूप मिल गया है। कटरा रामलीला कमेटी पंचमी के दिन रामजी की बारात भव्य रूप में निकालती है, जो रामलीला मैदान पहुँचकर वैवाहिक कार्यक्रम में परिणत हो जाती है, सीता-राम का विवाह सम्पन्न हो जाता है।

नवरात्र की अष्टमी के दिन भव्य रामदल का आयोजन होता है। इस दल में आरम्भ से ही रामकथा की घटनाओं पर आधारित झाँकियाँ निकलती रही हैं, जिन्हें पहले पीले कपड़े पहने मजदूर अपने कन्धों पर लेकर चलते थे। बाद में बैलगाड़ियों पर सुसज्जित झाँकियाँ निकलने लगीं और अब ट्रैक्टर-ट्राली का युग आ गया, जिसमें बड़ी-बड़ी झाँकियाँ श्रव्य-दृश्य तकनीक द्वारा नाट्य-दृश्य प्रस्तुत करती हुई पूरे क्षेत्र में निकलने लगी हैं। सबसे पीछे भगवान् राम की सवारी विशाल हाथी पर सजे चाँदी के हौदे पर निकलती है जिसका स्वागत पुष्पवर्षा तथा जय-जयकार से दर्शक उत्साहपूर्वक करते हैं। इस अवसर पर पूरा क्षेत्र बिजली की आकर्षक सजावट से जगमगा उठता है, लाखों श्रद्धालु पूरे क्षेत्र में एकत्र होते हैं और पूरी रात मेला सजा रहता है।

फौज के सिपाहियों द्वारा आरम्भ की गयी रामलीला का यह रूप अब अत्यधिक आकर्षक, नयी तकनीक के रंग में रँगा हुआ भव्य समारोह बन चुका है।

रामलीला का समापन प्रारम्भ से ही अक्षय नवमी के दिन रात में कर्नलगंज चौराहे पर राम-भरत-मिलन के साथ होता रहा है, जो आज भी परम्परागत रूप में अक्षय नवमी के दिन होता है। सुन्दर आकर्षक जगमगाती रोशनी, रात बारह बजे चौराहे पर भरत तथा राम का मिलाप, दर्शकों की भारी भीड़, राम और भरत की जय-जयकार।

पजावा-पथरचट्टी की रामलीला

नगर में कटरा के अलावा रामलीला के तीन अन्य प्रमुख केन्द्र थे जो आज भी हैं। नगर में आज पजावा की जो रामलीला होती है उसका शुभारम्भ बाबा हाथीराम ने किया था, जो शाहगंज में राय बिन्दाप्रसाद की गली में रहा करते थे। ये वैष्णव साधु थे और आरम्भ में अपनी गली में ही रामलीला का आयोजन किया करते थे। शारदीय नवरात्र में नवमी के दिन हनुमान दल निकाला करते थे, जिसमें सबसे आगे हनुमानजी की विशाल मूर्ति होती थी और अन्त में राम, लक्ष्मण और सीता की चौकी हुआ करती थी। धीरे-धीरे हनुमान दल में चौकियों की संख्या बढ़ती गयी। दल को देखने के लिए दर्शकों की भारी भीड़ भी एकत्र होने लगी। इसमें नगर के बाहर से भी आये हुए लोग हुआ करते थे। तब शाहगंज की सँकरी गलियाँ इस मेले के लिए बहुत कम लगने लगीं। मेला इन गलियों से निकलकर बाहर आया और रामलीला शहर के बाहर सदियापुर के एक विशाल मैदान में होने लगी जिसका नाम पजावा

रखा गया और यह रामलीला पजावा की रामलीला के नाम से प्रसिद्ध हो गयी। बाबा हाथीराम के देहावसान के बाद इस रामलीला की व्यवस्था शहर के खत्री परिवारों ने अपने हाथ में ले लिया। पजावा का रामदल आज भी शारदीय नवरात्र में नवमी तथा दशमी के दिन घास की सट्टी से निकलकर पूरे क्षेत्र में घूमता हुआ ककरहा घाट पर रावण-वध के साथ समाप्त होता है।

पथरचट्टी की रामलीला

कड़े के एक कायस्थ रईस बाबू बेनीप्रसाद शहर में रहकर वकालत का पेशा करते थे। उन्होंने एक और रामलीला का शुभारम्भ कराया जो पथरचट्टी रामलीला के नाम से प्रसिद्ध हुई। रामलीला के आयोजन के साथ ही लोग बाबू बेनीप्रसाद को बेनीराम पुकारने लगे, जिनकी रामलीला मलाका क्षेत्र के निकट पथरचट्टी के मैदान में आयोजित होती थी।

बेनीराम का पथरचट्टी का रामदल दशमी के दिन मुट्ठीगंज से निकलता था और हाथीराम के दल के पीछे-पीछे शहर में चलता था, जो परम्परा आज भी कायम है। रात में दोनों की तरफ से चौक में गुड़ की मण्डी से नखासकोने तक रोशनी की भव्य सजावट होती थी। झाड़-फानूस में मोमबत्तियाँ जलाते-जलाते रात के दो-ढाई बज जाते थे। रोशनी देखने के लिए दर्शकों की बड़ी भीड़ एकत्र होती और उसके बीच शृंगार की चौकियाँ निकलतीं—कभी मोती की सजावट, कभी फूलों की सजावट, कभी जड़ाऊ काम की सजावट दर्शकों को देखने को मिलती, दर्शक सम्मोहित होकर राम-लक्ष्मण के दर्शन करते, जय-जयकार से पूरे वातावरण को राममय बना देते।

बाबू बेनीप्रसाद के बाद पथरचट्टी रामलीला की व्यवस्था को अग्रवाल समाज ने सँभाला, जिसके अगुवा बाबू दत्तीलाल वकील ने रामलीला का मैदान खरीद लिया और उसे चहारदीवारी से घेरवा दिया। यही नहीं, उनके समय से ही रामलीला के आयोजन में विकास और प्रगति का जो सिलसिला चला वह आज भी आकर्षक रूप में आगे बढ़ता जा रहा है। रामलीला मैदान खरीदने के बाद ही उस मैदान का नाम रामबाग पड़ गया। अब तो इस मैदान में पक्के रंगमंच का निर्माण भी हो गया है, जहाँ आधुनिक दृश्य-श्रव्य तकनीक के साथ रामलीला का मंचन होने लगा है। बाबू बेनीप्रसाद अपने पास से रामलीला में पैसे खर्च करते थे। यही नहीं, वे मुहर्रम के जुलूस निकलवाने पर भी धन खर्च किया करते थे। पथरचट्टी की यह रामलीला

मलाका के निकट एक मैदान में हुआ करती थी जिसके नाम से इस क्षेत्र का नामकरण रामबाग हो गया।

ये दोनों रामदल इतने भव्य होते गये कि इन्हें देखने के लिए दूर-दूर से लोग आते हैं तथा इसकी प्रसिद्धि मैसूर के रामलीला-जैसी हो गयी है।

इन दो रामलीलाओं के अतिरिक्त दारागंज और सिविल लाइन्स की रामलीलाएँ हैं। दारागंज में नवरात्र की सप्तमी के दिन वहाँ के प्रागवाल तथा बड़ी कोठी के लोग इस रामदल का आयोजन किया करते थे।

वर्तमान समय में तो सिविल लाइन्स, बैरहना तथा अल्लापुर क्षेत्रों में भी रामलीला तथा रामदल का आयोजन होने लगा है और नवरात्र के पूरे दस दिन तक पूरा नगर राममय हो जाता है।

चौक के दोनों रामदलों के समय गुड़ की मण्डी से नखासकोने तक भव्य रोशनी की भी व्यवस्था आरम्भ से ही की जाती रही है। पहले यह रोशनी झाड़-फानूस में मोमबत्तियाँ लगाकर की जाती थी, बाद में बिजली के बल्बों से सुन्दर सजावट करके रोशनी की व्यवस्था होने लगी। रामलीला के अन्य क्षेत्रों में भी रोशनी की अब भव्य व्यवस्था की जाती है, जिसे देखने के लिए लाखों नर-नारियों तथा बच्चों की भीड़ पूरी रात और सूर्योदय के समय तक इन क्षेत्रों में एकत्र रहती है। रात में चौक क्षेत्र में शृंगार की चौकियाँ भी उसी समय से निकलती रही हैं।

कभी फूलों का शृंगार, कभी चाँदी और सोने का शृंगार, कभी जड़ाऊ चौकियों का शृंगार और कभी-कभी केले के पेड़ के तने और पत्तों का शृंगार जिनका नयनाभिराम दृश्य देखने के लिए भारी भीड़ उमड़ पड़ती है।

सन् 1924 में दशहरे के दौरान चौक क्षेत्र में भयंकर दंगा हो गया, जिसमें कहते हैं काफी लोग मारे गये। कटरा क्षेत्र यद्यपि दंगे से मुक्त था, लेकिन पुराने लोग बताते हैं कि कटरा की गलियों में दंगे की रात कई लोग एलान करते घूमते रहे कि "भाइयो, अपने-अपने दरवाजे बन्द रखो, सावधान रहो। चौक में लाश-पर-लाश गिर रही है।" जो भी हो, इतिहास गवाह है कि इस दंगे के बाद लगभग बारह वर्षों तक प्रयाग में रामलीला और रामदल का आयोजन बन्द रहा। लेकिन लोग रामचन्दी निकालते रहे, जो बराबर जमा होती रही।

इसके बाद अन्तरिम स्वेदशी सरकार बनने पर काफी समझौता-वार्त्ता के उपरान्त इलाहाबाद में रामलीला और रामदल का आयोजन पुनः आरम्भ हुआ, तो जनता में

उत्साह दुगना था, जो बढ़ता ही गया और इन आयोजनों में निरन्तर आधुनिकता का समावेश होता गया।

मेले वही हैं, उनका मूल स्वरूप भी पहले ही जैसा है केवल आधुनिक विकास तथा सुविधाओं के फलस्वरूप उनका रूप-रंग भव्य बनता जा रहा है।

इलाहाबाद में लगभग पूरे वर्ष मेले सजते रहते हैं। यदि इस नगर को मेलों का नगर कहा जाय तो अतिशयोक्ति न होगी।

●

गंगा अब राष्ट्रीय नदी

पवित्र-पावनी गंगा नदी को प्राचीन काल से ही श्रद्धालु माँ के रूप में पूजते रहे हैं। प्रयाग का त्रिवेणी संगम तो गंगा की धारा के कारण ही युगों-युगों से महत्त्वपूर्ण रहा है।

गंगा के इस राष्ट्रीय महत्त्व को स्वीकार करते हुए पहले राजीव गाँधी ने इसे स्वच्छ और निर्मल बनाये रखने का अभियान चलाया था और इसमें बहनेवाले नालों के गन्दे पानी को स्वच्छ करने के लिए चार सौ करोड़ रुपये का अनुदान भारत सरकार की ओर से स्वीकृत किया था। किन्तु कुछ ही ट्रीटमेण्ट प्लाण्ट आधे-अधूरे बनकर रह गये और गन्दे नालों का गन्दा पानी गंगा के जल को प्रदूषित करता रहा।

अब नवम्बर, 2008 में भारत सरकार ने गंगा के पावन स्वरूप को स्वीकार करते हुए इसे राष्ट्रीय नदी घोषित कर दिया है और फरवरी, 2009 में गंगा वैली अथॉरिटी की स्थापना भी कर दी है, जो गंगा नदी की पवित्रता की जाँच करेगी। आशा की जा सकती है कि गंगा वैली अथॉरिटी गंगा वैली क्षेत्र का सर्वेक्षण करके गंगा में जल के निरन्तर प्रवाह और पूरे क्षेत्र के सौन्दर्यीकरण को सुनिश्चित करेगी। गंगा को स्वच्छ और निर्मल बनाने के लिए विश्व बैंक ने भी लगभग 15 हजार करोड़ की सहायता देने की घोषणा की है।

प्रयाग के त्रिवेणी संगम पर गंगा नदी के जल का स्तर बहुत घट गया है। यहाँ जलप्रवाह को सुनिश्चित करना संगम के अस्तित्व को सुरक्षित बनाये रखने के लिए आवश्यक हो गया है। त्रिवेणी संगम से सरस्वती तो पहले ही विलुप्त हो चुकी है। यदि गंगा की धारा भी सूख गयी तो संगम का अस्तित्व ही मिट जायेगा और करोड़ों श्रद्धालुओं की आस्था को गहरी चोट पहुँचेगी। गंगा वैली अथॉरिटी की स्थापना से इस पवित्र राष्ट्रीय नदी के अस्तित्व के मिट जाने का खतरा निश्चित रूप से टल

गया है। अब तो नदी में पर्याप्त जलप्रवाह और नालों का नदी में प्रवाह रोकने का कार्य सरकार द्वारा स्थापित प्राधिकरण को शीघ-से-शीघ्र करना ही होगा।

महान् सन्त भगीरथ की कठोर तपस्या से गंगा का पृथ्वी पर अवतरण हुआ था। अब इसकी पवित्रता को बनाये रखने का भगीरथ कार्य गंगा वैली अथॉरिटी के साथ ही हम सबका भी है।

●

प्रयाग के पण्डे : भगवान् राम के पण्डा

संगम नगरी तीर्थराज प्रयाग की बात की जाय और प्रयाग के पण्डों की चर्चा न हो, तो बात अधूरी ही रह जायगी। पण्डे चाहे प्रयाग के हों या गया के या किसी अन्य तीर्थ के, वास्तविकता यही है कि वे सही अर्थों में सनातन धर्म के संरक्षक हैं और हिन्दुओं की वंश-परम्परा के संवाहक भी। हजारों वर्षों पहले से प्रत्येक हिन्दू परिवार का सजरा इनके बहीखातों में सुरक्षित है। हो सकता है, हमें स्वयं तीन-चार पुश्त पहले के अपने पूर्वजों के सम्बन्ध में जानकारी न हो, किन्तु इन पण्डों के बहीखातों में हमारे पूर्वजों की सारी जानकारी सुरक्षित है।

पण्डों के नाम से अकसर लोग नाक-भौं सिकोड़ लेते हैं, शायद इन पण्डों के कर्मचारियों द्वारा कभी-कभी तीर्थयात्रियों के साथ कोई दुर्व्यवहार हो जाने के कारण। यह भी सही है कि इन पण्डों की आर्थिक स्थिति अब अच्छी नहीं है, किन्तु वास्तविकता यही है कि हिन्दुओं की वंश-परम्परा का ब्यौरा इनके पास आज भी सुरक्षित है। आम दिनों में और विशेष रूप से माघमेला तथा अर्द्धकुम्भ और कुम्भ के अवसर पर त्रिवेणी संगम तट पर इनकी कुटिया सज जाती है। प्रत्येक पण्डे की कुटिया पर उनका झण्डा लहराने लगता है जिस पर अंकित चिह्न को देखकर ही तीर्थयात्री सीधे अपने पारिवारिक पण्डे की कुटिया पर जा पहुँचते है। पण्डे अपने यजमानों के ठहरने, खाने-पीने, त्रिवेणी स्नान तथा उनके धार्मिक अनुष्ठानों की पूरी व्यवस्था करते हैं और मनचाहा दान-दक्षिणा प्राप्त कर सन्तोष-लाभ करते हैं।

परिवार का एक भी सदस्य यदि कभी इनके यहाँ पहुँच जाता है तो उसके पूर्वजों का पूरा विवरण ये अपने बहीखाते से निकालकर उसे उसका पारिवारिक पण्डा होने का प्रमाण तो दे ही देते हैं, साथ ही उसका नाम भी अपने खाते में दर्ज-कर लेते हैं।

इनके बहीखाते इतने पुराने हैं कि कुछ तो ताम्रपत्र पर अंकित कर दिये गये हैं, जिनकी भाषा हिन्दी न होकर संस्कृत या पालि होती है और जिन्हें पढ़वाने के लिए उन भाषाओं के विशेषज्ञों की आवश्यकता होती है। कुछ पण्डों का दावा है कि उनके पास राम तथा महाभारत-काल तक के विवरण सुरक्षित हैं।

वास्तविकता तो यह है कि प्राचीन काल से सम्बद्ध संचित जानकारी के गम्भीर शोध की आवश्यकता है, जिससे अनेक दुर्लभ जानकारियाँ प्राप्त हो सकती हैं।

सुनिश्चित मान्यता है कि प्रयाग में गंगा, यमुना तथा सरस्वती का त्रिवेणी संगम है। किन्तु सरस्वती अदृश्य है। यह पावन नदी कहाँ से निकली, कब तक प्रवाहित होती रही और कब और कैसे अदृश्य हो गयी, इसके शोध में भी सम्भवतः इन पण्डों के बहीखातों में दर्ज विवरणों से सहायता प्राप्त हो सकती है।

अभी तक किसी भी शोधकर्त्ता ने पावन नदी सरस्वती के उद्गम, प्रवाह तथा अदृश्य होने के सम्बन्ध में कोई जिज्ञासापूर्ण शोध क्यों नहीं किया, यह आश्चर्य की ही बात है।

यद्यपि जैसा कि हम पहले उल्लेख कर चुके है, मनुस्मृति के अनुसार सरस्वती बालुका पिण्ड में समाहित हो गयी थीं किन्तु इस सम्बन्ध में निःसन्देह विस्तृत शोध की आवश्यकता है।

भगवान् राम के पण्डा

लंका-विजय के बाद अपने राज्याभिषेक के पश्चात् जब भगवान् राम अपने पूर्वजों का पिण्डदान, तर्पण और श्राद्ध करने के लिए प्रयाग आये तो बताते हैं कि यहाँ के पण्डों ने उनका अनुष्ठान कराने से इनकार कर दिया। उनका तर्क था कि महान् ब्राह्मण तथा विद्वान् पण्डित रावण का वध करने के कारण राम पर ब्रह्महत्या का पाप है। वे राम के पूर्वजों का पिण्डदान, तर्पण तथा श्राद्ध-कर्म नहीं करवा सकते।

भगवान् राम के लिए यह बड़े असमंजस की स्थिति थी। पूर्वजों की मुक्ति के लिए उन्हें पिण्डदान और श्राद्ध करना ही था।

अतः उन्होंने अयोध्या के एक पण्डे को बुलवाया। उस पण्डे ने विधिवत् राम से उनके पूर्वजों के लिए पिण्डदान और श्राद्ध संस्कार करवाया।

वे पण्डा जी यह संस्कार करवाने के बाद प्रयाग के ही होकर रह गये। अयोध्या वापस नहीं गये। उनके परिवार के सदस्य आज भी प्रयाग में हैं और उन्हें इस बात का गर्व है कि वे भगवान् राम के पण्डाजी के परिजन हैं।

इस परिवार के वयोवृद्ध सदस्य पण्डित लोकनाथ भरद्वाज ताम्रपत्र पर अंकित विवरणों को दिखाते हैं, जो इस बात का प्रमाण है कि उनके पूर्वज भगवान् राम के पण्डा थे। उन ताम्रपत्रों को किसी विशेषज्ञ की सहायता के बिना पढ़ना तो असम्भव

है, किन्तु उनकी प्राचीनता स्वयंसिद्ध है और उनकी प्रामाणिकता भी असन्दिग्ध ही प्रतीत होती है।

इन सारे सन्दर्भों में एक बात और उल्लेखनीय है कि प्राचीन काल में हिन्दू समाज जाति और वर्णों में बँटा नहीं था। समस्त हिन्दू समाज ऋषियों की सन्तान रहा है। प्रत्येक हिन्दू किसी-न-किसी ऋषिकुल से सम्बन्धित है। यही कारण है कि किसी भी धार्मिक संस्कार अथवा अनुष्ठान के समय किसी भी हिन्दू की जाति का उल्लेख करने के बजाय उसके गोत्र अर्थात् ऋषिकुल का नाम ही लिया जाता है। कहा जाता है 'अमुक नामे, अमुक आत्मजे, अमुक गोत्रे' आदि, आदि। जैसे भारद्वाज गोत्रे, अत्रि गोत्रे, कौशिक गोत्रे, शाण्डिल्य गोत्रे, कश्यप गोत्रे आदि-आदि।

पुराणों के अनुसार दक्ष के यज्ञकुण्ड में सती के समाहित हो जाने के बाद भगवान् शिव ने क्रोध के भयंकर आवेग में दक्ष के यज्ञ को ही नहीं वरन् यज्ञ में हिस्सा ले रहे ऋषियों-मुनियों का भी विध्वंस कर दिया था। काफी समय बाद जब ब्रह्माजी ने पुनः सृष्टि की रचना करने का निश्चय किया तो उन्होंने यज्ञ करके ऋषियों-मुनियों को अपने मानस पुत्रों के रूप में पुनः उत्पन्न किया। इनमें से कुछ ऋषियों ने अपना वंश चलाने से इनकार कर दिया किन्तु कुछ ने देवकन्याओं से विवाह करके अपना वंश चलाया। उन्हीं ऋषियों के नाम से उनके वंश का गोत्र निर्धारित हुआ तथा उनके वंश का जो विस्तार होता गया उस कुल के वे सभी लोग उस गोत्र के नाम से ही जाने जाते रहे। ऐसी मान्यता है कि सभी हिन्दू उन्हीं ऋषियों की सन्तान हैं और उन्हीं के गोत्र के नाम से पहचाने जाते हैं। वर्तमान समय में भी जो धार्मिक अनुष्ठान तथा संस्कार सम्पन्न किये जाते हैं उनमें किसी जाति का नाम न लेकर गोत्र का ही नाम लिया जाता है।

ऋषिकुलों के इन गोत्रों का समस्त विवरण इन पण्डों के बहीखातों में दर्ज है, जो सामान्यजन की पहचान करने के लिए पर्याप्त है और इन पण्डों का महत्त्व तथा उनकी प्रासंगिकता भी उनसे प्रमाणित है।

देश के प्रथम प्रधानमन्त्री पण्डित जवाहरलाल नेहरू के पारिवारिक पण्डा भी प्रयाग में निवास करते हैं और नेहरू-गाँधी परिवार के किसी भी मृत्यूपरान्त संस्कार को वही त्रिवेणी तट पर सम्पन्न करवाते हैं।

हिन्दू समाज आज भले ही अनेक जातियों, प्रजातियों और वर्गों में बँटा हो, किन्तु वास्तव में यह एक स्वयमेव पूर्णरूपेण संगठित और जाति-प्रजाति के भेद से मुक्त हिन्दू समाज है जो ऋषिकुल गोत्रों से सम्बन्धित और संवर्द्धित है।

प्राचीन ऋषि योगी थे, महात्मा थे, ईश्वर से साक्षात्कार की क्षमता रखते थे और अपने-अपने गुरुकुल के बालकों को शिक्षा-दीक्षा, यौगिक क्षमता तथा युद्ध कला और शस्त्रादि चलाने की शिक्षा देकर समाज को समृद्ध, संगठित तथा सशक्त बनाने का महत्त्वपूर्ण कार्य जीवनपर्यन्त सम्पन्न करते रहते थे।

महाभारत-काल के पाण्डव और कौरवों ने भी ऋषिकुलों में रहकर ही शिक्षा-दीक्षा ली थी और युद्ध-कौशल में पारंगत हुए थे।

राम, लक्ष्मण ने भी महान् ऋषि विश्वामित्र के गुरुकुल में ही शिक्षा-दीक्षा और शस्त्र-कौशल में निपुणता प्राप्त की थी और ऋषि की दीक्षा के फलस्वरूप ही मर्यादा पुरुषोत्तम बन गये थे। विष्णु के अवतार थे राम, किन्तु इस मृत्युलोक में जन्म लेकर ऋषि-सान्निध्य में ही वे मर्यादा पुरुषोत्तम बन पाये थे। मृत्युलोक में उन्हें ईश्वरत्व का प्रदर्शन न करके मर्यादा पुरुषोत्तम का आदर्श प्रस्तुत करना था, जिससे हर व्यक्ति को मर्यादित जीवन की शिक्षा मिले, आदर्श जीवन निर्वाह की प्रेरणा मिले। तभी तो राम पूज्य बने, राम नाम मुक्ति का सार्थक साधन बन गया।

●

नगर के प्रमुख मुहल्ले

आधुनिकता का केन्द्र सिविल लाइन्स

इलाहाबाद का सिविल लाइन्स आधुनिकता का केन्द्र है। इधर-उधर बँगलों की कतारें, बीच में साफ-सुथरी सड़कें। शहर के बड़े-बड़े एडवोकेट, रईस, व्यापारी आदि यहाँ रहते हैं। आगे है सिविल लाइन्स का फैशनेबुल बाजार। इस बाजार की दूकानों की सजावट में आधुनिक रूप-रंग देखा जा सकता है। कभी जहाँ अंग्रेजों का एकाधिकार था और वे भारतीयों को वहाँ से 'यू इण्डियन डाग्स' कहकर मार भगाते थे वही आज फैशनेबुल भारत का प्रतीक बन गया है। और आगे है म्युनिसिपल कार्पोरेशन की इमारत।

इस इमारत के आगे इलाहाबाद स्टेशन का सिविल लाइन्स की ओरवाला हिस्सा है। यहीं से ओवर ब्रिज पार करके स्टेशन के उस पार जाया जा सकता है। उस पार नवनिर्मित इलाहाबाद स्टेशन का चौक की ओरवाला मुख्य भवन है। रात में ट्यूब लाइटों की रोशनी में चम्कता यह रेलवे स्टेशन बहुत सुन्दर दिखता है। रोडवेज का विशाल बस अड्डा भी सिविल लाइन्स में स्थित है।

वर्तमान सिविल लाइन्स में बिग बाजार, विशाल मेगामार्ट, सलासार आदि मेगामार्केट बन गये हैं। होटल कान्हा-श्याम, होटल यात्रिक, होटल मिलन पैलेस, पर्यटक निवास, ग्रैण्ड होटल तथा कई अन्य आधुनिक होटल भी स्थापित हो गये हैं।

दारागंज

मुगल शहजादे दाराशिकोह के नाम पर गंगा के तट पर बसे दारागंज का मुकाबला शायद ही कोई मुहल्ला कर सके।

यहीं है दशाश्वमेध घाट। यहाँ पर मनकामेश्वर अर्थात् शिव की मूर्ति स्थापित है। कहते हैं, यहीं पर ब्रह्मा ने दस अश्वमेध यज्ञ किये थे, इसीलिए गंगा तट पर स्थित इस घाट का नाम दशाश्वमेध घाट पड़ गया।

दारागंज में ही वेणीमाधव का प्रसिद्ध मन्दिर है। इस भव्य मन्दिर में माघमेला के समय यात्रियों का ताँता बँधा रहता है। कहते हैं, चौदह माधवों में इस मन्दिर में स्थापित माधव का भी स्थान है।

औद्योगिक नगर नैनी

नैनी जाने के लिए यमुना पर बने उस पुल को पार करना पड़ता है जो रेल और रोड दोनों का पुल है। सबसे ऊपर रेल की पटरियाँ बिछी हैं, और उसके नीचे दो सड़कें हैं। नीचे यमुना की नीली धारा बहती है। अगर इलाहाबाद से मुम्बई या कोलकोता जाना हो तो गाड़ी इसी पुल के ऊपर से होकर जाती है। पुल के पार थोड़ी दूर पर है इलाहाबाद का प्रसिद्ध कृषि महाविद्यालय—नैनी एग्रीकल्चर इन्स्टीट्यूट। इस विद्यालय में कृषि की शिक्षा एम. एस-सी. तक होती है। यहाँ पशुपालन की भी शिक्षा दी जाती है। इस विद्यालय के अन्तर्गत एक दूध की डेरी भी चलती है, जो शहर के एक बहुत बड़े हिस्से को दूध, मक्खन आदि पहुँचाती है।

कॉलेज के सामने सड़क के उस पार जो छोटी-छोटी बँगलियाँ बनी हैं, उनमें इस कॉलेज के प्राचार्य और शिक्षक रहते हैं।

दूसरी ओर है नैनी की औद्योगिक नगरी। इस औद्योगिक नगरी में अनेक छोटी-बड़ी फैक्टरियाँ चल रही हैं। इनमें कपड़े और लोहे की मिलों से लेकर दफ्ती बनाने तक की मिलें हैं। यहाँ शीशे के बर्तन आदि बनाने का भी एक कारखाना है, जो बहुत लम्बे अरसे से चल रहा है।

बड़ी विशाल औद्योगिक नगरी बस गयी है यहाँ। इलाहाबाद के औद्योगिक विकास में इस औद्योगिक नगरी का बहुत बड़ा महत्त्व है।

नया यमुना पुल

नैनी की ओर आवागमन के लिए अब एक आधुनिक यमुना पुल का निर्माण हो जाने से बड़ी सुविधा हो गयी है। यही नहीं, यह पुल इतना सुन्दर निर्मित हुआ है कि इस पर घूमनेवालों की सायंकाल भीड़ लगी रहती है और खाने-पीने की वस्तुओं के कई ठेले सज जाते हैं, जिससे मेले-जैसा दृश्य उपस्थित होता है। पुल की सीढ़ियों से उतरकर यमुना की धारा में पाँव लटकाकर बैठने का सुखद आनन्द लेनेवालों की भी अच्छी-खासी भीड़ यहाँ नित्य दिखती है।

हिन्दुस्तान कान्स्ट्रक्शन कम्पनी तथा हुण्डई इन्जीनियरिंग एण्ड कान्स्ट्रक्शन द्वारा संयुक्त रूप से निर्मित यह केबिल ब्रिज अपने ढंग का देश का निराला पुल

है। कांक्रीट से बने दो विशाल सुन्दर स्तम्भों पर स्टील के केबिलों द्वारा टिका चार सड़कोंवाला यह विशाल पुल जितना अनोखा है उतना ही सुन्दर भी।

शहर की धुरी चौक

चौक इस नगर का मुख्य बाजार है। यहाँ क्या नहीं मिलता और क्या नहीं बिकता?

चौक के बीचोंबीच है क्लाक टावर इलाहाबाद की धुरी, जिसके चारों ओर सारा शहर घूमता है। इसका निर्माण सन् 1913 में हुआ था।

प्रयाग में सन् 1910-11 में एक बहुत बड़ी प्रदर्शनी लगी थी, जिसमें एक घण्टाघर बनाया गया था। वर्तमान घण्टाघर बिलकुल उसी तरह का बनाया गया। रायबहादुर लाला रामचरनदास तथा उनके भतीजे लाला विशेश्वरदास ने अपने-अपने पिता की यादगारस्वरूप इस घण्टाघर का निर्माण करवाया था।

पुराने समय में चौक गाँव-जैसा था। चारों तरफ कच्चे-कच्चे मकान, बीच-बीच में कुछ पक्के मकान, कुछ केवल ईंटे के बिना प्लास्टर किये हुए मकान और सँकरी सड़कें तथा गलियाँ। चौक के बीच में गढ़ी थी जिसमें चारों तरफ का गन्दा पानी बहकर आता था। इसके इर्द-गिर्द कुँजड़ों और बिसातियों की छोटी-छोटी दुकानें थीं। उस स्थान को लाल डिग्गी के नाम से जाना जाता है। जिस स्थान पर जान्सेनगंज की मुख्य बाजार बन गयी है वहाँ पहले बड़ी घनी बस्ती थी। चौक से कटरा मोहल्ले की तरफ जाने का मार्ग ठठेरी बाजार से शाहगंज होता हुआ गया था। बाद में इसका कुछ हिस्सा लीडर रोड में मिला दिया गया।

इलाहाबाद के कलेक्टर जब विलियम जान्स्टन बनाये गये तो उन्होंने पुराने मकानों की बस्ती को गिरवाकर शहर से कटरा मोहल्ले की तरफ जाने के लिए एक चौड़ी सिटी रोड बनवायी। इस सड़क के दोनों तरफ बसे मोहल्ले तथा बाजार का नाम उन्हीं कलेक्टर साहब के नाम पर जान्स्टनगंज रख दिया गया।

चौकवाली गढ़ी को पटवाकर कमिश्नरी के गुमाश्ता बाबू रामेश्वरराय चौधरी ने सब्जीमण्डी का निर्माण करवाया जिसे गढ़ीसराय के नाम से भी जाना जाता है। उस स्थान पर अब सब्जीमण्डी नहीं है।

अहियापुर-मालवीय नगर

अहियापुर नगर के सबसे पुराने मुहल्लों में है। सँकरी गलियों तथा घनी बस्ती से पटा यह मुहल्ला नगर की प्राचीन सभ्यता को सँजोये रहा है। यमुना नदी तथा बलुआघाट के निकट बसी यह बस्ती बेहद घनी और सुसभ्य है।

प्राचीन नाम अहियापुर था, जो बदलकर मालवीय नगर हो गया। यहाँ महामना मदन मोहन मालवीय निवास करते थे। अतः इसका आधुनिक नाम मालवीय नगर हो गया।

लोकनाथ

प्राचीन अहियापुर तथा वर्तमान मालवीय नगर से सटा लोकनाथ भी नगर की प्राचीन संस्कृति का प्रतीक है तथा मिठाई, नमकीन तथा रबड़ी, मलाई, लस्सी, अचार और गजक आदि स्वादिष्ट व्यंजनों की अनेक दुकानों के कारण लोकनाथ पूरे शहर के खाने-पीने के शौकीन लोगों के आकर्षण का केन्द्र है। देर रात तक अँगौछा लपेटे, बनियान पहने लोगों की जमघट, भंग और ठण्डई की दुकानों पर शौकीनों की भीड़, नगर से लेकर प्रदेश, देश तथा विदेश तक की राजनीतिक चर्चाएँ, खुलकर ठहाके लगाते लोग, कस गुरु, कहो गुरु तथा सुना गुरु-जैसे आत्मीय सम्बोधनों के साथ एक-दूसरे से मिलते, बातें करते पुराने लोग—यही असली पहचान है लोकनाथ की। किसी भी शहर में आपको इस तरह के मोहल्ले मुश्किल से ही देखने को मिलेंगे। पण्डित मदन मोहन मालवीय-जैसे महापुरुषों का निकट ही प्राचीन निवास होने के कारण इस बस्ती के लोगों में आत्मगौरव की भावना भी स्वाभाविक रूप से रची-बसी है।

हटिया

यह मालवीय नगर तथा लोकनाथ से सटा बेहद घना बसा मुहल्ला है। पतली गलियों से गुँथा यह क्षेत्र नमाज के समय अजान से गूँज उठता है।

यह क्षेत्र लकड़ी तथा लोहे के फर्नीचरों की दुकानों का केन्द्र बन चुका है।

मीरापुर

सन् 1947 में पंजाब तथा पूर्वी बंगाल में हुए साम्प्रदायिक दंगों के बाद वहाँ से भागकर आये शरणार्थियों के लिए मीरापुर में विशेष रूप से पंजाबी शरणार्थियों के लिए यह छोटी-सी बस्ती बनायी गयी थी। समय के साथ विकसित होती हुई यह एक विशाल आधुनिक कॉलोनी बन गयी है जो कल्याणी देवी से दक्षिण की ओर विस्तार लेती हुई यमुना तट तक फैल चुकी है। सुन्दर मकानों, हर तरह की वस्तुओं की ढेर-सारी दुकानों और कई मन्दिरों से सजा मीरापुर मोहल्ला भी नगर का एक महत्त्वपूर्ण क्षेत्र बन गया है। मन्दिरों में यहाँ का ललिता देवी मन्दिर सबसे अधिक महत्त्वपूर्ण धार्मिक स्थल है।

करेलाबाग–करेली कॉलोनी

कभी स्लाटर हाउस तथा नगर की जलापूर्ति के लिए यमुना तट पर लगे पम्पिंग स्टेशन के लिए मशहूर इस क्षेत्र में एक समय श्रमिक बस्ती बनायी गयी थी। अब यह बस्ती विकास और विस्तार पाकर यमुना तट तक फैल चुकी है। सुन्दर मकान भी हैं, बाजारें भी हैं।

मिश्रित आबादी के कारण यह बस्ती साम्प्रदायिक सौहार्द तथा मेलजोल की प्रतीक बन गयी है।

लूकरगंज

वर्तमान इलाहाबाद स्टेशन से दक्षिण-पश्चिम की ओर 1906 में जो बस्ती बसायी गयी उसका नाम गवर्नमेण्ट प्रेस के सुपरिण्टेण्डेण्ट एम. लूकर के नाम पर लूकरगंज रखा गया। पहले इसका नाम सूबे के लेफ्टिनेण्ट गवर्नर सर जेम्स जिडस लाटूश के नाम पर लाटूशगंज रखा जाना था लेकिन लाटूश साहब ऐसे विनम्र स्वभाव के गवर्नर थे कि उन्होंने अपने नाम पर इस बस्ती का नामकरण करना पसन्द नहीं किया। उन्हीं के सुझाव पर इस मुहल्ले का नाम लूकरगंज रखा गया।

एलनगंज

वर्तमान विश्वविद्यालय के सामने पूर्व की ओर जो बस्ती बसायी गयी उसका नाम पायनियर प्रेस तथा समाचार-पत्र के संस्थापक सर जार्ज एलन के नाम पर एलनगंज रखा गया।

ममफोर्डगंज

कटरा तथा नया कटरा से उत्तर की ओर जो मोहल्ला बसा है उसका नामकरण म्यूनिसिपल बोर्ड के चेयरमैन के नाम पर ममफोर्डगंज किया गया, जो इस समय नगर की बहुत अच्छी बस्तियों में माना जाता है।

पुराना मोहल्ला अतरसुइया

चौक से दक्षिण-पश्चिम की ओर एक बहुत पुराना मोहल्ला अतरसुइया है जिसे नगर का प्राचीन मोहल्ला कहा जाता है। कहते हैं कि प्राचीन काल में

किसी समय अत्रि ऋषि तथा उनकी पत्नी अनुसुइया नगर के इस क्षेत्र में आयी थीं जिनका पद-चिह्न उस क्षेत्र के एक योगी के यहाँ रखे शिलाखण्ड पर अंकित है। अत्रि ऋषि तथा अनुसुइया के नाम को जोड़कर ही इस मोहल्ले का नाम अतरसुइया रख दिया गया। यह नगर की बहुत घनी बस्ती है और इसकी सड़क भी बहुत सँकरी है।

खुल्दाबाद—शहराराबाग

चौक से पश्चिम की तरफ खुल्दाबाद मोहल्ला है। कहते हैं कि इसे बादशाह जहाँगीर ने बसाया था। जहाँगीर ने ही चौक से पूर्व की ओर एक बाग लगवायी थी, जिसका नाम शहराराबाग रखा गया। अब वहाँ बाग तो नहीं रह गया है किन्तु एक घना मोहल्ला इसी नाम से बस गया है।

कटरा

वर्तमान समय में चौक के बाद जो सबसे बड़ा बाजार है वह पुराना कटरा के नाम से प्रसिद्ध है।

इतिहास के अनुसार इस मोहल्ले को जयपुर के महाराज जयसिंह सवाई ने बसाया था। कहते हैं कि कटरे का पूरा क्षेत्र महाराज को अंग्रेजों से माफी के रूप में प्राप्त हुआ था। इसकी 35 एकड़ भूमि पर बहुत लम्बे समय तक उन्हीं का अधिकार था। कटरा की गल्ला मण्डी में महाराज का कार्यालय था जहाँ से उनके कर्मचारी पूरे क्षेत्र से वसूली का कार्य किया करते थे। कटरा के निकट के गाँव राजापुर और फतेहपुर बिछुआ की मालगुजारी वसूलने का अधिकार भी उन्हीं को दिया गया था।

ऐसा कहा जाता है कि मुगल शासनकाल में यहाँ 12 दायरे थे जिन्हें फकीरों का आश्रम कहा जाता था। इस कारण इस क्षेत्र को फकीराबाद भी कहा जाता है। इस समय भी कटरा में कचहरी की ओर जाते समय दायीं ओर एक छोटा-सा मोहल्ला फकीरेगंज के नाम से जाना जाता है।

नया कटरा

पुराना कटरा तथा ममफोर्डगज के बीच के भूखण्ड पर सन् 1927 में जो बस्ती बसायी गयी उसका नाम नया कटरा रखा गया था जो इस समय नगर की अच्छी बस्तियों में मानी जाती है।

चक

शहराराबाग के निकट चक मोहल्ले को शाह अब्दुल जलील ने बसाया था जो अरब से आये थे। इन्हें भी यह पूरा क्षेत्र माफी के रूप में अंग्रेजों ने दे दिया था। इनका मकबरा भी चक मोहल्ले में बना है।

मुट्ठीगंज

मुट्ठीगंज मोहल्ला वर्तमान समय में आढ़तियों का गढ़ माना जाता है। यमुना नदी से उत्तर की ओर बसे इस मोहल्ले का नामकरण इलाहाबाद के पहले कलेक्टर आर. अहमुटी के नाम पर किया गया था, जो बिगड़ते-बिगड़ते मुट्ठीगंज हो गया। यहाँ स्थित पंचमुखी महादेव तथा चित्रगुप्त मन्दिर पूरे नगर क्षेत्र में बहुत लोकप्रिय हैं। इसी क्षेत्र में दक्षिण की ओर यमुना नदी के किनारे पक्का बलुआघाट और प्रसिद्ध इविंग क्रिश्चियन कॉलेज स्थित है।

कीडगंज

किले के पश्चिम की ओर यमुना नदी के किनारे जो बस्ती स्थित है उसे कीडगंज के नाम से जाना जाता है। इसका नामकरण किले के कमाण्डेण्ट जनरल कीड के नाम से कीडगंज किया गया।

किले और कीडगंज के बीच नया यमुना पुल निर्मित हो जाने से इस क्षेत्र का महत्त्व तो बढ़ा ही है साथ ही इस यमुना क्षेत्र की शोभा भी बहुत बढ़ गयी है। सायंकाल इस क्षेत्र में घूमनेवालों की भारी भीड़ एकत्र हो जाती है जहाँ ठेलों पर चाट, पावभाजी, आइसक्रीम, भुट्टा, चाय इत्यादि की दर्जनों दूकानें सज जाती हैं।

इस नये पुल से सीढ़ियों द्वारा यमुना नदी की जलधारा तक पहुँचने तथा सीढ़ियों से ही पुल के ऊपर जाने की सुविधा के कारण इसका आकर्षण और भी अधिक हो गया है।

नये पुल से प्राचीन मनकामेश्वर मन्दिर और सरस्वती घाट तक का क्षेत्र विकास प्राधिकरण द्वारा बड़े सुन्दर और आकर्षक रूप में विकसित कर दिया गया है। सरस्वती घाट पर यमुना के तट पर बहुत सुन्दर मंच भी निर्मित किया गया है। यहाँ कभी-कभी संगीत और नृत्य के आकर्षक कार्यक्रम आयोजित होते रहते हैं।

सेना द्वारा किले और नये पुल के बीच की सड़क पर दोनों ओर फाटक लगाकर नाकेबन्दी कर दिये जाने और रोक-टोक के कारण नागरिक तथा पर्यटक उतनी बड़ी संख्या में इस क्षेत्र के आकर्षण का आनन्द नहीं उठा पाते जितनी संख्या में आशा की जाती थी। अब पश्चिम की ओरवाला सैनिक फाटक खुल जाने से मनकामेश्वर मन्दिर तथा सरस्वती घाट तक जाना बहुत सुविधाजनक हो गया है और यहाँ आनेवालों की भीड़ भी बहुत बढ़ गयी है। किन्तु किला और त्रिवेणी बाँधवाली सड़क पर अभी भी फाटक बन्द है।

जार्ज टाउन

अंग्रेजों के शासनकाल में सिविल लाइन्स क्षेत्र में भारतीय नागरिकों के प्रवेश पर प्रतिबन्ध था।

अंग्रेजों ने भारतीय नागरिकों के लिए एक नया सिविल स्टेशन जार्ज पंचम के नाम पर जार्ज टाउन नाम से बसाया था, जो सोहबतियाबाग से लाउदर रोड और दरभंगा कैसल के बीच में स्थित है।

टैगोर टाउन

कुछ दिनों बाद जार्ज टाउन के बगल में ही प्रसिद्ध बँगला कवि गुरुदेव रवीन्द्रनाथ टैगोर के नाम पर टैगोर टाउन बस्ती बसायी गयी। टैगोर की मूर्ति चौराहे पर स्थापित की गयी है। यह बस्ती भी जार्ज टाउन-जैसी ही है। इसके बगल में ही एल. आई. सी. कॉलोनी भी बस गयी है।

अल्लापुर बनाम भरद्वाजपुरम्

जहाँ कभी मशहूर इलाहाबादी अमरूदों की बागें तथा लहलहाते खेत थे, वहाँ आज शहर की एक बड़ी कॉलोनी अल्लापुर बस गयी है, जिसे भरद्वाजपुरम् भी कहते हैं। दारागंज, अलोपीबाग और टैगोर टाउन तथा बस्की बाँध से घिरा यह मुहल्ला अपेक्षाकृत नया है, किन्तु अब शहर की सबसे महँगी कॉलोनियों में इसका शुमार है। जरूरत की सभी वस्तुओं की दूकानें, अस्पताल, स्कूल आदि सभी-कुछ हैं इस बस्ती में। अच्छे मकानों की कतारें। कहीं कोई कमी नहीं।

कभी इस बस्ती में बाढ़ के दिनों में भयंकर जलभराव से भारी तबाही का मंजर हो जाता था। किन्तु अब बाँध के उस पार कई पम्पिंग सेट तथा रिंग बाँध बन जाने से अल्लापुर को जलभराव के संकट से छुटकारा मिल गया है।

मध्यम श्रेणी के परिवारों के साथ ही यह छात्रों की भी बस्ती है। विश्वविद्यालय तथा कई महाविद्यालयों के निकट होने के कारण यहाँ छात्र भारी संख्या में किराये के कमरे लेकर निवास करते हैं।

जागरूक निवासी शारदीय नवरात्र में यहाँ रामलीला का मंचन और रामदल का आयोजन भी करने लगे हैं।

रामलीला मैदान में अन्य आयोजन भी होते रहते हैं। इस मोहल्ले में अच्छी सड़कें, हर प्रकार की वस्तुओं की दुकानें, अस्पताल तथा पार्कों का निर्माण हो जाने से यह अपने-आपमें एक सम्पूर्ण छोटे नगर-जैसा हो गया है।

अशोकनगर

राजापुर से उत्तर की ओर गंगा नदी के कछार तक आधुनिक अशोकनगर कॉलोनी का विकास हो चुका है। यहाँ सुन्दर भवनों, चौड़ी सड़कों, बाजारों आदि की स्थापना हो जाने से यह कॉलोनी भी शहर की सबसे सुन्दर और आधुनिक बस्ती मानी जाने लगी है। सर्किट हाउस तथा उसके समक्ष विकसित कॉलोनी, उत्तर मध्य सांस्कृतिक केन्द्र, आकाशवाणी तथा बहुगुणा मार्केट के निकट होने से इस कॉलोनी का महत्त्व और भी अधिक है।

अशोकनगर में पत्रकार कॉलोनी के विकास तथा पूर्व की ओर सदर बाजार, कैण्टोन्मेण्ट तथा सी. डी. ए. पेन्शन कार्यालय के फलस्वरूप भी अशोकनगर के महत्त्व में अभिवृद्धि हुई है।

प्रीतमनगर

नगर क्षेत्र से बमरौली हवाई अड्डे की ओर जाते समय ग्राण्ड ट्रंक रोड के उत्तर की ओर प्रीतमनगर की आधुनिक बस्ती गंगा के कछार तक फैली हुई है। यह कॉलोनी भी अपने-आपमें सम्पूर्ण और आधुनिक मानी जाती है, जहाँ पहले अमरूद के बाग हुआ करते थे।

झलवा

ग्राण्ड ट्रंक रोड के दक्षिण की ओर झलवा की नयी बस्ती विकसित हो रही है, जिसका महत्त्व इण्डियन इन्स्टीट्यूट ऑफ इन्फारमेशन टेक्नोलॉजी की स्थापना और विकास से निरन्तर बढ़ता जा रहा है। आशा की जा सकती है कि यमुना नदी के कछार तक यह भी नगर की एक आधुनिक कॉलोनी के रूप में विकसित हो जायेगी।

बमरौली

हवाई अड्डा तथा वायुसेना केन्द्र होने के कारण बमरौली तथा उसके आस-पास का क्षेत्र तीव्र गति से विकसित हो रहा है। ग्राण्ड ट्रंक रोड पर स्थित होने के कारण इसके विकास की गति तीव्रतर होना स्वाभाविक ही है, यद्यपि वायुसेना क्षेत्र होने के कारण इस क्षेत्र में आम नागरिकों का बहुत अधिक संख्या में बस पाना सुरक्षा की दृष्टि से सम्भव नहीं प्रतीत होता।

रसूलाबाद तथा मेंहदौरी

गंगा नदी के उत्तरी किनारे पर फाफामऊ जानेवाली सड़क के पश्चिम की ओर बसी रसूलाबाद की बस्ती मूलरूप से पुराने ढाँचे में ढली हुई है, तो मेंहदौरी पढ़े-लिखे, सुसभ्य मध्यम श्रेणी के नागरिकों की शान्त तथा आधुनिक बस्ती है। रसूलाबाद गंगा तट तथा श्मशान के कारण निरन्तर भीड़-भाड़वाला इलाका है। मूलरूप से यहाँ कुम्हारों की संख्या अधिक है। कुम्हारों का पुश्तैनी धन्धा तो अब इतना मन्दा पड़ चुका है कि उसके अधिकांश लोग अन्य धन्धों में लग चुके हैं।

मेंहदौरी मूलतः शिक्षकों, सरकारी कर्मचारियों, कुछेक लेखन कार्यों से सम्बद्ध लोगों की बस्ती है।

बगल में तेलियरगंज की बाजार होने से इस इलाके के निवासियों को रोजमर्रा की वस्तुओं को प्राप्त करने की भी सुविधा है। निकट ही इंजीनियरिंग कॉलेज होने के कारण भी इसका महत्त्व है।

तेलियरगंज, शिवकुटी तथा गोविन्दपुर

फाफामऊ जानेवाली रोड के दाहिनी ओर तेलियरगंज का घना मुहल्ला है तथा गंगा तट पर बसे शिवकुटी तथा गोविन्दपुर में भी नगर की व्यस्त बस्तियाँ बन गयी हैं। दोनों ही क्षेत्र इंजीनियरिंग कॉलेज के निकट होने के कारण महत्त्वपूर्ण हैं।

शिवकुटी का तो धार्मिक और प्राचीन महत्त्व भी है, जहाँ ठीक गंगा तट पर स्थित शिवजी का मन्दिर और गंगा स्नान का घाट होने से धार्मिक श्रद्धालुओं के आकर्षण का केन्द्र होने के कारण इस क्षेत्र का अपना अलग ही महत्त्व है।

इससे लगा हुआ गोविन्दपुर क्षेत्र मुख्यरूप से मध्यम वर्ग के नागरिकों की कॉलोनी के रूप में लगातार विकसित होता जा रहा है। इस क्षेत्र से आवागमन के लिए विक्रम टेम्पो की अच्छी सुविधा उपलब्ध है।

शान्तिपुरम्

गंगा के उस पार उत्तर की ओर फाफामऊ से लगा हुआ शान्तिपुरम् तीव्र गति से विकसित हो रहा है। होम्योपैथिक मेडिकल कॉलेज तथा पुरुषोत्तमदास टण्डन मुक्त विश्वविद्यालय की स्थापना से इस क्षेत्र का महत्त्व बढ़ता ही जा रहा है। विकास की गति देखते हुए आशा की जा सकती है कि गंगा के कछार से लेकर सोराँव तक यहाँ अच्छी बस्ती विकसित हो जायगी।

•

प्रयाग की धरोहर-दर्शनीय स्थल एवं महत्त्वपूर्ण संस्थान

बड़े हनुमानजी का मन्दिर

बाँध के ठीक नीचे इलाहाबाद के किले के बगल में बड़े हनुमानजी का अति प्राचीन मन्दिर स्थित है, जिसकी श्रद्धालुओं के मन में सर्वाधिक प्रतिष्ठा है।

इस मन्दिर में हनुमानजी की लेटी हुई विशाल मूर्ति स्थापित है जिसके सम्बन्ध में एक रोमांचक कथा बतायी जाती है। कहते हैं कि जब बादशाह अकबर ने किले का निर्माण आरम्भ करवाया तो उस समय हनुमानजी की इस मूर्ति को हटाने का भरसक प्रयास किया गया क्योंकि किले को अकबर और आगे तक विस्तार देना चाहता था। मूर्ति को हटाने के लिए जैसे-जैसे खुदाई की जाती, मूर्ति वैसे-वैसे और अन्दर धँसती जाती। अन्त में अकबर ने हारकर मूर्ति का स्थान छोड़कर बगल से किले का निर्माण आरम्भ करवाया।

इस सम्बन्ध में एक और कथा प्रचलित है कि शहंशाह अकबर को मूर्ति हटाने के प्रयास के समय एक स्वप्न आया जिसमें हनुमानजी ने अपनी विशाल वानरसेना के साथ उसे दर्शन दिया। इस स्वप्न के बाद ही कहते हैं कि अकबर ने मूर्ति को उस स्थान से हटाने का विचार त्याग दिया।

मान्यता है कि इस मन्दिर में रामभक्त हनुमान से श्रद्धापूर्वक जो भी माँगो अवश्य मिलता है। इस समय मन्दिर में एक सुन्दर विशाल प्रांगण का निर्माण हो गया है। मुख्य मन्दिर के बगल में ही पूजा-पाठ करने के लिए एक विशाल बरामदे का निर्माण करवा दिया गया है, बगल में ही प्रसाद तथा फूल-माले की दुकानें भी सज गयी हैं। मन्दिर के सामने एक विस्तृत क्षेत्र में लॉन विकसित कर दिया गया है। थोड़ी-थोड़ी दूर पर वृक्षों के नीचे बैठने के चबूतरे बना दिये गये हैं। लॉन में कुछ

बेंचें भी लगी हुई हैं। श्रद्धालुओं की सुविधा के लिए और भी निर्माण निरन्तर हो रहे हैं।

नित्य हजारों श्रद्धालु मन्दिर में भगवान् का दर्शन-पूजन करने के लिए आते हैं। मंगलवार तथा शनिवार हनुमानजी के दिन माने जाते हैं। अतः इन दोनों दिनों श्रद्धालुओं की संख्या बहुत बढ़ जाती है। माघमेला तथा अर्द्धकुम्भ और महाकुम्भ के अवसरों पर भीड़ इतनी बढ़ती है जिसे नियन्त्रित करने के लिए बहुत दूर तक बाँस-बल्ली के बाड़ लगा दिये जाते हैं और पुलिसकर्मी तैनात रहते हैं।

इस मन्दिर की व्यवस्था बाघम्बरी गद्दी तथा उसके महन्त स्वामी नरेन्द्र गिरि के नियन्त्रण में है, जिन्होंने दर्जनों पुजारियों को पूजा के लिए तथा सफाईकर्मियों को सुचारु सफाई व्यवस्था के लिए नियुक्त कर रखा है।

शंकर विमान मण्डपम्

त्रिवेणी संगम के बाँध पर शंकराचार्यजी की प्रेरणा और सहयोग से भव्य शंकर विमान मण्डपम् मन्दिर का निर्माण हुआ है।

विशाल स्तम्भों पर निर्मित यह मन्दिर अपनी सहजता और भव्यता के लिए आकर्षण का केन्द्र बन गया है। बालाजी तथा कामाक्षा देवी के अतिरिक्त इस तीन मंजिल के मन्दिर में भगवान् शिव की पिण्डियाँ स्थापित हैं। पूजा और आरती का समय सुनिश्चित है। निर्धारित शुल्क देकर श्रद्धालु पूजा-आरती करवाते हैं। अपनी मनोकामना की पूर्ति हेतु श्रद्धालु रुद्राभिषेक भी करवाते हैं। पूरे दिन इस मन्दिर में यात्रियों का ताँता लगा रहता है।

इस मन्दिर की पूरी व्यवस्था दक्षिण भारतीय पुजारियों के हाथों में है जो बड़ी कुशलता से मन्दिर का संचालन कर रहे हैं। मन्दिर के बाहर बगल में ही मन्दिर की व्यवस्था में पूजा-सामग्री की दूकानें भी हैं, जहाँ सभी वस्तुएँ उचित मूल्य पर मिलती हैं। इन दूकानों में वस्तुओं की शुद्धता भी सुनिश्चित होती है।

देवरहा बाबा आश्रम

त्रिवेणी बाँध पर शंकर विमान मण्डपम् के सामने स्थित देवरहा बाबा आश्रम का बाबा के जीवनकाल में सर्वाधिक महत्त्व था। यहाँ भक्तों का ताँता लगा रहता था। तमाम मन्त्री, नेता, व्यवसायी तथा प्रधानमन्त्री तक बाबा का आशीर्वाद प्राप्त करने के लिए आश्रम में आते रहते थे। स्वयं श्रीमती इन्दिरा गाँधी तक आशीर्वाद प्राप्त करने के लिए देवरहा बाबा आश्रम में उपस्थित हुई थीं।

प्रयाग प्रवास के दौरान बाबा बीच-बीच में बराबर प्रकट होकर भक्तों को आशीर्वाद देते थे।

माघमेला, अर्द्धकुम्भ तथा महाकुम्भ के अवसरों पर बाबा मेला क्षेत्र में ऊँचे मचान पर कुटिया बनवाकर निवास करते थे। थोड़ी-थोड़ी देर में भक्तों की भीड़ एकत्र हो जाने पर कुटिया से निकलकर मचान पर प्रकट होकर बाबा भक्तों को आशीर्वाद तथा प्रसाद प्रदान करते तथा अपने प्रवचन द्वारा जीवन को सही ढंग से जीने का उपदेश देते थे।

उनके निर्वाण के बाद भी स्वामी प्रपन्नाचार्य आश्रम को बड़े व्यवस्थित रूप से संचालित करते रहे। माघमेले में शिविर भी लगाते रहे। आश्रम के आदर्शों के अनुरूप मरीजों के इलाज के लिए निःशुल्क होम्योपैथिक औषधालय भी चलाते रहे, जो आज भी कार्यरत है।

स्वामी प्रपन्नाचार्य के गोलोकवासी हो जाने के उपरान्त आश्रम अब दो हिस्सों में बँट गया है—एक वहीं बाँध पर, दूसरा दारागंज में कच्ची सड़क पर संचालित हो रहा है, जिसकी व्यवस्था डॉ. रामेश्वर प्रपन्नाचार्य कुशलतापूर्वक कर रहे हैं।

बाँध के अन्य मन्दिर

बाँध पर स्थित राम-जानकी, भगवान् जगन्नाथ, विष्णु भगवान्, शिव, दुर्गा तथा देवरहा बाबा आश्रम आदि के मन्दिरों में पूजा-अर्चना से भी पूरा बाँध क्षेत्र धार्मिक वातावरण से ओत-प्रोत रहता है। किन्तु बाँध पर झुग्गी-झोपड़ी-जैसे अनेक निर्माण भी हैं, जिनके कारण बाँध पर वैसा सौन्दर्य और भव्यता नहीं है, जो होनी चाहिए।

बाँध के नीचे भी संगम जानेवाले मार्ग पर भिखारियों की टोली का जमावड़ा है। ये भिखारी किसी तरह झोपड़ी-जैसी बनाकर वहीं निवास भी करते हैं।

वास्तविकता यह है कि इन भिखारियों के कारण संगम क्षेत्र के पवित्र चादर पर गन्दे धब्बे पड़े दिखायी देते हैं और संगम क्षेत्र ही नहीं, अपितु पूरा नगर विदेशी पर्यटकों के कैमरों से खिंचे चित्रों से विदेशों में भी भिखमंगा क्षेत्र-जैसा प्रचारित होता है।

इन भिखारियों के लिए बेगर्स होम बनाकर वहाँ इन्हें सुविधापूर्वक रखना चाहिए जिससे संगम क्षेत्र की छवि भी धूमिल न हो और इन्हें उचित ठिकाना भी मिल जाय।

ये बेचारे भिखारी किसी दानदाता को भोजन अथवा प्रसाद बाँटते देख उस पर ऐसे टूट पड़ते हैं कि उसकी स्वयं दुर्दशा हो जाती है।

प्रशासन इस ओर उचित ध्यान देकर सरकार के जनहितकारी वादों के अनुसार अपने कर्त्तव्य का निर्वाह पता नहीं क्यों नहीं करता।

पातालपुरी मन्दिर तथा अक्षयवट

तीर्थराज प्रयाग में स्थित वटवृक्ष के सम्बन्ध में पुराणों की अवधारणा है कि यह आर्यवट है। कल्पान्त में भी इसका विनाश नहीं होता, बल्कि प्रलयकाल में भगवान् विष्णु इसी के पत्तों पर विराजमान होते हैं और शयन करते हैं।

आर्य वट समाख्यातः कल्पान्तेऽपि च दृश्यते।
शेते विष्णुर्यस्य पत्रे अतोऽयमत्ययः स्मृतः।।
माद्यवाख्यस्मदेवः सुखं तिष्ठति नित्यशः।
तस्य वै दर्शनं कार्यं महापापैः प्रमुच्यते।।

इस वृक्ष के दर्शनमात्र से मनुष्य तीनों लोकों के पापों से मुक्त हो जाता है।

माघमेला नगर में आनेवाले तीर्थयात्री किले के अन्दर पातालपुरी का मन्दिर भी अवश्य देखते हैं। इसे देखने के लिए पूर्ववाले फाटक से किले में प्रवेश करना होता है।

सीढ़ी से भूमि के अन्दर तहखाने में जाना पड़ता है। इसी तहखाने में यह मन्दिर स्थित है। इसकी लम्बाई 84 फीट है, और चौड़ाई 49 फीट, साढ़े छह फीट ऊँचे स्तम्भ पर इसकी छत टिकी हुई है। बारह-बारह स्तम्भों की सात पंक्तियाँ हैं। इस मन्दिर में बीच की पंक्ति में दोहरे स्तम्भ भी हैं। कुल मिलाकर यहाँ सौ स्तम्भ होंगे। मन्दिर के अन्दरवाले स्तम्भों के बीच में सुन्दर मूर्तियाँ रखी हुई हैं। इन मूर्तियों को देखकर ज्ञात होता है कि आज से हजारों साल पहले हमारे देश की मूर्तिकला कितनी अधिक विकसित थी। गणेश, गोरखनाथ, नृसिंह भगवान् आदि देवताओं की मूर्तियाँ भी बहुत सुन्दर हैं। कुल मिलाकर यहाँ 43 मूर्तियाँ हैं।

उत्तरवाली दीवार पर वृक्ष का तना दिखता है, जिसे रंग-बिरंगे वस्त्रों और फूलों से सजा दिया जाता है। कहते हैं यही अक्षयवट है, जिसका वर्णन पुराणों में भी मिलता है। यहाँ अक्षयवट तो है नहीं, यह माना जा सकता है कि कभी इसी स्थान

पर अक्षयवट रहा होगा। यहाँ लोग श्रद्धा से सिर नवाते हैं, फूल-मालाएँ चढ़ाते हैं और यथाशक्ति दान करते हैं। पुजारी भोले-भाले यात्रियों को अक्षयवट का महत्त्व बतलाकर अधिक-से-अधिक दान वसूलने का प्रयत्न भी करते हैं। वास्तविकता यह है कि अक्षयवट किले के अन्दरूनी हिस्से में है, जहाँ किसी को जाने की अनुमति नहीं है।

पातालपुरी मन्दिर की छत के नीचे जो रोशनदान हैं उन्हें सन् 1906 में बनवाया गया था। पश्चिमवाली दीवार पर बेतिया के राजा राव गोपाल का अभिलेख खुदा हुआ है, जिसे 1832 में यहाँ लगाया गया था। प्रसिद्ध चीनी यात्री ह्वेनसांग के यात्रा वर्णन के अनुसार, यह मन्दिर हर्षवर्द्धन के काल में अपनी सजावट और कलात्मकता के लिए प्रसिद्ध था। ऐसा माना जाता था कि यहाँ एक पैसा चढ़ावें तो वह सहस्र स्वर्ण मुद्राओं के दान के बराबर होता है। मन्दिर के आँगन में अक्षयवट था, जिसकी शाखाएँ दूर-दूर तक फैली हुई थीं। कुछ धर्मान्ध इसकी शाखाओं पर चढ़कर नदी में कूदकर प्राण त्याग दिया करते थे। ऐसा विश्वास था कि यहाँ प्राण त्यागने से स्वर्ग प्राप्त होता है।

ऐसा अनुमान है कि अकबर ने जब किला बनवाया तभी अक्षयवट कटवा दिया गया और पातालपुरी मन्दिर जमीन के नीचे दब गया। बाद में शायद अकबर ने मन्दिर की मूर्तियों को निकलवाकर इस तहखाने में रखवा दिया। कहते हैं, जहाँगीर ने तो मन्दिर का द्वार भी बन्द करवा दिया था। बाद में वह फिर कैसे खोला गया, यह पता नहीं चलता।

किले के और किसी हिस्से में नहीं जाया जा सकता। किले में सेना का पड़ाव होने के कारण मन्दिर के स्थान को किले से एकदम अलग कर दिया गया है।

मोहम्मद अली पार्क

चौक क्षेत्र में घण्टाघर के निकट सन् 1931 में एक पार्क विकसित किया गया था जिसका नाम मौलाना मोहम्मद अली के नाम पर मोहम्मद अली पार्क रखा गया था। उस समय यह पार्क लोगों के आकर्षण का केन्द्र था किन्तु अब वहाँ पार्क के नाम पर कुछ भी नहीं बचा है। आजादी के बाद पंजाब तथा बंगाल के नोवाखाली में हुए भयंकर दंगों के बाद जो शरणार्थी यहाँ आये थे उनके लिए इस पार्क में छोटी-छोटी दुकानें बना दी गयी थीं। अब इस पूरे पार्क में यही दुकानें हैं और उनके बीच खरीदारों के आने-जाने के लिए बहुत सँकरे रास्ते मात्र रह गये हैं।

झूँसी बनाम प्रतिष्ठानपुर

गंगा के उस पार झूँसी है, जो प्रयाग का बहुत प्राचीन स्थान है। यहीं चन्द्रवंशीय राजाओं की राजधानी प्रतिष्ठानपुर स्थित थी।

पुराणों में प्रतिष्ठानपुर की काफी चर्चा मिल जायगी। 'लिंग पुराण' में तो लिखा है कि बुध और इला के पुत्र पुरूरवा ने यमुना के उत्तर की ओर अपनी राजधानी प्रतिष्ठानपुर में बहुत दिनों तक राज्य किया था। कालिदास ने अपने नाटक 'विक्रमोर्वशीय' में प्रतिष्ठानपुर के राजा पुरूरवा को ही नायक बनाया है। गुप्तवंशीय राजाओं के काल में भी इसे बड़ा महत्त्व प्राप्त था। यहाँ कुमारगुप्त के समय की 24 अशर्फियाँ भी मिली थीं।

यहीं वह विशाल कुआँ है, जिसे समुद्रकूप कहते हैं। कहा जाता है कि इसे सम्राट् समुद्रगुप्त ने खुदवाया था। यहाँ पर जो ऊँचे-ऊँचे टीले और सूनसान खँडहर दिखते हैं, वहीं कभी इस वैभवशाली नगरी के ऊँचे-ऊँचे महल थे।

अन्धेर नगरी

कहते हैं, यहीं अन्धेर नगरी थी, जहाँ 'टके सेर भाजी, टके सेर खाजा' बिकता था। एक बार महात्मा गोरखनाथ के गुरु मछन्दरनाथ ने गुस्से में शाप दे दिया, जिससे यह नगर ही उलट गया। यह भी कहा जाता है कि सन् 1359 में एक मुसलमान फकीर सैय्यद अली मुर्तजा की बददुआ से यहाँ भूचाल आ गया और यहाँ का किला उलट गया। इन कहावतों में कितनी सच्चाई है, यह कहा नहीं जा सकता। सन् 1830 में यहाँ ताम्रपत्र पर खुदा एक अभिलेख भी मिला था, जिसका अर्थ यह था, कि विजयपाल देव के पौत्र राज्यपाल देव के पुत्र त्रिलोचन पाल ने, जो गंगा के किनारे प्रयाग के निकट रहते थे, दक्षिणायन संक्रान्ति के दिन गंगा स्नान करके शिव इत्यादि की पूजा करके प्रतिष्ठानपुर के ब्राह्मणों को दान दिया। यह ताम्रपत्र अब एशियाटिक सोसाइटी में संगृहीत है।

यहाँ प्रसिद्ध फकीर शेख तकी की कब्र भी है। यहाँ हर साल एक मेला लगता है। यहाँ का प्रसिद्ध शिवालय सन् 1800 के लगभग सवा लाख रुपये की लागत से बनवाया गया था। इसके स्तम्भों और दीवारों पर देवी-देवताओं की असंख्य सुन्दर मूर्तियाँ तराशी हुई हैं। कहीं-कहीं तो पौराणिक कहानियों के दृश्य भी खुदे हुए हैं। कहते हैं, इसे तिवारी गंगाप्रसाद गंगोली ने बनवाया था। यहाँ एक तरफ साधुओं के आश्रम भी हैं।

तीर्थराज संन्यासी संस्कृत पाठशाला रेलवे पुल से बिलकुल मिली हुई है। यहीं बाबा गंगागिरि की कुटी भी है। सिन्ध के रहनेवाले ये साधु 1857 के संग्राम के बाद यहाँ आकर रहने लगे थे। यहीं है हंस कूप, जिसकी चर्चा 'मत्स्य' और 'वाराह' पुराणों में मिलती है। यहाँ अब एक पक्का कुआँ है, जिस पर एक लेख खुदा है। इस लेख का यह अर्थ है कि इस हंसरूपी बावली में स्नान करने और इसका जल पीने से मुक्ति मिलती है। यहीं वह आश्रम भी है जिसे हंसतीर्थ कहते हैं। कहते हैं, भागलपुर के एक जमींदार ठाकुरप्रसाद ने साधु होने के बाद इसे बनवाया था। यहाँ हठयोग के सिद्धान्त के अनुसार शरीर के आन्तरिक स्थलों को दिखाने का यत्न किया गया है। बीच-बीच में कुछ मूर्तियाँ भी हैं। इसका पान के आकार का 'कुण्डलिनी-चबूतरा', 'सुषुम्ना' कूप, स्नान भवन, भिक्षा भवन, त्रिकुटी कोठरियाँ, 'मेरुदण्ड' स्तम्भ, लक्ष्मीनारायण का मन्दिर, गौरीशंकर का मन्दिर, राम-जानकी मन्दिर, राधाकृष्ण मन्दिर आदि देखने लायक हैं।

यहीं बाबा दयाराम नामक साधु ने एक गुफा बनायी थी, जो आज भी देखने योग्य है।

झूँसी क्षेत्र अब पुनः विकसित हो रहा है। इस पर आधुनिकता की छाप है। अच्छी बस्तियाँ बस गयी हैं। हरिश्चन्द्र संस्थान, गोविन्दवल्लभ पन्त संस्थान, बिड़ला संस्थान, आयल इण्डिया केन्द्र आदि का निर्माण भी हो गया है।

प्रभुदत्त ब्रह्मचारी आश्रम

झूँसी में सन्त प्रभुदत्त ब्रह्मचारी द्वारा स्थापित आश्रम धर्म तथा आध्यात्मिक आस्था का महत्त्वपूर्ण केन्द्र है।

ब्रह्मचारी जी जब तक रहे, उन्होंने आध्यात्मिक प्रकाशन भी किये, जो आश्रम की धरोहर हैं।

प्रभुदत्त ब्रह्मचारीजी ने एक बार संसदीय चुनाव में प्रत्याशी बनकर देश के एक शीर्षस्थ नेता को भी चुनौती दी थी, यद्यपि इसमें उन्हें पराजय ही मिली थी।

उनके ब्रह्मलीन हो जाने के पश्चात् भी आश्रम धार्मिक-आध्यात्मिक आस्था रखनेवालों के लिए प्रेरणा का केन्द्र बना हुआ है।

प्राचीन काल की अलर्कपुरी आज की अरैल

कहते हैं कि यमुना के दक्षिण-पश्चिम तट पर स्थित अरैल का प्राचीन नाम अलर्कपुरी था। अलर्क नाम का एक राजा था, जिसने सत्य की रक्षा के

लिए अपनी आँखें निकलवा दी थीं। उसी के नाम पर इस स्थान का नाम पड़ा। इस बात में कितनी सच्चाई है, यह कहा नहीं जा सकता। तवारीख आईन-ए-अवध के अनुसार जलालुद्दीन खिलजी के समय में सन् 1288 से 1295 के बीच अरैल में राजा रामदेव का पुत्र रामसेन राज्य करता था, जो मुसलमानों के आक्रमण में मारा गया। गुलबदन बेगम के हुमायूँनामा में लिखा है कि हुमायूँ शेरखाँ से हारने के बाद चुनार से यहीं आया था और यहाँ के राजा वीरभानु बघेल की सहायता से कड़ा गया था।

अकबर ने इस स्थान का नाम जलालाबाद रखा था, पर वह नाम प्रचलित नहीं हो सका। अकबर का नाम जलालुद्दीन था, इसीलिए उसने यह नाम रखा था अरैल का।

इस समय यहाँ न तो पुराने समय का कोई किला है, न पुराने भवनों का कोई अवशेष। यहाँ है अब बेनीमाधव, आदिमाधव और सोमेश्वर महादेव का मन्दिर। इन मन्दिरों की चर्चा 'पद्मपुराण' और 'वाराह पुराण' में मिलेगी, लेकिन इन मन्दिरों को देखने से यह नहीं लगता कि ये बहुत प्राचीन काल के बने हुए हैं। एक मील की दूरी तय करने के बाद जिस सोमेश्वर महादेव मन्दिर के दर्शन होते हैं उसमें लगे पत्थर पर महाराज मानसिंह का नाम खुदा है। यह पत्थर सन् 1674 में यहाँ लगाया गया था, और कहते हैं कि इस पर जयपुर के राजा मानसिंह का हस्ताक्षर है। हो सकता है इसे राजा मानसिंह ने ही बनवाया हो।

एक तरफ है वल्लभ सम्प्रदाय का पुराना मठ, जिसकी चर्चा वल्लभाचार्य के देशाटन में की गयी है। कहते हैं, वे इस मठ में कभी ठहरे थे।

मुगलों की यादगार—इलाहाबाद का किला

अकबर के समय के कई इतिहासकारों ने इस किले के बारे में लिखा है, मगर इसके निर्माण की तारीख के सम्बन्ध में बड़ा मतभेद है। इसके बावजूद ऐसा माना जाता है कि सन् 1583 के अक्टूबर महीने की पाँच तारीख को अकबर एक बहुत बड़े बेड़े के साथ नदी के रास्ते प्रयाग आया था, और दूसरे दिन इस किले की नींव रखी थी। अकबर ने ही प्रयाग का नाम इलाहावास रखा था। बाद में जहाँगीर के समय में इसका नाम इलाहावास से बदलकर इलाहाबाद हो गया। जो मुगलकालीन सिक्के मिले हैं, उनमें इसीलिए किसी में इलाहावास और किसी में इलाहाबाद लिखा हुआ है।

जैसा अबुलफजल ने 'अकबरनामा' में लिखा है, यह किला संगम पर चार खण्डों में बना है। पहले खण्ड में स्वयं बादशाह के लिए बारह आनन्द वाटिकाएँ बनायी गयी थीं, दूसरे खण्ड में बेगमों और शाहजादों के रहने का प्रबन्ध था, तीसरा खण्ड बादशाह के रिश्तेदारों के रहने के लिए था, और चौथा खण्ड सिपाहियों के लिए। इलाहाबाद की कलेक्टरी में मिली सन् 1867 ई. की एक मिसिल के अनुसार इस किले का क्षेत्रफल 983 बीघा है, और इसको बनाने में 6,17,20,214 रुपये लगे थे। उस मिसिल में यह भी लिखा है कि यह 45 वर्ष 5 महीने और 10 दिन में बनकर तैयार हुआ था। कहते हैं, इस किले का निर्माण शाहजादा सलीम, राजा टोडरमल, भारत दीवान, प्रयागदास मुंशरिम, सईद खाँ और मुखलिस खाँ की देख-रेख में हुआ था। अभी भी किले में वे महल मौजूद हैं, जिनमें कभी बादशाह, बेगमें और शहजादे आकर रहते थे।

इन महलों के नाम थे एमनाबाद, अमरावती, आनन्द महल, दीन महल, महासिंगार महल, अलील महल, कलोल महल, दिलशाद महल, बशारत महल, उर्दी बहिश्त महल, हंस महल, उम्मीद महल और सुखनाम महल। किले में तीन ख्वाबगाह अर्थात् शयनकक्ष थे। इनके नाम थे–ख्वाबगाह झरोखा, चिहल सितून (चालीस स्तम्भोंवाला भवन) और निशातबाग। इन्हीं के पास खड़ी दो इमारतों को खासआम कहते हैं।

तेईस बुर्जोवाले इस किले में अजमेरी दरवाजे से बावली तक कुल 277 छोटी-छोटी कोठरियाँ हैं। लाल पत्थर से बना यह किला, संगमरमर से बनी इसके अन्दर की अनेक इमारतें मुगलकालीन भवन-निर्माण कला का पूरी तरह प्रतिनिधित्व करती हैं। कहते हैं, शहजादे सलीम ने जब अपने पिता अकबर के खिलाफ बगावत की थी, तो वह इसी किले में आकर ठहरा था, और यहाँ उसे शाही फौज से युद्ध करना पड़ा था।

यहाँ जो झरोखा है, वहाँ से बादशाह यहाँ रहने पर जनता को दर्शन दिया करते थे और पशुओं की लड़ाई देखा करते थे।

महलों के बीच-बीच में जो दीवारें हैं इन्हें अंग्रेजों ने खड़ी करके शस्त्रागार बनाया था और दीवारों पर जो चूने का प्लास्टर है वह भी अंग्रेजों ने ही करवाया था। इससे इन महलों की सुन्दरता पूरी तरह नष्ट हो गयी है, या यों कहें कि अब इनका असली रूप देखने को मिलता ही नहीं। वास्तव में अंग्रेजों ने इसमें बहुत-से परिवर्तन कर डाले, जिससे इसका असली रूप एकदम छिप ही गया। इसका अधिकांश भाग तो

कोई देख ही नहीं सकता। यह सेना के हाथ में है इसलिए सुरक्षा के कारण अन्दर के अधिकांश हिस्से देखने को नहीं मिलते।

तेजी से प्रयास हो रहा है कि दिल्ली के लाल किले की तरह इलाहाबाद के किले को भी सेना से खाली करवाकर सैलानियों के लिए खोल दिया जाय। स्वयं रक्षामन्त्री श्री ए. के. एण्टनी ने आश्वासन भी दिया है कि किला स्थित सैनिक वर्कशाप के लिए छिंवकी में स्थान ले लिया गया है। वहाँ वर्कशाप का निर्माण पूरा होते ही किले से आर्मी वर्कशाप स्थानान्तरित कर दिया जायेगा और किला दर्शकों के लिए खोल दिया जायेगा।

किला खुल जाने से इलाहाबाद पर्यटन के नक्शे पर प्रमुख स्थान प्राप्त कर लेगा और इस संगम नगरी में पर्यटकों की संख्या में वृद्धि भी हो सकेगी।

लोग किले के अन्दर बने सुन्दर मुगलिया महलों, दरबारों आदि को देख सकेंगे और असली अक्षयवट, पातालपुरी मन्दिर तथा अशोक स्तम्भ को भी देख सकेंगे जो इस समय वर्जित क्षेत्र में हैं। किले के ऊपर से संगम के सुन्दर दृश्य का अवलोकन भी बेहद सुखद हो जायेगा।

अशोक स्तम्भ

किले के आँगन में खड़ा अशोक स्तम्भ प्रयाग की सबसे पुरानी ऐतिहासिक धरोहर है। 493 मन वजनवाला 35 फीट ऊँचा यह पत्थर का स्तम्भ बहुत महत्त्वपूर्ण हैं। इसके ऊपर चक्र तथा शेरवाला वह हिस्सा नहीं है, जो हमारा राष्ट्रीय चिह्न है। हो सकता है, इसका ऊपरी हिस्सा किसी समय टूट गया हो। कहते हैं, यह स्तम्भ वास्तव में कौशाम्बी में स्थित था। बाद में इसे लाकर यहाँ स्थापित कर दिया गया। हो सकता है, तभी इसका सिर टूट गया हो।

इस पर जो अभिलेख खुदा हुआ है उसके अनुसार सम्राट् अशोक ने ईसा से 232 वर्ष पूर्व कौशाम्बी में इसे स्थापित करवाया था। ऐसा माना जाता है कि इसे वहाँ से हटवाकर फीरोजशाह ने किले में लगवाया था। इस पर सम्राट् अशोक, उनकी सम्राज्ञी, समुद्रगुप्त और जहाँगीर के खुदवाये हुए अभिलेख हैं। एक अभिलेख बीरबल का भी है, जो हिन्दी में है। सम्राट् अशोक का अभिलेख वास्तव में उनकी वे छह आज्ञाएँ हैं, जिन्हें उन्होंने प्रजा के हित के लिए जारी किया था। प्राकृत भाषा का यह अभिलेख ब्राह्मी लिपि में खुदवाया गया था।

नागवासुकि मन्दिर

दारागंज मोहल्ले में एक छोर पर बना गंगा तट पर एक ऊँचे टीले पर स्थित नागवासुकि का प्राचीन मन्दिर बड़ा भव्य है। मन्दिर के भीतर एक शिवलिंग तथा एक सहस्रफनवाले नाग देवता स्थापित हैं, जिनकी धार्मिक प्रवृत्तिवाले लोग नित्य पूजा करते हैं। बाहर हनुमानजी की एक भव्य मूर्ति है।

कहते हैं, 1739 में नागपुर के राजा राघोजी भोंसला ने प्रयाग पर आक्रमण कर दिया था, और यहाँ के शासक आमिल शुजा खाँ को मारकर शहर पर कब्जा कर लिया था। उन्होंने ही इस मन्दिर को बनवाया था, ऐसा विश्वास किया जाता है।

बाढ़ के समय गंगा की लहरें इस मन्दिर के टीले को छूने लगती हैं। कुछ वर्ष पहले गंगा की तेज लहरों ने मन्दिर के टीले को काट दिया था। कुछ सीढ़ियाँ आदि कटकर गिर गयी थीं और यह खतरा उत्पन्न हो गया था कि शायद पूरा मन्दिर ढह जाय। किन्तु उत्तर प्रदेश सरकार ने इस ओर ध्यान दिया, और मन्दिर के निचले हिस्से की मरम्मत करवाकर पत्थर और लोहे का जाल नदी की ओर बिछाकर इसे पूरी तरह सुरक्षित कर दिया।

यहाँ से गंगा का दृश्य बहुत सुन्दर दिखता है और बाढ़ के समय जब लहरें मन्दिर के चरण पखारने लगती हैं, तब तो यहाँ का दृश्य और भी रमणीक हो जाता है।

श्रावण मास में नागपंचमी के अवसर पर इस मन्दिर के निकट विशाल मेला लगता है और भारी संख्या में श्रद्धालु यहाँ पूजा-अर्चना करते हैं।

भीष्म पितामह का मन्दिर

दारागंज में नागवासुकि मन्दिर के ठीक पहले बायीं तरफ महाभारत के महानायक गंगापुत्र भीष्म पितामह की विशालकाय बाणों पर लेटी पत्थर की मूर्ति स्थापित है, जो श्रद्धालुओं को अपनी विशालता से चमत्कृत कर देती है।

मूर्ति को धूप और बारिश से बचाने के लिए कंक्रीट की छत तो पड़ी है किन्तु इसे मन्दिर का रूप नहीं दिया गया है। पूरे देश में पितामह की ऐसी मूर्ति कहीं भी नहीं है।

यह मूर्ति महाभारत की उस स्मरणीय घटना की याद दिलाती है, जब पितामह भीष्म ने अर्जुन को बुलाकर तीरों की शय्या पर उन्हें लेटाने का आग्रह किया था और

अर्जुन ने अपने बाण से पृथ्वी पर तीरों की शय्या सजाकर पितामह को उस पर लेटा दिया था।

पितामह इसी शय्या पर लेटे-लेटे अपने सम्पूर्ण जीवन के अच्छे-बुरे कार्यों पर गहन विचार करते हुए अपनी मृत्यु की प्रतीक्षा करते रहे और तीरों की शय्या पर ही उन्होंने अपने प्राण त्यागे।

यह मूर्ति दर्शकों के मन को महाभारत की उस घटना को स्मरण कराकर रोमांचित कर देती है। गंगापुत्र भीष्म पितामह की मूर्ति की स्थापना मूर्तिकार तथा उसके प्रेरक की सूझ-बूझ का द्योतक है, जिन्होंने गंगा तट पर ही गंगापुत्र की मूर्ति स्थापित करने का प्रशंसनीय निर्णय लिया था।

कार्तिक मेला और महाबली भीम

कार्तिक के महीने में यमुना तट पर बलुआघाट के सुन्दर पक्के घाट से लेकर बलुआघाट चौराहे तक पूरे एक महीने भव्य मेला लगता है। इस मेले के दौरान महिलाएँ नित्य यमुना नदी में स्नान करती हैं और भगवान् शिव तथा नाग देवता के मन्दिर में पूजा करती हैं। कार्तिक पूर्णिमा से पाँच दिन तक महाबली भीम की विशाल मूर्ति मिट्टी से यमुना तट पर बनाकर उनकी पूजा-अर्चना की जाती है। महिलाएँ इनकी परिक्रमा करती हैं और फूल-माला, भुना चना आदि चढ़ाती हैं। पास ही राक्षसी त्रिजटा की मूर्ति भी बनायी जाती है। यह वही त्रिजटा है जिसे अशोक- वाटिका में माता सीता की पहरेदारी में रावण ने लगाया था। इस राक्षसी को सीताजी से गहरी सहानुभूति थी। वह बराबर उन्हें सान्त्वना देती रहती थी। माता सीता उसका माँ के समान आदर करती थीं। कहते हैं माता सीता ने त्रिजटा को आशीर्वाद दिया था कि एक समय में लोग तुम्हारी पूजा करेंगे। महिलाएँ भुना चना और मूली लेकर यमुना में स्नान करती हैं और उसे नदी की धारा में बहा देने के बाद पुनः भुना चना और मूली लेकर त्रिजटा को चढ़ाती हैं और उसकी पूजा-अर्चना करती हैं।

जनश्रुति के अनुसार, यमुना और यमराज बहन-भाई हैं। अतः ऐसी मान्यता है कि यमद्वितीया के दिन यदि बहन-भाई एक-दूसरे का हाथ पकड़कर यमुनाजी में स्नान कर लें तो यमराज उन्हें लेने नहीं आते। इस मेले का एक यह भी महत्त्व है कि मुस्लिम महिलाएँ स्नान तो नहीं करतीं, लेकिन मेले में घूमने और खरीदारी करने जरूर आती हैं।

छठ के दिन महिलाएँ सिर पर पूजा की सामग्री रखकर घण्टों यमुना में कमर भर पानी में खड़ी रहकर अपने पुत्रों के दीर्घ जीवन की कामना के साथ पूजा-अर्चना करती हैं।

बाघम्बरी गद्दी आश्रम

अल्लापुर क्षेत्र में बाघम्बरी गद्दी का भव्य आश्रम स्थित है। इस आश्रम के विशाल परिक्षेत्र में बालकों की संस्कृत शिक्षा, उनके आवास, भोजनादि की बड़ी सराहनीय व्यवस्था है।

आश्रम के महाराजजी स्वामी नरेन्द्र गिरिजी ने बड़े मनोयोग से अत्यधिक अनुशासित ढंग से बालकों के लिए शिक्षा-व्यवस्था कर रखी है।

इन्हीं महाराजजी की देख-रेख में बाँध के नीचे बड़े हनुमानजी के मन्दिर की भी व्यवस्था है। इस मन्दिर क्षेत्र को भी उन्होंने बहुत सुन्दर और भव्य रूप दिया है।

बाघम्बरी गद्दी का इतना अधिक महत्त्व है कि इसी के नाम से बाघम्बरी रोड तथा बाघम्बरी हाउसिंग स्कीम भी है।

वैसे तो पूरे वर्ष इस आश्रम में चहल-पहल रहती है, लेकिन माघमेला और विशेष रूप से अर्द्धकुम्भ तथा कुम्भ के अवसर पर पूरे देश से हजारों साधु-सन्त आश्रम में एकत्र होते हैं। यहीं से कई सन्तों के शाही जुलूस भी पूरी भव्यता के साथ संगम के लिए प्रस्थान करते हैं, जिन्हें देखने के लिए श्रद्धालुओं की अपार भीड़ उमड़ पड़ती है। इस बाघम्बरी गद्दी आश्रम में विशेष रूप से संचालित हो रहे समारोह धार्मिक ही नहीं सामाजिक रूप से भी सराहनीय हैं।

अलोपशंकरी मन्दिर

अलोपीबाग में माँ अलोपशंकरी का भव्य मन्दिर देवी भक्तों के आकर्षण का प्रमुख केन्द्र है। देश के शक्तिपीठों में इस शक्तिपीठ का प्रमुख स्थान है।

इसके सम्बन्ध में एक बहुत रोमांचक कथा है, जिसकी चर्चा आवश्यक है।

शिव-पत्नी देवी सती के पिता दक्ष ने एक बार एक भव्य यज्ञ का आयोजन किया। दक्ष ने भगवान् विष्णु, ब्रह्मा तथा सभी देवी-देवताओं और ऋषि-मुनियों को

इस समारोह में आमन्त्रित किया किन्तु सती और उनके पति शिव को नहीं बुलाया। देवी सती ने जब आकाश में पुष्पक विमानों द्वारा देवी-देवताओं को जाते देखा तो स्वयं भी पिता के समारोह में जाने की इच्छा व्यक्त की। भगवान् शिव ने उन्हें मना किया कि बिना निमन्त्रण जाना उचित नहीं है। किन्तु सती ने जिद की कि पिता के घर बिना निमन्त्रण भी जाने में क्या आपत्ति है।

भगवान् शिव को देवी सती की इच्छा मान लेनी पड़ी। देवी सती दक्ष की यज्ञशाला में पहुँच ही गयीं।

किन्तु वहाँ उनका अपमान हुआ। यही नहीं, वहाँ भगवान् शिव के लिए भी अपशब्द कहे गये, जो सती को बर्दाश्त नहीं हुआ। वे इतनी क्रोधित हुईं कि स्वयं यज्ञकुण्ड की अग्नि में कूद गयीं। सारे देवता, देवियाँ स्तब्ध रह गये। चारों ओर हाहाकार मच गया।

बाद में यज्ञकुण्ड से देवी का शव उड़ता हुआ कैलास पर्वत पर बैठे भगवान् शिव के सामने जाकर गिरा। भगवान् शिव की आँखें क्रोध से लाल हो गयीं। उन्होंने अपनी जटा खोलकर एक शिला पर पटक दिया, जिससे वीरभद्र और रुद्र प्रकट हो गये। उन्होंने भगवान् से आज्ञा माँगी। भगवान् शिव ने उन्हें आज्ञा दी कि दक्ष के यज्ञ-समारोह को नष्ट-भ्रष्ट कर दें। दोनों दूत यज्ञशाला में पहुँचे और वहाँ हाहाकार मचा दिया। हड्डियाँ बरसने लगीं, भगदड़ मच गयी। देवी-देवता भी भागने लगे। पूरी यज्ञशाला तहस-नहस हो गयी।

उधर भगवान् शिव देवी सती का शव कन्धे पर लेकर क्रोध से पूरे ब्रह्माण्ड में विचरण करने लगे, पृथ्वी हिलने लगी, समुद्रों में तूफान आ गया, आकाश फटने लगा। लगा कि प्रलय आ गया। तब सभी देवता भगवान् विष्णु के पास पहुँचे और रक्षा की याचना करने लगे।

भगवान् विष्णु ने विचार किया कि जब तक देवी सती का शव शिवजी के कन्धे पर रहेगा, उनका क्रोध तब तक शान्त न होगा। तब उन्होंने अपनी दिव्य शक्ति का प्रयोग ब्रह्माण्ड की रक्षा के लिए किया। देवी का एक-एक अंग कटकर गिरने लगा। उनके अंग जहाँ-जहाँ भी गिरे वहाँ शक्तिपीठ की स्थापना हुई।

देवी सती का एक हाथ अलोपशंकरी देवी मन्दिर स्थल पर भी गिरा था। इसी कारण यहाँ देवी मन्दिर की स्थापना हुई। किन्तु इस मन्दिर में देवी की कोई प्रतिमा नहीं है। बस ऊपर से बँधी डोर में एक पालना झूलता हुआ स्थापित है, जिसकी श्रद्धालु पूजा करते हैं। इस देवी-पालने पर चढ़ाने के लिए श्रद्धालु फूल-माला और

प्रसाद सामग्री लेकर जाते हैं। थोड़ी-थोड़ी देर में झूला फूल-माला तथा प्रसाद सामग्रियों से भर जाता है।

लोग देवी झूला अपनी-अपनी ओर खींचकर माथे से लगाते हैं और अपनी मनोकामना देवी से कहते हैं।

विवाह के बाद वर-वधू को लोग मन्दिर में पूजन के लिए अवश्य लाते हैं। बच्चों के मुण्डन भी श्रद्धालु यहाँ करवाते हैं। नित्य हजारों लोग मन्दिर में माथा टेकने आते रहते हैं।

नवरात्र के समय तो इतनी भीड़ उमड़ती है कि बाँस की बाड़ भीड़ को नियन्त्रित करने के लिए लगाना पड़ता है।

सड़कों पर वाहनों का आवागमन रोककर उन्हें दूसरे मार्ग से जाने-आने का रास्ता दिया जाता है।

यह मन्दिर भव्य है, इसकी पूजा-अर्चना भव्य है। इसकी मान्यता भी भव्य है। इस दरबार से जो माँगो मिलता है। किसी की झोली खाली नहीं जाती।

बदरिकाश्रम

अलोपशंकरी मन्दिर के सामने बदरिकाश्रम के शंकराचार्य का विशाल मठ स्थित है। प्रवेशद्वार में घुसते ही सामने मठ के मन्दिर का दर्शन होता है।

इस मठ में वर्ष के अनेक महीनों में स्वयं शंकराचार्य निवास करते हैं और उपासकों को मन्त्र देकर उनकी आस्था को सुदृढ़ करते हैं।

भगवान् बदरीनाथ के कपाट खुलने के अवसर पर शंकराचार्य प्रायः वहाँ उपस्थित रहते हैं।

बदरीनाथ धाम में भी उनका विशाल मठ है, जहाँ भक्तों के ठहरने की सुविधा भी उपलब्ध है।

हनुमत निकेतन, सिविल लाइन्स

एकला चलो रे के प्रतिमूर्ति सन्त रामलोचन ब्रह्मचारी जी के एकल प्रयास का भव्य प्रतिफल है पी. डी. पार्क चौराहे पर निर्मित यह विशाल हनुमत निकेतन मन्दिर। फाटक के ऊपर ही निर्मित अर्जुन का भगवान् कृष्ण द्वारा संचालित भव्य विशाल रथ मन्दिर की भव्यता को दर्शाता है।

अन्दर विशाल स्तम्भों पर टिका हॉल, सामने कक्ष में स्थापित रामभक्त हनुमान की विशाल खड़ी मूर्ति। अगल-बगल के कक्षों में राम, लक्ष्मण, सीता और दूसरी ओर दुर्गा की मूर्तियाँ भी भक्तों को श्रद्धा से नमन करने की प्रेरणा देती हैं।

भक्त बाहर लगी फूल-माला और लड्डू-पेड़ा की दूकानों से पूजा-सामग्री और प्रसाद लेकर हनुमानजी के कक्ष के समक्ष खड़े होते हैं, सब-कुछ अर्पण करते हैं। कई पुजारी माला-प्रसाद लेकर भगवान् के चरणों पर चढ़ाते हैं, लौटकर प्रसाद श्रद्धालुओं के सामने रख देते हैं।

नित्य हजारों श्रद्धालु दर्शन करने आते हैं। मंगलवार और शनिवार को श्रद्धालुओं का ताँता लग जाता है। विशेष अवसरों पर तथा हनुमत जयन्ती या परीक्षाफल निकलने पर तो इतने बड़े मन्दिर प्रांगण में भी जैसे भीड़ नहीं समाती।

गेट के बायीं ओर सन्त रामलोचन ब्रह्मचारी जी की मूर्ति स्थापित है, जिन्होंने इस मन्दिर के निर्माण के लिए अपना पूरा जीवन समर्पित कर दिया था।

एक साइकिल पर वे निरन्तर मन्दिर के लिए दान एकत्र करने के लिए घूमते रहते थे। उनकी वह ऐतिहासिक साइकिल और अन्य वस्तुएँ मन्दिर के एक कक्ष में आज भी रखी हुई हैं।

दाहिनी तरफ शिव मन्दिर है, जिसमें शिव जी की पिण्डियाँ स्थापित हैं। एक ओर भगवान् शिव, गणेशजी और कार्तिकेय की मूर्तियाँ हैं। दाहिनी ओर एक कक्ष में सरस्वती देवी की मूर्ति और एक कक्ष में राधा-कृष्ण की मूर्ति भी स्थापित है।

मन्दिर प्रांगण में ही एक ओर योग तथा व्यायाम के प्रशिक्षण का भी केन्द्र है, जिसका अनेक लोग लाभ उठा रहे हैं।

मन्दिर का प्रवेश-द्वार कमला नेहरू रोड की ओर तथा पिछवाड़ा स्टैनली रोड की ओर है।

प्रांगण में फूल-पत्ती के वृक्ष भी बड़े करीने से लगे हैं। पूरे मन्दिर की व्यवस्था बड़ी सुनियन्त्रित और शालीन वातावरण से परिपूर्ण है। इसे यदि आधुनिक मन्दिर कहें तो अतिशयोक्ति नहीं होगी।

राम मन्दिर, स्ट्रैची रोड

सिविल लाइन्स में स्थित यह मन्दिर भी एक दिव्य धार्मिक केन्द्र है। यहाँ बराबर भजन-कीर्त्तन आदि धार्मिक कार्यक्रम आयोजित होते रहते हैं। बड़ी संख्या में श्रद्धालु इस मन्दिर में माथा टेकने आते हैं।

हनुमान मन्दिर, हाईकोर्ट

हाईकोर्ट के निकट निर्मित यह हनुमान मन्दिर बराबर विकास की ओर अग्रसर है। हाईकोर्ट के निकट होने के कारण लोग मुकदमों में सफलता के लिए भी यहाँ पूजा-अर्चना करते हैं।

यह मन्दिर ही वह स्थल है जहाँ से दशहरे के दौरान षष्ठी तिथि पर सिविल लाइन्स का रामदल सजता और प्रस्थान करता है।

हनुमान मन्दिर-रामबाग

रामबाग में पथरचट्टी रामलीला कमेटी परिसर के बगल में स्थित रामबाग का हनुमान मन्दिर नगर के अत्यन्त लोकप्रिय मन्दिरों में है। मन्दिर के बाहर प्रसाद तथा फूल-मालाओं की कई दुकानें हैं, जिनसे भक्तगण प्रसाद और फूल-माला लेकर हनुमानजी की प्रतिमा को अर्पित करते हैं। हनुमानजी की मूर्ति के सामने सभागार में बैठकर श्रद्धालु हनुमान चालीसा और 'आरती कीजै हनुमान लला की' का पाठ करते हैं। विशेष अवसरों पर यहाँ कीर्त्तन-भजन का आयोजन भी होता है।

गौड़ीय मठ

मधवापुर में गौड़ीय मठ का कृष्ण मन्दिर राधा-कृष्ण के भक्तों के आकर्षण का प्रमुख केन्द्र है। यों तो वर्षभर यहाँ कोई-न-कोई धार्मिक आयोजन होता ही रहता है, किन्तु श्रीकृष्ण जन्माष्टमी के अवसर पर तथा भाद्रपद की अष्टमी के दिन भगवान् कृष्ण की लीलाओं पर आधारित झाँकियों का दर्शन करने के लिए यहाँ भारी भीड़ उमड़ पड़ती है। यह मन्दिर बंगाली पुजारियों की व्यवस्था में चल रहा है।

गीता निकेतन

तुलाराम बाग में मुख्य मार्ग पर निर्मित यह मन्दिर भी भगवान् श्रीकृष्ण को समर्पित है। इस मन्दिर में भी भक्तों का ताँता लगा रहता है। मुख्य मन्दिर में भगवान् की मूर्ति के समक्ष सभागार में भजन-कीर्त्तन की भी सुविधा है।

इस्कान (ISKON) मन्दिर

यमुना तट पर बलुआघाट में अन्तरराष्ट्रीय कृष्णभक्त संस्था इस्कान (ISKON) ने अपना भव्य मन्दिर निर्मित किया है।

इस मन्दिर की संचालन-व्यवस्था विदेशी कृष्ण-भक्त करते हैं। यह मन्दिर भी अत्यधिक व्यवस्थित और अनुशासित है।

इस्कान द्वारा प्रकाशित पुस्तकें यहाँ कम मूल्य पर प्राप्त होती हैं।

धार्मिक अवसरों पर पुस्तक विक्रय के लिए इस्कान की ओर से वैन भी शहर में निकलती है।

विशेष अवसरों पर इस्कान द्वारा नगर में शोभायात्रा निकाली जाती है, जिसमें भक्तगण पूरी आस्था से गाते-नाचते हुए निकलते हैं।

माघमेला और अर्द्धकुम्भ तथा कुम्भ के अवसर पर इस्कान भी अपना शिविर मेला क्षेत्र में स्थापित करता है।

साईं बाबा मन्दिर

आधुनिक युग में शिरडी के साईं बाबा को जितनी मान्यता मिली है, उतनी अन्य किसी सन्त या देवी-देवता को नहीं।

श्रद्धालु साईं बाबा को ईश्वर का अवतार मानते हैं यद्यपि स्वयं साईं बाबा ने ऐसा कभी नहीं कहा और न वे किसी धर्म-विशेष के बाबा हैं।

सिविल लाइन्स के थार्नहिल रोड पर महालेखाकार कार्यालय के निकट साईं बाबा का मन्दिर जितना भव्य है, उतना ही लोकप्रिय भी।

बृहस्पतिवार के दिन तो श्रद्धालुओं की कतार सड़क तक लगी रहती है किन्तु इस मन्दिर की व्यवस्था अत्यधिक अनुशासित और नियन्त्रित है।

बाबा को विशाल मालाएँ और कभी-कभी अंग-वस्त्रम् समर्पित करके श्रद्धालु जैसे तृप्त और धन्य हो जाते हैं। यह भी नगर का एक दर्शनीय मन्दिर है।

सत्य साईं मन्दिर

अशोकनगर में उन सत्य साईंजी का मन्दिर है, जिनके झबरे बालों के बीच उनकी सुन्दर मुखाकृति श्रद्धालुओं को बहुत आकर्षित करती है।

इन साईं बाबा का ट्रस्ट अनेक शिक्षा-केन्द्रों तथा अस्पतालों का भी संचालन करता है। बाबा तो अब स्वर्ग सिधार चुके हैं किन्तु इन साईं बाबा के सम्बन्ध में कहते हैं कि इन्होंने अनेक ऐसे चमत्कार अपने अनुयायियों को दिखाये थे, जिनसे लोग चमत्कृत रह जाते थे और सहज ही श्रद्धा से सिर नवा देते थे।

मनकामेश्वर मन्दिर

यमुना तट पर जन देवता भगवान् शिव का मन्दिर अपनी प्राकृतिक छटा के कारण अद्वितीय है। मन्दिर के नीचे बहती यमुना की अविरल धारा, ऊपर मन्दिर में स्थापित शिवजी की पिण्डी और उस पर विराजमान नागदेवता। किसी भी अन्य देवता का ऐसा सुन्दर मन्दिर स्थल इलाहाबाद में नहीं है।

वैसे तो नित्य ही यहाँ भक्तजन पूजा-अर्चना करने आते रहते हैं, किन्तु सोमवार, प्रदोष और भगवान् शिव के महापर्व महाशिवरात्रि पर तो भक्तों का ताँता रात तक टूटता ही नहीं।

मन्दिर में गणेश जी, हनुमान जी आदि की भी मूर्तियाँ स्थापित हैं, किन्तु विशेष महत्त्व भगवान् शिव का ही है। उन्हीं का तो यह मन्दिर है।

इस प्राचीन मन्दिर के बाहर माला-फूल, दूध, प्रसाद की दुकानें प्रातः से रात तक सजी रहती हैं।

विशेष अवसरों पर सँपेरे भी नाग देवता का भक्तों को दर्शन कराने के लिए मन्दिर के बाहर पंक्तिबद्ध होकर बैठ जाते हैं। भक्त एक-एक कर फन काढ़े खड़े नागों को हाथ जोड़ते हैं, यथाशक्ति कुछ-न-कुछ दान भी करते हैं।

किला तथा उससे लगा सैन्य क्षेत्र होने के कारण सैनिक मन्दिर जानेवाली सड़क के दोनों तरफ गेट लगाकर वाहनों के आवागमन को रोकते थे जिससे वृद्धों, बीमारों और महिलाओं को भारी असुविधा होती थी। अब जनता की माँग पर नये यमुना पुल की तरफ का फाटक वाहनों के लिए खोल दिया गया है। लेकिन किले की ओर अभी भी फाटक पर पहरा रहता है। पैदल आनेवालों के आवागमन के लिए यदि यह फाटक भी खुल जाय तो संगम तथा हनुमान मन्दिर से इधर आने-जानेवालों को बहुत सुविधा हो जायेगी।

सरस्वती घाट

मनकामेश्वर मन्दिर के पास ही प्राचीन सरस्वती घाट का बहुत अधिक महत्त्व रहा है। इस ओर से संगम स्नान के लिए जानेवाले इसी घाट से नाव पर सवार होकर जाते हैं।

अब इस घाट को इलाहाबाद विकास प्राधिकरण ने पक्का और बहुत सुन्दर बना दिया है। सीढ़ियों से आराम से उतरकर नाव पर सवार होना सुविधाजनक हो गया है।

ऊपर ऐसा सुन्दर निर्माण किया गया है कि यथावसर यहाँ संगीत-नृत्य तथा अन्य सांस्कृतिक कार्यक्रम आयोजित होते रहते हैं।

धूप और वर्षा के समय लोगों के बैठने के लिए सुन्दर बारादरी बनी हुई है। यहीं एक रेस्तराँ भी चल रहा है, जहाँ चाय, कॉफी, कोल्ड ड्रिंक, आइसक्रीम तथा हलके नाश्ते की सामग्रियाँ उपलब्ध रहती हैं।

यमुना पुल की ओर से फाटक खुल जाने के कारण अब बड़ी संख्या में सैलानी यहाँ आने लगे हैं।

यहाँ से लेकर मनकामेश्वर तक विकसित पार्क में भी लोग घूमने आते हैं। पार्क में लगी बेंचों पर बैठकर पढ़नेवाले छात्रों तथा मिल-बैठकर वार्त्ता करनेवालों के लिए यह एक आकर्षक स्थल बन गया है। छायादार वृक्षों के नीचे भी पढ़ाई करते छात्रों तथा आपस में वार्त्ता करनेवालों को देखकर एक सुखद अनुभव होता है।

सरस्वती घाट के बगल में ही नौकाओं के लंगर डालने का खँडहर हो चुका केन्द्र है, जहाँ पहले कभी नावों से माल उतरता था।

इस स्थल से किले की विशाल दीवारें यमुना की लहरों के थपेड़े खाती दिखायी देती हैं।

सच्चा बाबा आश्रम

यमुना के उस पार सच्चा बाबा का आश्रम मात्र धार्मिक तथा आध्यात्मिक केन्द्र न होकर अब समाज-सेवा का भी विशिष्ट आश्रम बन चुका है।

आश्रम समय-समय पर गरीब रोगियों और विशेषरूप से नेत्र रोगियों के लिए शिविरों का आयोजन करता है। चिकित्सा तथा ऑपरेशन के लिए देश ही नहीं विदेश से भी चिकित्सकों को आमन्त्रित किया जाता है, जो रोगियों की निःशुल्क चिकित्सा और ऑपरेशन करते हैं।

सच्चा बाबा आश्रम मानवमात्र की सेवा का ऐसा अनुकरणीय कार्य कर रहा है, जो अन्य धार्मिक संस्थानों तथा आश्रमों के लिए प्रेरणा का स्रोत बन गया है।

यमुना के दक्षिणी तट पर अरैल में स्थित यह आश्रम अपने क्षेत्र का नाम दूर-दूर तक उजागर कर रहा है। पर्यटकों को इस आश्रम में जाकर निश्चय ही मानव-सेवा की प्रेरणा प्राप्त होगी।

महर्षि महेश योगी आश्रम

महर्षि महेश योगी ऐसे महान् सन्त थे जिन्हें शंकराचार्य-जैसी किसी उपाधि से तो सम्मानित नहीं किया गया, किन्तु उन्होंने विदेशों में भी अपने अनेक आश्रम

बनाये और वहाँ भी उनके लाखों अनुयायी बन गये। महर्षि के ध्यान योग ने बहुत बड़ी संख्या में भक्तों को आकृष्ट किया।

पूजा-अर्चना करते समय ध्यान को केन्द्रित कर पाना भक्तों के लिए दुष्कर होता है। अतः इसी सत्य का अनुभव करके महर्षि महेश योगी ने ध्यान योग की साधना का प्रचार किया। ध्यान क्षणभर के लिए भी केन्द्रित हो सके तो पूजा और अर्चना का प्रभाव सैकड़ों गुना बढ़ जाता है।

महर्षि ने इसके साथ ही शिक्षा और ओषधि निर्माण पर भी ध्यान दिया और ऐसे अनेक केन्द्रों की स्थापना की।

यमुना के उस पार अरैल क्षेत्र में भी उन्होंने एक विशाल आश्रम बड़े विस्तृत क्षेत्र में विकसित करवाया। इस आश्रम में विदेशों तक से भक्त और महर्षि के अनुयायी आते रहते हैं।

प्रयाग आने पर इस आश्रम में भी जाना निस्सन्देह प्रेरक है।

बोट-क्लब

इलाहाबाद विकास प्राधिकरण ने पुराने यमुना पुल और नये यमुना पुल के बीच बोट-क्लब का निर्माण करके इलाहाबादवासियों को एक उल्लेखनीय उपहार दिया है। इस क्लब में बोटिंग के प्रेमी आकर यमुना नदी की अथाह जलधारा में नौका-विहार करने निकलते हैं। बाहर से आनेवाले यात्री और पर्यटक भी नौका-विहार का आनन्द लेते हैं।

अब इलाहाबाद विकास प्राधिकरण ने यमुना नदी के तट पर बने बोट-क्लब को विवाह आदि समारोहों के लिए भी कम शुल्क पर देने का निर्णय लिया है। लोग अब यहाँ विवाहोत्सव मनायेंगे, जल-विहार करेंगे और नवविवाहित जोड़े भी नौका-विहार का अनुपम आनन्द प्राप्त कर सकेंगे।

बोट-क्लब से नाव द्वारा संगम स्नान के लिए भी जाना सुविधाजनक होगा।

स्वयं नवनिर्मित यमुना पुल भी प्राकृतिक माहौल में घूमने-फिरनेवालों के लिए आकर्षण का केन्द्र है। पुल की सीढ़ियों से उतरकर यमुना की जलधारा को छूना, उसमें पाँव लटकाकर बैठना अपने-आप में बेहद आनन्ददायी है।

यहाँ नित्य आनेवालों की भारी संख्या को देखते हुए सायंकाल चाट, आइसक्रीम, कोल्ड ड्रिंक के अनेक ठेले लग जाते हैं, जिनकी अच्छी बिक्री भी होती है।

यदि सरस्वती घाट की तरह नये पुल से पुराने पुल के बीच के खण्ड को भी विकास प्राधिकरण उसी तरह विकसित कर दे तो यह पूरा क्षेत्र बम्बई के मेरिन

ड्राइव-जैसा सुन्दर क्षेत्र बन जायेगा क्योंकि यमुना में पानी की कमी कभी नहीं रहती और वर्षा ऋतु में पानी बढ़ जाने के बाद तो पूरा दृश्य और भी मनोरम बन जाता है।

कल्याणी देवी मन्दिर

नगर की घनी बस्तियों मालवीय नगर (अहियापुर), अतरसुइया, मीरापुर, सत्तीचौरा, बलुआघाट के बीच बना यह देवी कल्याणी देवी का मन्दिर भी सिद्धपीठ ही माना जाता है और देवी भक्तों की आस्था का एक प्रमुख केन्द्र है।

होली के बाद चैत्र मास की अष्टमी और नवमी को यहाँ एक भव्य मेला लग जाता है। दो दिन पहले से ही तरह-तरह के झूले, खाने-पीने की दूकानें तथा अन्य मनोरंजक स्टाल सज जाते हैं। रात में सांस्कृतिक कार्यक्रमों का भी आयोजन होता है और भक्तों की भारी भीड़ देवी के चरणों में मत्था टेकने आती है।

चैत्र नवरात्र तथा शरद् नवरात्र में पूरे नौ दिन श्रद्धालुओं का ताँता लगा रहता है। विशेष तिथियों पर तो दर्शनार्थियों की कतार सड़क पर दूर तक लगी रहती है। लेकिन पूरा दर्शन-पूजन सुव्यवस्थित ही होता है। न धक्का-मुक्की, न शोरगुल। स्त्रियों की अलग और पुरुषों की अलग पंक्ति, सभी शान्त भाव से धीरे-धीरे मन्दिर प्रांगण में दर्शन हेतु बढ़ते रहते हैं।

बताते हैं, पहले यहाँ रात में सुप्रसिद्ध संगीतज्ञों के कार्यक्रम भी मेले के दौरान आयोजित होते थे। कभी-कभी वेश्याएँ भी संगीत-नृत्य का कार्यक्रम प्रस्तुत करने आती थीं।

लोगों की मान्यता है कि यहाँ देवी कल्याणी से सच्चे मन से जो भी माँगो, मिलता है। मनौतियाँ पूरी होने पर श्रद्धालु देवी का भव्य शृंगार करवाते हैं, फल-फूल चढ़ाते हैं। ऐसे अवसर पर ढोल, नगाड़े, घण्टा-घड़ियाल, शंखनाद के बीच जब देवी की आरती होती है तो ऐसा वातावरण बन जाता है, जैसे देवी कल्याणी स्वयं प्रकट हो गयी हों।

ललिता देवी मन्दिर

कल्याणी देवी से कुछ दूर मीरापुर में ललिता देवी मन्दिर भी एक ऐसा विकसित और दिव्य देवी मन्दिर बन गया है जहाँ श्रद्धालुओं में माथा टेकने की होड़ लगी रहती है।

दोनों ही स्थानों पर नवरात्र के दौरान यहाँ दर्शन के लिए आनेवालों की भीड़ सँभाले नहीं सँभलती। लेकिन सब-कुछ इतना नियन्त्रित होता है कि कभी कोई अप्रिय घटना नहीं हो पाती।

वृक्ष के नीचे सजी देवी ललिता की मूर्ति की दिव्यता अपने-आप ही मन में श्रद्धा-भक्ति की लहर पैदा कर देती है और श्रद्धालु का मन तृप्त हो जाता है।

मेले के समय इस मन्दिर का सौन्दर्य और यहाँ उपस्थित भक्तिपूर्ण वातावरण पूरे मीरापुर क्षेत्र को भक्ति भाव से सराबोर कर देता है।

काली बाड़ी

नगर के व्यस्त मुट्ठीगंज क्षेत्र का काली बाड़ी मन्दिर अत्यधिक प्रतिष्ठित देवी मन्दिर है, जहाँ नित्य बड़ी संख्या में भक्त माँ काली के समक्ष सिर नवाने उपस्थित होते हैं। सायंकाल आरती के समय तो भक्तों की भीड़ लग जाती है। भव्य कथा में विशाल ॐ की पृष्ठभूमि में स्थापित माँ काली की पूजा-अर्चना भी भव्य रूप में ही होती है। बगल में माँ दुर्गा की भी विशाल मूर्ति स्थापित है। माँ काली की आंरती के समय ही दुर्गा जी की भी आरती होती है। इनके अतिरिक्त भगवान् शिव का एक अलग ही कक्ष है, जहाँ बैठकर अधिकतर महिलाएँ और कुछ पुरुष भी पूजा-अर्चना करते हैं।

काली बाड़ी के व्यवस्थापक अत्यधिक जागरूक और समर्पित हैं, जिसके फलस्वरूप पूरा मन्दिर-प्रांगण निरन्तर विकसित होता जा रहा है।

नवरात्र के समय इस मन्दिर की भव्यता और भी बढ़ जाती है तथा भारी संख्या में देवी भक्तों का ताँता लगा रहता है।

ऐसी मान्यता है कि इस मन्दिर में माँ से जो माँगो वह अवश्य मिलता है और माँ अपने भक्तों का दुख और संकट अवश्य हर लेती हैं।

मसुरिया देवी मन्दिर

इलाहाबाद नगर से लगभग 40 किलोमीटर दूर दक्षिण-पश्चिम की ओर यमुना के उस पार किन्तु यमुना तट के निकट ही इमीलिया गाँव में स्थित मसुरिया देवी का मन्दिर अति महत्त्वपूर्ण माना जाता है।

अनेक हिन्दू परिवारों को इस देवी के प्रति इतनी गहरी आस्था है कि वे अपने बच्चों का मुण्डन संस्कार इसी मन्दिर में करवाते हैं।

अक्टूबर महीने में यहाँ लगनेवाले मेले में कई दिनों तक छोटी-छोटी दूकानों और टेण्टों की बस्ती बस जाती है।

अनेक लोग मनौतियाँ पूरी होने पर यहाँ बकरों की बलि भी चढ़ाते हैं।

पूरे वर्ष यहाँ मुण्डन करानेवालों, मनौतियाँ माननेवालों का ताँता लगा रहता है।

पहले इस मन्दिर का रास्ता बहुत बीहड़ था। लोग इक्कों पर सवार होकर किसी तरह वहाँ जाते थे। किन्तु अब बसें, टैक्सियाँ तथा अन्य सवारियाँ जाने लगी हैं, जिससे यहाँ भक्तों की भीड़ भी बढ़ गयी है।

अनेक लोग यमुना नदी के रास्ते नावों पर भी गाते-बजाते, मौज-मस्ती करते, इस धाम की यात्रा पर जाते हैं। निश्चय ही नदी मार्ग से धाम जाने का अपना अलग ही आकर्षण और रोमांच है।

कहते हैं, इस देवी से माँगी गयी मुरादें कभी खाली नहीं जातीं।

अनेक लोग इस मन्दिर में स्थापित माँ को इस स्थान के नाम पर इमीलियन देवी के नाम से भी पुकारते हैं।

नदी के मार्ग में जानेवालों को मार्ग में एक टापू भी मिलता है, जहाँ सुजावन देवता का धाम है।

कबीर मन्दिर (कबीर पारख संस्थान)

सन्त कबीर के बेलौस तथा बेबाक विचारों को फैलाने के उद्देश्य से कबीर पारख संस्थान की स्थापना प्रीतमनगर में सन् 1977 में की गयी। संस्थापक हैं सन्त श्री अभिलाष साहेब। इनका मूल गुरु स्थान बड़हरा, जिला गोण्डा था। काशी में इनकी पुस्तकों का प्रकाशन सन् 1957 से 1975 तक हुआ। तत्पश्चात् पुस्तक-प्रकाशन के लिए ही इलाहाबाद नगर को इन्होंने अपना केन्द्र बनाने का निश्चय किया। सर्वप्रथम प्रीतमनगर में कुछ साधुओं को लेकर किराये पर रहे और मन्दिर का निर्माण प्रारम्भ हुआ। दो कमरों से संस्थान का काम शुरू हुआ। बाद में उसी में 'बीजक प्रेस' स्थापित हुआ तथा पुस्तक-प्रकाशन ने गति पकड़ी।

अभिलाष साहेब के सम्पादन में 1971 से त्रैमासिक पत्रिका 'पारख प्रकाश' का कोलकाता से प्रकाशन होता था, बाद में उक्त पत्रिका का प्रकाशन भी इलाहाबाद से ही होने लगा जो वर्तमान समय में अपने 40वें वर्ष में भी प्रकाशित हो रही है।

अभिलाष साहेब का लेखन-कार्य लगभग आधी सदी तक फैला हुआ है और इस बीच इनके लिखे लगभग 100 ग्रन्थ प्रकाशित हुए हैं, जिनका सर्वाधिकार कबीर पारख संस्थान, इलाहाबाद के पास सुरक्षित है। इनकी लेखनी मुख्यतः कबीर-वाणी के प्रसार में लगी हुई है। कबीर-वाणी जैसे बीजक, कबीर भजनावली, कबीर अमृतवाणी, कबीर साखी आदि पर उनके लिखे भाष्य और व्याख्या आज कबीर-वाणी को समझने की कसौटी बन गये हैं। इनके इतर उन्होंने वेद, उपनिषद्, गीता, रामायण, शंकराचार्य, लाओत्जे के ग्रन्थों पर भी तार्किक एवं प्रामाणिक ढंग से लिखा है, जिसे समाज के हर वर्ग से सराहना मिली है। उनका लिखा बीजक-व्याख्या लगभग 2000 पृष्ठों में तथा दो खण्डों में कबीर पारख संस्थान से प्रकाशित है तथा इस समय इस ग्रन्थ का पन्द्रहवाँ संस्करण चल रहा है।

अभिलाष साहेब लेखन के धनी हैं, साथ ही सन्तत्व के अपेक्षित गुण उनमें समाये हुए हैं। वे वर्ष के आठ माह देश के विभिन्न हिस्सों में सत्संग कार्यक्रम में संलग्न रहते हैं। वर्षा के समय वे इलाहाबाद में चातुर्मास व्यतीत करते हैं। इसी समय अक्टूबर में उनके संस्थान का त्रिदिवसीय वार्षिक कार्यक्रम क्वार शुक्ल त्रयोदशी, चतुर्दशी एवं पूर्णिमा को होता है, जिसकी धूम पूरे इलाहाबाद नगर में रहती है। इस सुअवसर पर बाहर से आनेवाले सत्संग-प्रेमियों से प्रीतमनगर के गली-कूचे भरे दिखते हैं।

इलाहाबाद के अतिरिक्त भी अनेक कबीर आश्रम हैं—सूरत, रायपुर आदि जगहों पर मठ हैं। उत्तर प्रदेश के अलावा मध्य प्रदेश, छत्तीसगढ़, राजस्थान, हरियाणा, दिल्ली, गुजरात, महाराष्ट्र, बिहार, कोलकाता में कबीर संस्थान के कार्यक्रम निरन्तर होते रहते हैं।

प्रीतमनगर से लगी गंगा नदी के निकट ही आठ एकड़ में कबीर आश्रम का विस्तार है, जहाँ पर साधु समाज रहता है, जिसमें लगभग 60 साधु हैं, जो आश्रम के स्थायी निवासी हैं। वे सभी विरक्त सन्त हैं। यहाँ धर्मार्थ होमियोपैथी चिकित्सालय भी चलता है, जहाँ निःशुल्क दवा वितरित की जाती है। एक्यूप्रेशर सेण्टर तथा पुस्तकालय की भी व्यवस्था है। मुख्य जी. टी. रोड से भीतर आश्रम तक लगभग 1.5 किमी. के मार्ग को कबीर मार्ग के नाम से जाना जाता है और आश्रम के नाम पर कबीर नगर का नाम प्रसिद्ध हो रहा है। 'शान्त-क्रान्ति' के लिए तत्पर है कबीर आश्रम।

पँड़िला महादेव

फाफामऊ से आगे शिवभक्तों के लिए भोले शंकर के इस मन्दिर की बहुत अधिक महत्ता है।

इस मन्दिर में वैसे तो नित्य ही श्रद्धालुओं का आवागमन लगा रहता है, लेकिन सोमवार के दिन यहाँ भीड़ बहुत बढ़ जाती है।

शिवरात्रि के दिन तो श्रद्धालुओं की इतनी भीड़ होती है कि शिवजी की पिण्डी तक पहुँचना भी कठिन हो जाता है। कुछ लोग तो दूध अथवा गंगाजल से भरा मिट्टी का पात्र दूर से ही फेंककर चढ़ाते और सन्तोष कर लेते हैं।

कहते हैं कि भोलेनाथ से यहाँ जो माँगो, प्राप्त हो जाता है। उनका भण्डार भक्तों के लिए कभी बन्द नहीं होता।

पहले लोग मुण्डे इक्कों पर सवार होकर पँड़िला महादेव का दर्शन करने जाते थे, लोग वहाँ से मिट्टी से बने घड़े तथा अन्य पात्र ले आते थे।

अब बस और टेम्पो की सुविधा हो जाने से पँड़िला महादेव तक जाना आसान हो गया है।

शृंगवेरपुर धाम

शृंगवेरपुर धाम ही वह पवित्र स्थल है, जहाँ चौदह वर्ष के लिए वन जाते समय भगवान् राम, सीता और लक्ष्मण के साथ अयोध्या से आकर गंगा तट पर रुके थे।

यहीं से उन्होंने नौका से गंगा को पार किया था और प्रयाग पहुँचे थे, जहाँ भरद्वाज आश्रम जाकर मुनि भरद्वाज के दर्शन किये थे और उनका आशीर्वाद प्राप्त करने के बाद ही चित्रकूट के लिए प्रस्थान किया था।

शृंगवेरपुर का गंगा तट भगवान् राम के चरण-रज से धन्य हो उठा था। आज भी उनकी चरणधूलि इस गंगा तट को पवित्र-पावन बनाये हुए है।

यहाँ प्रतिवर्ष दशहरे के बाद भव्य रामायण मेले का आयोजन होता है। दूर-दूर से सन्त-महात्मा यहाँ आते हैं, अपने प्रवचनों से श्रद्धालुओं के मन को शुद्ध करने का प्रयास करते हैं।

भक्ति-संगीत तथा भजन-कीर्त्तन तथा अन्य सांस्कृतिक कार्यक्रमों से पूरा क्षेत्र जीवन्त हो उठता है।

महर्षि दुर्वासा आश्रम एवं माँ ऐन्द्री देवी धाम

ऋषियों में ब्रह्मर्षि देवी-देवताओं द्वारा भी अत्यधिक सम्मानित महर्षि दुर्वासा की तपोभूमि भी प्रयाग क्षेत्र में अवस्थित है। प्रयाग के लिए गौरव की बात है कि गंगा तट पर प्रयाग की पंचक्रोशी में दुर्वासा आश्रम स्थित है, जहाँ कभी महर्षि ने तपस्या की थी।

सती अनुसुइया तथा महर्षि अत्रि के पुत्र ऋषि दुर्वासा के आश्रम में श्रावण मास में श्रद्धालुओं की भारी भीड़ जुटती है।

आश्रम परिसर में महर्षि दुर्वासा इण्टर कॉलेज तथा संस्कृत विद्यालय भी चल रहे हैं। सन् 1962 में पण्डित जवाहरलाल नेहरू ने यहीं ग्राम भारती विश्वविद्यालय का शिलान्यास किया था, जो अब संचालित हो सका है।

दुर्वासा आश्रम में नागपंचमी के अवसर पर दो दिन का विशाल मेला लगता है, जिसमें दूर-दूर से लोग आते हैं।

महर्षि दुर्वासा की तपस्या तथा यज्ञ का विध्वंस दनु और दुर्मिल नामक दैत्य किया करते थे। भरद्वाज ऋषि ने अपने शिष्य दुर्वासा की तपस्या में व्यवधान देखकर देवराज इन्द्र का स्मरण किया। उनकी प्रार्थना के फलस्वरूप माँ ऐन्द्री देवी का प्रादुर्भाव हुआ। माँ ऐन्द्री देवी ने दनु और दुर्मिल दैत्यों का विध्वंस करके ब्रह्मर्षि दुर्वासा की तपस्या में हो रहे व्यवधान को पूर्ण रूप में समाप्त कर दिया।

महर्षि दुर्वासा आश्रम से ईशान कोण में 1300 धनुष (लगभग डेढ़ किलोमीटर) की दूरी पर माँ ऐन्द्री निवास करती हैं जो अपने भक्तों के कष्टों का निवारण करने के कारण वे क्षेत्रीय लोगों में आनन्दी देवी के नाम से प्रसिद्ध हैं।

यहाँ प्रत्येक सोमवार को मेला लगता है और पूरे नवरात्र भर तो श्रद्धालुओं की माँ ऐन्द्री देवी के प्रति श्रद्धा-भक्ति देखते ही बनती है।

यह सिद्धपीठ माना जाता है और यहाँ आवागमन के सभी साधन उपलब्ध हैं।

ऋषियों में अति विशिष्ट ब्रह्मर्षि दुर्वासा अति क्रोधी भी माने जाते हैं। दन्तकथा तो यहाँ तक है कि देवाधिदेव भगवान् शंकर को भी ब्रह्मर्षि दुर्वासा ने शाप दे डाला था, जब उन्हें ब्रह्मर्षि से भेंट करने के लिए निकलने में देर हो गयी थी। कहते हैं, उन्हीं के शाप के कारण महादेव की पिण्डी की ही पूजा होती है।

दर्शनीय दुर्वासा आश्रम का मन्दिर और माँ ऐन्द्री देवी के शक्तिपीठ मन्दिर का निर्माण लगभग दो सौ वर्ष पूर्व हुआ था। माँ ऐन्द्री देवी धाम में महादेव शंकर जी का एक नवनिर्मित मन्दिर भी बना है।

महर्षि दुर्वासा जितने महान् ऋषि तथा ज्ञानी थे, उतने ही भयानक क्रोधी भी थे। यदि भूल से भी उन्हें पूरा सम्मान न दिया गया तो उसे वे कदापि क्षमा नहीं करते थे और उसे जीवनभर के लिए शापित कर देते थे।

इस सन्दर्भ में दुष्यन्त-शकुन्तला की कथा सभी को मालूम है। दुष्यन्त के ख्यालों में डूबी शकुन्तला ने जब महर्षि दुर्वासा के आगमन पर उनकी ओर ध्यान नहीं दिया, तो ऋषि इतने कुपित हुए कि उसे शाप दे डाला कि जा जिसके विचारों में तू इतनी खोयी हुई है, वह तुझे पूरी तरह भूल जायेगा। बाद में शकुन्तला की सखियों की बारम्बार प्रार्थना पर उन्होंने केवल इतनी कृपा की कि खोयी हुई अँगूठी देखकर दुष्यन्त को शकुन्तला याद आ जायेगी, और ऐसा ही हुआ भी।

किन्तु इसमें सन्देह नहीं कि महर्षि दुर्वासा महान् ज्ञानी और ऋषियों में भी अतिविशिष्ट कहलाये।

महर्षि दुर्वासा का प्रयागराज से भी निकट सम्बन्ध इसी बात से प्रमाणित है कि उन्होंने यहाँ ककरा-दुलावल में अपने आश्रम की स्थापना की थी, जो पर्यटकों के लिए आकर्षण का केन्द्र है।

प्रयाग संगीत समिति

प्रयाग संगीत समिति बाबू बैजनाथ सहाय की इलाहाबाद ही नहीं समूचे संगीत-जगत् को एक ऐसी भेंट है जिसके लिए वे सदैव आदरपूर्वक याद किये जाते रहेंगे।

उन्होंने पहले साउथ मलाका में संगीत समिति का हॉल और भवन निर्मित कराया। बाद में कमला नेहरू रोड पर प्रयाग संगीत समिति का भव्य भवन और हॉल निर्मित हुआ, जिसे रामेश्वर सहाय ने विकसित कर शिखर पर पहुँचा दिया।

प्रयाग संगीत समिति के दोनों भवनों में शास्त्रीय संगीत, गायन, वादन तथा नृत्य की कक्षाएँ चल रही हैं। पूरे देश में इसकी शाखाएँ फैली हुई हैं। इन सभी की प्रभाकर, संगीत प्रवीण आदि की परीक्षाएँ प्रयाग संगीत समिति द्वारा केन्द्रीय रूप से संचालित की जाती हैं। शास्त्रीय संगीत के प्रचार-प्रसार तथा उसे समुचित प्रतिष्ठा दिलाने में संगीत समिति का योगदान सदैव स्मरण किया जायगा।

प्रयाग संगीत समिति द्वारा आयोजित की जानेवाली म्यूजिक कॉन्फ्रेन्सें संगीत-प्रेमियों के मन में यादगार बनी हुई हैं। संगीत-जगत् का ऐसा कोई भी चोटी का कलाकार नहीं, जिसने इन सम्मेलनों में आकर अपनी कला से दर्शकों तथा

श्रोताओं को मन्त्रमुग्ध न किया हो। उस्ताद बिस्मिल्ला खाँ, पं. रविशंकर, गोपीकृष्ण, गुदई महाराज, किशन महाराज, सितारा देवी, हेमा मालिनी, नजाकत-सलामत, बड़े गुलाम अली-जैसे संगीतकारों की कला का प्रयागवासियों को रसास्वादन कराने का श्रेय प्रयाग संगीत समिति को ही प्राप्त है।

साहित्यकार संसद्

रसूलाबाद में गंगा तट पर साहित्यकार संसद् भवन का निर्माण महीयसी महादेवी वर्मा का सर्वाधिक महत्त्वाकांक्षी उपहार है। इस भवन में कई साहित्यकार आवश्यकता पड़ने पर निवास भी करते थे।

गंगा तट पर होने के कारण इस भवन का वातावरण अत्यन्त मनोरम और साहित्य-सृजन के लिए बहुत प्रेरक है। शायद इसी कारण महादेवी ने इस स्थान को साहित्यकार संसद् के लिए चुना था।

हिन्दी साहित्य सम्मेलन

हिन्दी साहित्य सम्मेलन की स्थापना महामना पण्डित मदनमोहन मालवीय और राजर्षि पुरुषोत्ततम दास टण्डन के प्रयास से सन् 1910 में हुई थी। जीरो रोड तथा सम्मेलन मार्ग चौराहे पर निर्मित हिन्दी साहित्य सम्मेलन का भव्य भवन राजर्षि पुरुषोत्तमदास टण्डन के अनुकरणीय हिन्दी-प्रेम का प्रतीक है। उन्हीं की प्रेरणा से इस भव्य भवन का निर्माण हुआ और यहाँ संग्रहालय का उद्घाटन महात्मा गाँधी जी के कर-कमलों द्वारा हुआ, जहाँ हिन्दी साहित्य की उत्कृष्ट पुस्तकों का संग्रह है।

सम्मेलन पूरे देश में अनेक परीक्षाओं का संचालन भी करता है और हिन्दी के प्रचार-प्रसार में संलग्न है।

किन्हीं कारणों से इसकी कुछ परीक्षाओं की सरकारी मान्यता रद्द हो गयी। सम्मेलन का अपना बहुत ही अच्छा मुद्रणालय भी इसी परिसर में है। राजर्षि टण्डन मण्डपम् इलाहाबाद के मंच के रूप में सक्रिय है।

कायस्थ पाठशाला

कायस्थ पाठशाला एशिया का सबसे बड़ा शैक्षिक संस्थान है, जिसके अन्तर्गत चौधरी महादेव प्रसाद डिग्री कॉलेज, के. पी. ट्रेनिंग कॉलेज, के. पी. इण्टर

कॉलेज, कुलभास्कर कृषि महाविद्यालय, कुलभास्कर कृषि इण्टर कॉलेज, के. पी. गर्ल्स इण्टर कॉलेज, के. पी. नर्सरी, के. पी. अंग्रेजी माध्यम नर्सरी स्कूल, के. पी. यू. सी. हॉस्टल-जैसी संस्थाएँ शिक्षा के क्षेत्र में महत्त्वपूर्ण कार्य कर रही हैं।

कुलभास्कर मुन्शी कालीप्रसाद ने बहुत छोटे रूप में कायस्थ पाठशाला की स्थापना की थी। उन्होंने अपनी सारी सम्पत्ति और पत्नी के जेवर तक इस संस्था को दान में दे दिये थे और वसीयत लिख दी थी। यहाँ तक कि जब उनका देहान्त हुआ तो घर में उनके दाह-संस्कार तक के लिए रुपये नहीं थे। कायस्थ पाठशाला से पैसे आने पर ही उनका अन्तिम संस्कार हो सका।

बाद में चौधरी महादेवप्रसाद ने अपनी सम्पत्ति का अधिकांश हिस्सा कायस्थ पाठशाला को दान कर दिया, जिनके नाम से सी. एम. पी. डिग्री कॉलेज संचालित किया जा रहा है। सी. एम. पी. कॉलेज तथा बी. एड. कॉलेज केन्द्रीय इलाहाबाद विश्वविद्यालय से सम्बद्ध महाविद्यालय बन गये हैं तथा विश्वविद्यालय अनुदान आयोग (यू. जी. सी.) से सहायता प्राप्त करके गौरवपूर्ण विकास की ओर अग्रसर हैं।

कम्युनिटी सेण्टर, चित्रगुप्त मन्दिर

कायस्थ पाठशाला ने महात्मा गाँधी मार्ग पर कालीप्रसाद इण्टर कॉलेज के निकट एक भव्य कम्युनिटी सेण्टर तथा हॉल और चित्रगुप्त मन्दिर की स्थापना कर दी है जो नगर के गौरव बन गये हैं। मुन्शी कालीप्रसाद की वसीयत के अनुसार कायस्थ पाठशाला हेडऑफिस भवन के ऊपर कमला नेहरू मार्ग पर एक पुस्तकालय की भी स्थापना कर दी गयी है। हॉल ही में मुन्शी हरनन्दनप्रसाद के नाम से एक पत्रकारिता तथा सूचना प्रौद्योगिकी संस्थान की भी स्थापना की गयी है।

हिन्दुस्तानी एकेडमी

हिन्दुस्तानी को हिन्दी तथा उर्दू के बीच की कड़ी मानकर उसके प्रचार के लिए हिन्दुस्तानी एकेडमी की स्थापना की गयी थी।

इस समय इसका भवन संगीत समिति के बगल में कमला नेहरू रोड पर स्थित है।

इस संस्था ने अनेक पुस्तकों का प्रकाशन किया है और भवन में इसका अच्छा पुस्तकालय भी है।

इसके हॉल में अक्सर ही साहित्यिक तथा अन्य समारोह आयोजित होते रहते हैं।

इसके प्रारम्भिक वर्षों में सर तेजबहादुर सप्रू इसके अध्यक्ष बनाये गये थे। एकेडमी उत्तर प्रदेश सरकार द्वारा संचालित है।

जवाहर बाल-भवन

जवाहरलाल नेहरू मेमोरियल फण्ड द्वारा संचालित जवाहर बाल-भवन बच्चों को संगीत, नृत्य तथा चित्रकला का प्रशिक्षण देकर उनमें भारतीय संस्कृति की प्रतीक कलाओं के प्रति गहरी अभिरुचि उत्पन्न कर रहा है। बहुत कम शुल्क लेकर बाल-भवन ने बच्चों को उच्चकोटि का प्रशिक्षण देकर बहुत लोकप्रियता प्राप्त कर ली है।

होनहार बच्चों को पत्र-पत्रिकाओं में प्रचार दिलाकर यह संस्था प्रोत्साहन प्रदान कर रही है।

बगल में ही नेहरू के पैतृक भवन स्वराज-भवन में एक आदर्श अनाथालय भी है, जिसे भारत-पाकिस्तान बँटवारे के बाद उन बच्चों के लिए स्थापित किया गया था, जो बँटवारे के बाद भड़के भयानक दंगों में अनाथ हो गये थे।

इन बच्चों के लालन-पालन और शिक्षण-प्रशिक्षण के लिए यहाँ जो व्यवस्था है उसे हर दृष्टि से आदर्श कहा जा सकता है।

रामबाग स्टेशन

कुम्भ नगर से शहर की ओर लौटते समय दाहिनी तरफ जो विशाल रेलवे स्टेशन है, वह अपने वक्ष पर अनेक रेलवे लाइनों को बिछाये हुए है। यह सिटी स्टेशन है, जिसे रामबाग स्टेशन भी कहते हैं। यह इलाहाबाद में पूर्वोत्तर रेलवे अर्थात् छोटी लाइन का स्टेशन है। यहाँ से पूर्वी जिलों को ट्रेनें जाती हैं। उत्तर-पूर्वीय रेलवे का यह बड़ा स्टेशन है। पहले इसकी दशा विशेष अच्छी नहीं थी। किन्तु इसको नया रूप दे दिया गया है, और इसमें लगातार सुधार किये जाते रहे हैं तथा इसे आधुनिक सुविधाओं से लैस किया जाता रहा है। अब इस स्टेशन से पुणे, कोलकाता और मुम्बई की ओर भी रेलगाड़ियाँ आने-जाने लगी हैं।

गवर्नमेण्ट कॉलेज

रामबाग स्टेशन से यूनिवर्सिटी की ओर जाते समय पुल के पार बायीं तरफ जो इमारत है वह इस नगर का गवर्नमेण्ट कॉलेज है जो शहर के सबसे अच्छे कॉलेजों में गिना जाता है।

कुलभास्कर आश्रम कृषि कॉलेज

इस इमारत के सामने दाहिनी तरफ जो मैदान है वह कायस्थ पाठशाला कॉलेज की जमीन है, और कुलभास्कर आश्रम कृषि विद्यालय इसमें छात्रों से प्रशिक्षण हेतु खेती करवाता है। और बगल में ही कुलभास्कर आश्रम कृषि विद्यालय है—कृषि शिक्षा का एक प्रमुख स्थान। अन्न संकट के इन कठिन दिनों में इस तरह के विद्यालयों का बहुत बड़ा महत्त्व है।

मेडिकल कॉलेज

और आगे चलने पर बायीं तरफ चौराहे से मुड़ जाने पर कुछ दूर पर एक और सड़क बायीं ओर मिलती है जिस पर यहाँ का मेडिकल कॉलेज अस्पताल है। दूसरी तरफ पुराने गवर्नमेण्ट हाउस के मैदान में कितने ही बँगले बने हुए हैं, और बीच में बड़ी इमारत बनी है। यही है मेडिकल कॉलेज। इन बँगलों में रहते हैं इस कॉलेज के प्रोफेसर और उस विशाल भवन में चिकित्साशास्त्र की पढ़ाई होती है। सड़क के उस पार जो स्वरूपरानी अस्पताल है, वहीं मेडिकल कॉलेज के छात्रों की प्रेक्टिकल ट्रेनिंग होती है।

मेडिकल कॉलेज जिस जगह बन गया है, वहीं पहले इस नगर का राजभवन था, जिसमें राज्यपाल तथा मन्त्री इस नगर में आने पर ठहरा करते थे। और स्वतन्त्रता के पहले अंग्रेजों के शासनकाल में तो लाट साहब की इस कोठी की शान ही निराली थी। कोई भी हिन्दुस्तानी उस जमाने में इसमें प्रवेश तो कर ही नहीं सकता था, इसके आस-पास भी फटक नहीं सकता था। वह जमाना बीत गया, मगर उसकी कटु यादें आज भी बनी हुई हैं।

आनन्द-भवन

इसके थोड़ी ही दूर आगे है 'आनन्द-भवन'। बच्चों के स्वर्गीय चाचा नेहरू का पैतृक निवास-स्थान। इसे नेहरू जी के पिता पण्डित मोतीलाल नेहरू ने बनवाया

था, जो स्वयं भी बहुत बड़े देश-भक्त और नेता थे। यह भवन भव्य और सुन्दर है। स्वतन्त्रता के पहले यह देश के राजनीतिक क्रियाकलाप का मुख्य केन्द्र था। देश के बड़े-बड़े नेता यहाँ इकट्ठा हुआ करते थे, और यहाँ बड़े-बड़े राजनीतिक फैसले लिये जाते थे। सच पूछा जाय, तो देश के स्वतन्त्रता-संग्राम में इस 'आनन्द-भवन' ने बहुत बड़ी भूमिका अदा की है। स्वतन्त्रता के बाद 'आनन्द-भवन' अधिकतर सूना ही रहने लगा, पर वीरान नहीं। जब कभी नेहरू जी यहाँ आ जाते थे उस समय 'आनन्द-भवन' की चहल-पहल देखते ही बनती थी।

देश भर की जनता के लिए यह भी तीर्थस्थल-सा बन गया है। प्रयाग आनेवाला कोई भी यात्री यहाँ आकर नेहरू जी को श्रद्धांजलि अर्पित किये बगैर नहीं जाता। और माघमेला के समय तो यहाँ यात्रियों का ताँता बँधा रहता है। यह प्रमाण है इस बात का, कि देश की जनता के मन में नेहरू जी के प्रति कितना प्रेम और कितनी अधिक श्रद्धा है।

इस भवन के सबसे ऊपर जो बारहदरी है उस पर से गंगा साफ-साफ दिखती हैं। आनन्द-भवन के उस बरामदे में बड़ी शान्ति व्याप्त रहती है जहाँ निकलकर नेहरू जी लोगों से मिला करते थे। आनन्द-भवन के बगीचे में टहल-टहलकर वे बड़ी-बड़ी समस्याओं का समाधान खोजा करते थे। और बगीचे में जो विशाल वृक्ष है उसकी छाया में कुर्सी डालकर बैठना नेहरू जी को बहुत प्रिय था। अब न नेहरू जी रहे, न वह समाँ रहा। अब तो नेहरू जी की वे स्नेहपूर्ण यादें ही बाकी रह गयी हैं, जो यहाँ आने पर और भी प्रगाढ़ता से मन में घुमड़ने लगती हैं।

वर्ष 1970 में स्वर्गीय इन्दिरा गाँधी ने आनन्द-भवन देश की जनता को समर्पित कर दिया था। आज इस भवन ने एक ऐसे संग्रहालय का रूप ले लिया है, जहाँ वर्ष भर देश के कोने-कोने से लाखों पर्यटक आते रहते हैं और संग्रहालय के माध्यम से नेहरू-परिवार तथा स्वतन्त्रता-संग्राम से जुड़ी स्मृतियों को देखकर रोमांचित होते हैं।

जवाहर तारामण्डल

आनन्द-भवन के ठीक बगल में हरे-भरे प्राकृतिक वातावरण और फूलों की क्यारियों के बीच निर्मित नेहरू तारामण्डल इलाहाबाद की आधुनिक धरोहर है।

तारामण्डल के अन्दर बना विशेष प्रकार के प्रेक्षागृह में प्रक्षेपण के माध्यम से रात्रि आकाश का प्रदर्शन किया जाता है और उसमें बनाया गया कृत्रिम आकाश। शो के समय स्टूडियो में अन्धकार करके जब रात के मनोरम वातावरण का सृजन कर कृत्रिम आकाश में झिलमिलाते अनेकानेक तारों का प्रदर्शन आरम्भ होता है तो जैसे एक कल्पनालोक तैयार हो जाता है।

सौर-मण्डल तथा ग्रह-नक्षत्रों के प्रदर्शन के साथ ही उनके सम्बन्ध में सभी सम्भव जानकारियों का प्रसारण अद्भुत प्रतीत होने लगता है। ग्रह-नक्षत्रों के सम्बन्ध में जिज्ञासा रखनेवालों के लिए जवाहर तारामण्डल आकर्षण का प्रमुख केन्द्र है।

इलाहाबाद आनेवालों को इस अद्भुत केन्द्र में अवश्य आना चाहिए। वर्ष 2012 में इसका नवीनीकरण हुआ और इसे विश्व की आधुनिकतम डिजिटल तकनीकी से सुसज्जित किया गया।

विकलांग केन्द्र

नेहरू तारामण्डल के सामने ऊँचे टीलेनुमा स्थल पर बना विकलांग केन्द्र समाज की बहुत बड़ी सेवा कर रहा है। विकलांग बच्चों के इलाज के साथ ही यहाँ उन्हें आवश्यक उपकरण उपलब्ध कराये जाते हैं।

सबसे बड़ी बात यह है कि विकलांग बच्चों में यह केन्द्र मनोवैज्ञानिक रूप से ऐसी मानसिक चेतना और आत्मविश्वास का सृजन कर देता है कि वे अपनी शारीरिक कमी को भूलकर जीवन को अपने ढंग से पूरे मनोयोग तथा आत्मविश्वास के साथ जीना सीख लें तथा समाज के सामने जीवन्त उदाहरण प्रस्तुत कर सकें।

इस केन्द्र में आकर लोगों को निश्चय ही नयी प्रेरणा और जागरूकता प्राप्त होगी।

इस केन्द्र को और भी अधिक विस्तार तथा आधुनिक रूप देने की आवश्यकता है।

प्राचीन तीर्थ भरद्वाज आश्रम तथा आधुनिक तीर्थ आनन्द-भवन के बीच स्थित होने के कारण यह केन्द्र यहाँ आनेवालों का ध्यान अपनी ओर बरबस ही खींच लेता है।

स्वराज-भवन

आनन्द-भवन के बगल में ही है स्वराज-भवन, जो पण्डित मोतीलाल नेहरू का पुराना निवास-स्थान था। जब जवाहरलाल नेहरू विलायत में शिक्षा प्राप्त कर रहे थे

उसी समय पण्डित मोतीलाल नेहरू ने आनन्द-भवन का निर्माण करवाया, और बाद में अपने इस विशाल भवन को उन्होंने देश के लिए दान दे डाला। अब इस स्वराज-भवन में अनाथ बच्चों के पालन-पोषण का एक आदर्श केन्द्र चल रहा है। इस आश्रम के बच्चे स्वराज-भवन की लॉन पर चहक-चहककर खेलते रहते हैं। इसी भवन में इन्दिरा कक्ष भी स्थित है। इसी कक्ष में इन्दिरा जी का जन्म हुआ था। यहाँ अब संग्रहालय भी बन गया है।

कमला नेहरू अस्पताल

आनन्द-भवन और स्वराज-भवन के पीछे है कमला नेहरू स्मारक अस्पताल। इस नगर में तो यह महिलाओं का सबसे बड़ा अस्पताल है ही, शायद पूरे देश के अनोखे अस्पतालों में भी एक है। नेहरू जी की पत्नी स्वर्गीया श्रीमती कमला नेहरू के स्मारक के रूप में इसे बनवाया गया था, और राष्ट्रपिता महात्मा गाँधी ने इस अस्पताल का उद्घाटन किया था। इस अस्पताल में कैन्सर-जैसे असाध्य रोग का भी एक अलग विभाग है। एक तरफ बेगम अब्दुल कलाम आजाद स्मारक अस्पताल है, जो कमला नेहरू अस्पताल का ही एक अंग है। इसे मौलाना आजाद की पत्नी की यादगार में बनवाया गया था। और आगे बढ़कर बायीं तरफ बच्चों के एक अस्पताल का निर्माण हो गया है, जहाँ केवल बच्चों का उपचार होता है। यह अस्पताल भी देश में अपने ढंग का अनोखा अस्पताल है।

भरद्वाज आश्रम

आनन्द-भवन के ठीक सामने सामान्य सतह से काफी ऊँचे पर स्थित भरद्वाज आश्रम तीर्थयात्रियों के लिए एक महत्त्वपूर्ण दर्शनीय स्थल है। कहते हैं, कभी गंगा-यमुना का संगम इस आश्रम के नीचे ही था। जब श्री राम वनवास के लिए अयोध्या से निकले थे, उस समय वे सीता और लक्ष्मण के साथ प्रयाग भी आये थे। वाल्मीकि रामायण के 54वें सर्ग के अनुसार जब राम, लक्ष्मण और सीता नदी के मार्ग से प्रयाग के निकट पहुँचे थे, तब राम ने लक्ष्मण से कहा था—"देखो सौमित्र, यही प्रयाग है। उधर देखो, मुनियों द्वारा किये गये यज्ञ का सुगन्धित धुआँ उठ रहा है। हम अब निश्चित रूप से गंगा और यमुना के संगम पर आ गये हैं क्योंकि अब दोनों नदियों के मिलने की कल-कल ध्वनि सुनायी पड़ने लगी है।" और फिर नाव किनारे लगवाकर वे नाव से उतरकर आश्रम में जाकर भरद्वाज मुनि से मिले थे। इसी प्रकार जब भरत श्रीराम को खोजते हुए निकले थे, तो वे भी अपनी सेना सहित भरद्वाज

आश्रम आकर मुनिवर भरद्वाज से मिले थे। ऐसे पवित्र स्थल को भला कौन न देखना चाहेगा।

कर्नलगंज मोहल्ले के एक छोर पर स्थित भरद्वाज आश्रम के नाम पर अब यहाँ शिव जी का एक विशाल मन्दिर मात्र है। वैसे तो बारहों महीने यहाँ पूजा होती है, और यात्री आते रहते हैं, पर हर साल अक्षय नवमी के दिन यहाँ एक बड़ा मेला लगता है। पुराने ऋषि आश्रम का तो अब यहाँ नामोनिशान भी नहीं है किन्तु इस विशाल मन्दिर के आस-पास छोटे-छोटे मन्दिर हैं। इनमें से एक में भरद्वाज मुनि की विशाल मूर्ति स्थापित है। बड़ी भव्य मूर्ति है यह, ऐसी कि देखकर स्वयं ही आदमी नत-मस्तक हो जाय। बगल में ही एक छोटा-सा पार्क है, जिसे भरद्वाज पार्क और जवाहर पार्क भी कहते हैं।

यह मन्दिर और यह पार्क जिस तरह ऊँचाई पर स्थित है, उसे देखकर ऐसा विश्वास होता है, कि रामायण-युग में यहाँ अवश्य ही गंगा और यमुना की पावन धाराएँ प्रवाहित होती रही होंगी। मन्दिर का बिड़ला ट्रस्ट ने जीर्णोद्धार करवाकर इसे भव्य रूप देने का प्रयास किया है। मन्दिर में लगे शिलापट्ट के अनुसार ऋषि भरद्वाज ने पुष्पक विमान का भी निर्माण किया था।

इलाहाबाद विश्वविद्यालय

संसद् द्वारा पारित विधेयक द्वारा इलाहाबाद विश्वविद्यालय को अब केन्द्रीय विश्वविद्यालय बना दिया गया है। 'ऑक्सफोर्ड ऑफ द ईस्ट' यह पहले से ही कहलाता था अब इसे विश्वस्तरीय विश्वविद्यालय के रूप में विकसित करने का मार्ग प्रशस्त हो गया। अब न धन की कमी है न संसाधनों की। विश्वविद्यालय से सम्बन्धित यहाँ के 11 महाविद्यालयों को भी केन्द्रीय विश्वविद्यालय से सम्बद्ध कर दिया गया है।

भरद्वाज आश्रम के बहुत पास ही यूनिवर्सिटी है। दूर से ही यूनिवर्सिटी की घड़ी दिखने लगती है जो सीनेट हॉल के ऊपर 100 फीट ऊँची मीनार पर लगी हुई है। इसी के नीचे है इस विश्वविद्यालय का प्रसिद्ध सीनेट हॉल। सन् 1912 में इसका निर्माण 5,85,500 रुपये की लागत से हुआ था। और इसका नक्शा जयपुर के प्रसिद्ध इंजीनियर स्वीण्टन जैकब ने बनाया था। सीनेट हॉल 130 फीट लम्बा और 60 फीट चौड़ा है। इसके आगे कानून विभाग की इमारत है, जिसका निर्माण 2,75,000 रुपये की लागत से हुआ था। और इसके आगे जो भवन है, उसमें

विश्वविद्यालय का पुस्तकालय है। इससे भी आगे सरोजिनी नायडू छात्रावास है, जिनमें छात्राएँ रहती हैं।

सीनेट हॉल में ही एक छोटा हॉल रजिस्ट्रार कार्यालय के रूप में प्रयुक्त हो रहा है। सामने विश्वविद्यालय के पुस्तकालय की पुरानी इमारत है, जिसके निर्माण में 2,44,700 रुपये लगे थे।

इस विश्वप्रसिद्ध विश्वविद्यालय की स्थापना 1887 ई. के नवम्बर की 16 तारीख को हुई थी। इस विश्वविद्यालय की स्थापना सर अल्फ्रेड लायल की प्रेरणा से हुई थी, जो उस समय इस प्रान्त के गवर्नर थे। वे ही इस विश्वविद्यालय के प्रथम कुलपति थे। पहले यह विश्वविद्यालय केवल परीक्षा लेता था, और इसका विस्तार मध्य भारत और राजपूताना तक था। सन् 1922 से यह विश्वविद्यालय शिक्षण विश्वविद्यालय हो गया, यानी यहाँ पढ़ाई होने लगी। उसके बाद ही यहाँ पर छात्रावासों का निर्माण हुआ। इस समय यहाँ जो प्रमुख छात्रावास हैं उनके नाम हैं—सरोजिनी नायडू हॉस्टल, कायस्थ पाठशाला हॉस्टल, डायमण्ड जुबिली हॉस्टल, सर पी. सी. बनर्जी हॉस्टल, गंगानाथ झा हॉस्टल, अमरनाथ झा हॉस्टल, मुसलिम हॉस्टल, मदन मोहन मालवीय हॉस्टल, इन्दिरा छात्रावास, सर सुन्दरलाल हॉस्टल तथा जैन हॉस्टल।

कानून विभाग की इमारत में ही अंग्रेजी विभाग भी स्थित है। बायीं ओर मुड़कर चलने पर वह इमारत है जिसमें अर्थशास्त्र, वाणिज्य तथा दर्शनशास्त्र के विभाग हैं। बगलवाले भवन में इतिहास और राजनीति विभाग हैं। और सामने विश्वविद्यालय का पोस्ट ऑफिस है। बगल में हिन्दी और संस्कृत विभाग हैं। इसके पास ही एक भवन में विश्वविद्यालय के रजिस्ट्रार कार्यालय का एक अंश है।

दाहिने तरफ कानून विभाग की इमारत के पीछे जो लॉन है उसमें एक चबूतरा भी बना हुआ है। यहीं हर वर्ष विश्वविद्यालय का दीक्षान्त समारोह हुआ करता था। सीनेट हॉल के सामने है बरगद का वह विशाल वृक्ष, जो विश्वविद्यालय के प्रतीक-चिह्न में भी अंकित रहता है।

विश्वविद्यालय के यूनिवर्सिटी रोड की तरफवाले फाटक की ओर जाते समय दाहिनी तरफ जो छोटी इमारत है वह संगीत विभाग है। पीछे दूर पर हैं पुरवासी छात्र संघ की इमारत। और फाटक के बगल में है छात्र संघ का भवन, जिसके सामने अमर शहीद लाल पद्मधर की संगमरमर की मूर्ति स्थापित है। इस बहादुर देशभक्त छात्र

ने सन् 1942 के स्वतन्त्रता-संग्राम में हिस्सा लिया था, और अंग्रेजी सरकार के सिपाहियों की गोलियों ने इसकी छाती को छलनी कर दिया था।

म्योर सेण्ट्रल कॉलेज

यहाँ से सात-आठ मिनट का रास्ता तय करने के बाद विज्ञान विभाग है। विश्वविद्यालय के विज्ञान विभाग के परिसर में अनेक भवनों के बीच जो विशाल भवन है वहीं पहले म्योर सेण्ट्रल कॉलेज था। सन् 1872 में इस प्रान्त के लेफ्टिनेण्ट गवर्नर सर विलियम म्योर की प्रेरणा से इस कॉलेज की स्थापना हुई थी। उस समय म्योर सेण्ट्रल कॉलेज दरभंगा कैसेल में था। बाद में 1873 ई. में इस विशाल भवन की आधारशिला वाइसराय लॉर्ड ब्रुक के हाथों रखवायी गयी। सन् 1885 में यह भवन आठ लाख की लागत से बनकर तैयार हुआ, और सन् 1886 में अप्रैल के महीने में लॉर्ड डफरिन ने इसका उद्घाटन किया। अनेक गुम्बदों और 200 फीट ऊँची मीनार से सज्जित यह भवन बहुत सुन्दर है। नीचे जो हॉल है उसे विजयनगरम् हॉल कहते हैं। पहले इस कॉलेज का सम्बन्ध कलकत्ता विश्वविद्यालय से था। बाद में सन् 1922 में इलाहाबाद विश्वविद्यालय का पुनर्गठन होने पर यह उसके अन्तर्गत आ गया।

चारों तरफ जो भवन हैं उनमें विज्ञान के विषयों के विभाग हैं। सामने हैं विश्वविद्यालय के तीन स्टेडियम, एक छायादार और दो खुले हुए।

पुराना एल्फ्रेड पार्क और अब चन्द्रशेखर आजाद पार्क

एल्फ्रेड पार्क में प्रवेश करने के पहले हिन्दी के महान् पत्रकार और लेखक आचार्य महावीरप्रसाद द्विवेदी की मूर्ति के दर्शन होते हैं, जो इण्डियन प्रेस के सामने स्थापित है, जहाँ से सरस्वती पत्रिका निकलती थी और जिसके द्विवेदी जी सम्पादक थे।

इसी तरफ पार्क का एक फाटक है जिसके सामने महान् क्रान्तिकारी चन्द्रशेखर आजाद के स्मारक के रूप में उनकी एक मूर्ति स्थापित है। इस मूर्ति के सामने खड़े होने पर सन् 1931 की 27 फरवरी की वह भयंकर घटना याद हो आती है जब इसी स्थान पर क्रान्तिकारी आजाद एक देशद्रोही की काली करतूत के फलस्वरूप ब्रिटिश सिपाहियों से घिर गये थे। आजाद ब्रिटिश सिपाहियों से अकेले ही लड़े थे। इधर

से आजाद की अकेली रिवाल्वर ब्रिटिश सिपाहियों के छक्के छुड़ा रही थी, और उधर से कितनी ही बन्दूकें आग उगलकर भी आजाद का बाल तक बाँका नहीं कर पा रही थीं। आजाद नीम के एक वृक्ष के पीछे से नाट बावर के नेतृत्व में आये ब्रिटिश सिपाहियों से तब तक लड़ते रहे, जब तक उनके रिवाल्वर की गोलियाँ समाप्त नहीं हो गयीं। जब उनके पास एक गोली ही रह गयी, तब आजाद ने उस गोली से अपनी ही इहलीला समाप्त कर ली, क्योंकि उन्होंने प्रण कर रखा था, कि जीते जी अंग्रेजी सरकार के हाथों में नहीं पड़ेंगे।

बाद में अंग्रेज सरकार ने उस नीम के पेड़ को कटवा दिया, जिसकी आड़ में खड़े होकर आजाद ने उसके सिपाहियों से वह गौरवपूर्ण लड़ाई लड़ी थी, क्योंकि देशभक्त उस वृक्ष की पूजा करने लगे थे। उसी स्थान पर प्रतिष्ठित आजाद की यह मूर्ति आज भी हमें उनके महान् साहस और देशभक्ति की याद दिला रही है। आजाद की वह ऐतिहासिक पिस्तौल आज भी इलाहाबाद संग्रहालय में दर्शकों के लिए सुरक्षित रखी है।

पब्लिक लाइब्रेरी

और आगे बढ़ने पर है पब्लिक लाइब्रेरी—इस नगर की सबसे बड़ी लाइब्रेरी और देश की सर्वश्रेष्ठ लाइब्रेरियों में से एक। 26 सितम्बर, 1863 को इस लाइब्रेरी की एक छोटे स्तर पर स्थापना हुई थी। फिर सन् 1878 में यह इस नये भवन में स्थापित हुई, और तब से यह निरन्तर ज्ञान-प्राप्ति करने के इच्छुक व्यक्तियों की सेवा करती रही है। अन्दर जो बड़ा हॉल है वह कभी काउन्सिल हॉल का भी काम देता था। यहाँ चारों ओर पुस्तकों से लदी हुई आलमारियाँ लगी हुई हैं। बीच में मेजें और उनके दोनों तरफ कुर्सियाँ पड़ी हुई हैं, जिन पर बैठकर शिक्षार्थी पुस्तक पढ़ते हैं, अखबार और पत्रिकाओं के पन्ने उलटते हैं। ज्ञान का भण्डार है यहाँ।

कला और संस्कृति का प्रतिनिधि-संग्रहालय

इलाहाबाद संग्रहालय की स्थापना पण्डित ब्रजमोहन व्यास ने पण्डित जवाहर लाल नेहरू के सक्रिय सहयोग से सन् 1931 में म्युनिसिपल भवन के प्रथम तल पर की थी। स्वतन्त्रता के बाद नेहरू जी के ही सहयोग से इसका नया भवन एल्फ्रेड पार्क के उत्तरी-पश्चिमी कोने पर निर्मित करवाया गया। संग्रहालय की वीथिकाओं में ऐतिहासिक सिक्के, अस्त्र-शस्त्र, बहुमूल्य कलाकृतियाँ, प्राचीन मूर्तियाँ, चन्द्रशेखर

आजाद की ऐतिहासिक पिस्तौल, जवाहरलाल नेहरू द्वारा भेंट की गयी उनकी बहुमूल्य वस्तुएँ, उनकी पुस्तकों की पाण्डुलिपियाँ, गाँधी जी के अस्थि कलश को संगम तट तक पहुँचानेवाला वाहन, संस्कृत की प्राचीन पाण्डुलिपियाँ, महादेवी, निराला, पन्त, प्रेमचन्द तथा अन्य अनेक लेखकों की पाण्डुलिपियाँ एवं पत्र आदि संकलित हैं जिन्हें देखकर दर्शक अभिभूत हो जाते हैं।

अब संग्रहालय को भारत सरकार द्वारा राष्ट्रीय महत्त्व का संग्रहालय घोषित कर दिया गया है और यह भारत सरकार के सांस्कृतिक कार्य मन्त्रालय द्वारा संचालित हो रहा है। व्यवस्था के लिए इलाहाबाद संग्रहालय सोसाइटी का गठन किया गया है। भारत सरकार द्वारा पोषित होने के कारण अब संग्रहालय में धन का कोई अभाव नहीं है और यह निरन्तर विकास की ओर अग्रसर है।

यह संग्रहालय पहले म्युनिसिपल कार्पोरेशन के भवन में ही था, किन्तु अब यह अपने नये भवन में है। इस संग्रहालय में नेहरू जी बहुत दिलचस्पी लेते थे। वे अकसर प्रयाग आने पर समय निकालकर दो-चार मिनट के लिए यहाँ आते थे। उन्होंने भेंट में मिली अपनी बहुत-सी वस्तुएँ इस संग्रहालय को भेंट भी कर दी थीं, जो इसके नेहरू-कक्ष में संगृहीत हैं। यहाँ वे मूर्तियाँ भी हैं जो कौशाम्बी की खुदाई में प्राप्त हुई हैं। प्रयाग से लगभग 38 मील दूर दक्षिण-पश्चिम की ओर कौशाम्बी स्थित है। यहीं से सम्राट् अशोक का स्तम्भ हटाकर किले में ले जाया गया था। कभी कौशाम्बी एक फलता-फूलता समृद्ध नगर था, किन्तु आज वहाँ उस नगर के अवशेष मात्र रह गये हैं।

हॉल में जो चित्र हैं वे मुगल, राजस्थानी तथा अन्य चित्रकला शैलियों का प्रतिनिधित्व करते हैं। चित्रों का सुन्दर संग्रह है यहाँ। ऊपर संग्रहालय का नेहरू-कक्ष है। इस कक्ष में मीरगंज स्थित उस मकान का मॉडल भी रखा हुआ है, जिसमें नेहरू जी का जन्म हुआ था। यहाँ रखी सारी वस्तुएँ नेहरू जी से सम्बन्धित हैं जिनमें से अधिकांश स्वयं उन्होंने ही भेंट की थीं।

प्राचीन मूर्तियों, चित्रों, सिक्कों और शिलालेखों आदि से सज्जित है यह संग्रहालय।

बैण्ड सर्किल

पार्क के अन्दर जाने पर मिलता है बैण्ड सर्किल, जिसे विख्यात ठेकेदार बाबू नीलकमल मित्तर ने बनवाया था। पहले इसमें हर रविवार को सायंकाल सैनिक बैण्ड बजाया करते थे।

एक तरफ जो संगमरमर का ऊँचा चबूतरा दिखता है, उस पर पहले महारानी विक्टोरिया की मूर्ति स्थापित थी। यह मूर्ति सन् 1905 में स्थापित की गयी थी, और 24 मार्च, 1906 को प्रान्त के गवर्नर सर जेम्स लाटूस के हाथों इसका औपचारिक अनावरण हुआ था। यह मूर्ति इटली के एक प्रसिद्ध मूर्तिकार से डेढ़ लाख की लागत से बनवायी गयी थी। सन् 1947 में स्वतन्त्रता-प्राप्ति के बाद लोगों ने उसे यहाँ से हटाने के लिए आन्दोलन करना शुरू कर दिया। कुछ शरारती लोगों ने तो मूर्ति की नाक भी तोड़ दी और उसे नुकसान पहुँचाने का प्रयत्न किया। अन्त में सरकार ने उसे यहाँ से हटवा दिया। यह चबूतरा भी तब से सूना पड़ा हुआ है। सरकार को चाहिए कि इस पर भी किसी राष्ट्रीय नेता की मूर्ति स्थापित करवा दे। इधर-उधर खड़े अशोक के वृक्षों, चारों ओर फैली हरी लॉन और इधर-उधर फूलों से लदी क्यारियों के बीच इस चबूतरे पर कोई सुन्दर मूर्ति लग जाने पर यह स्थान यात्रियों के लिए पुनः एक आकर्षण बन जायेगा।

पार्क में पब्लिक लाइब्रेरी के निकट पहले जार्ज पंचम की मूर्ति भी स्थापित थी, जो हटवा दी गयी है। अब खाली चबूतरा बचा है।

यहीं एक तरफ पार्क का तालाब है। यहाँ नीले जल के बीच उगे रंग-बिरंगे कमल के फूल बड़े सुन्दर दिखते हैं। बड़ा शान्त और सुखदायी है यह स्थल, जहाँ बैठकर मन प्रफुल्लित हो उठता है। और इसके पीछे है इलाहाबाद का स्टेडियम।

133 एकड़ भूमि पर स्थित इस विशाल पार्क की नींव 1870 में प्रिन्स एल्फ्रेड द्वारा रखी गयी थी, जो जार्ज पंचम के चाचा थे। उन्हीं के नाम पर इसका नाम एल्फ्रेड पार्क रखा गया था।

कहते हैं, पहले यहाँ छीतपुर और समसाबाद नामक दो छोटे-छोटे गाँव थे, जहाँ मेवाती रहा करते थे। सन् 1857 में प्रथम स्वतन्त्रता संग्राम के समय इन गाँवों के मेवातियों ने अंग्रेजों से भयंकर युद्ध किया था। इन मेवातियों ने मलाका जेल के फाटक को तोड़कर लगभग 3000 कैदियों को छुड़ा लिया था, और उनके साथ मिलकर युद्ध करके कोतवाली पर भी कब्जा कर लिया था। बाद में जब अंग्रेजों ने इन्हें परास्त कर दिया, तो इनके दोनों गाँव भी उजाड़ दिये गये।

दाहिने तरफ जो इमारत है वह संगीत समिति का भवन है, जो भारत में संगीत शिक्षा प्रदान करनेवाली प्रमुख संस्थाओं में से एक है।

श्री हरि चैरिटेबुल आई हास्पिटल

संगीत समिति के साभने एलगिन रोड पर स्थित श्री हरि चैरिटेबुल आई हास्पिटल तथा रिसर्च सेण्टर गरीब नेत्र रोगियों की अनुकरणीय सेवा में संलग्न है। नगर के श्रेष्ठ तथा वरिष्ठतम नेत्र चिकित्सक डॉ. आर. एन. मिश्र के निर्देशन में संचालित इस अस्पताल में सर्दियों के मौसम में निःशुल्क ऑपरेशन के शिविर लगते रहते हैं, जिनमें दूरस्थ गाँवों से कमजोर वर्ग के नेत्र रोगियों को लाकर उनका ऑपरेशन तो किया ही जाता है, उन्हें ऑपरेशन के बाद बिस्कुट, चाय, भोजन और अति गरीब रोगियों को कम्बल तक दिये जाते हैं।

अस्पताल के संचालक डॉ. आर. एन. मिश्र कहते हैं कि उन्होंने अपनी अन्तरात्मा की आवाज सुनकर इस ट्रस्ट की स्थापना की थी, ताकि ऐसे रोगियों का उपचार हो सके, जिनके पास कोई आर्थिक साधन नहीं है। उनका कहना है कि अन्य चिकित्सकों तथा सम्पन्न लोगों को भी अपना कुछ समय समाज के कमजोर वर्ग की सेवा में अवश्य लगाना चाहिए।

यह अस्पताल अब दूर-दराज के गाँवों से गरीब नेत्र रोगियों को अपने वाहन द्वारा अस्पताल लाकर उनका उपचार करने तथा गरीबों को बहुत कम मूल्य पर चश्मा प्रदान करने की भी योजना बना रहा है। स्वयं डॉ. मिश्र चिकित्सकों की टीम के साथ दूरस्थ गाँवों में जाकर वहाँ भी रोगियों को देखेंगे तथा उनकी चिकित्सा भी करेंगे।

उल्लेखनीय है कि नगर में इस तरह की निःशुल्क चिकित्सा का अन्य कोई अस्पताल नहीं है।

खुसरूबाग

स्टेशन के दक्षिण की ओर ऊँची चहारदीवारियों से घिरा ऐतिहासिक खुसरूबाग है। बायीं ओर इलाहाबाद का वाटर वर्क्स है, जहाँ से नगर को पानी दिया जाता है। खुसरूबाग के अन्दर इधर-उधर आम और अमरूद की बागों के बीच सड़कों पर चलने में बहुत सुखद अनुभूति होती है।

बाग के बीचोंबीच चार मुगलकालीन इमारतें खड़ी हुई हैं, जिनमें से तीन मकबरे हैं। पूर्व की ओर सबसे किनारे जो एक खण्ड का मकबरा है, उसमें शहजादे खुसरू की कब्र है। कहते हैं, अपने पिता जहाँगीर के विरुद्ध विद्रोह कर

देने के कारण खुसरू का बुरहानपुर में कत्ल कर दिया गया था और उसकी लाश वहाँ लाकर दफनायी गयी थी। अपने जीवन-काल में यहाँ तैनात मुगल फौजों के सेनाध्यक्ष के रूप में खुसरू वर्षों यहाँ रहा था। उसे यह स्थान इतना अच्छा लगा था कि उसने अपने जीवन-काल में ही नहीं, मृत्यु के बाद भी यहीं रहने का इरादा किया। इसीलिए उसने अपने जीवन-काल में स्वयं ही अपने लिये इस मकबरे का निर्माण करवाया था। उसकी इस इच्छा का सम्मान करके ही उसे यहाँ दफनाया गया, ऐसा कहा जाता है। कुछ लोग यह भी कहते हैं कि यह कब्र नकली है, यहाँ वास्तव में उसे दफनाया नहीं गया था। इस मकबरे के भीतर दीवारों पर बारह फारसी शेर लिखे हुए हैं।

इसके बगल में जो दूसरी इमारत है, वह खुसरू की बहन सुल्तानुन्निसा बेगम का मकबरा है। उसने भी अपने जीवन-काल में ही स्वयं इस मकबरे का निर्माण करवाया था, क्योंकि वह चाहती थी कि अपने भाई जान के बगल में ही मरने के बाद दफनायी जाय। इसका निर्माण कहते हैं 1625 में आरम्भ हुआ, और सन् 1662 में यह बनकर तैयार हो गया। पर बाद में सुल्तानुन्निसा की इच्छा बदल गयी और यह कब्र खाली ही रह गयी। उसे सिकन्दरे में अकबर की कब्र के पास दफनाया गया। इसके ऊपरवाले द्वार पर लिखे फारसी के दो शेरों में इस भवन की प्रशंसा की गयी है। इसकी दीवारों को बड़ी सफाई से रँगा गया है। पर ये रंग बहुत-कुछ उड़ गये हैं। इसकी दीवारों पर भी अनेक शेर लिखे हुए हैं, जिनमें से अधिकांश अब मिट चुके हैं। इनमें से कुछ शेर अभी भी साफ-साफ पढ़े जा सकते हैं। इनमें से एक का अर्थ है–"मृत्युलोक से विदा होने का समय आ गया। सारे साथी जा चुके, मगर हम तो अभी यात्रा के आरम्भ में ही हैं।" एक अन्य शेर का अर्थ है– "यात्रा बड़ी लम्बी है, और हम निश्चिन्त बैठे रह गये। हमारे पास राह के लिए कोई सामान नहीं, क्या उपाय करें?" एक का अर्थ है–"हम चाहे संसारभर की सम्पत्ति इकट्ठी कर लें, पर अन्त में सिवाय एक कफन के दुनिया से कुछ भी न ले जा सकेंगे।"

और यह तीसरा मकबरा खुसरू की माँ शाहबेगम का है। कहते हैं सन् 1603 में अफीम खाकर उन्होंने आत्महत्या कर ली थी। तीन खण्डों के इस मकबरे के सबसे ऊपर गुम्बददार छतरी के नीचे कब्र का एक प्रतिरूप संगमरमर का बना हुआ है। असली कब्र नीचे है। ऊपर की इस नकली कब्र पर फारसी के शेर लिखे हुए हैं। और कुछ दूर पर स्थित चौथी इमारत को तम्बोली बेगम का महल कहते हैं। यह

तम्बोली बेगम वास्तव में कौन थी इस सम्बन्ध में इतिहास मौन है। इस गोलाकार भवन में कोई कब्र नहीं है।

खुसरूबाग का खुल्दाबाद की ओरवाला 60 फीट ऊँचा भव्य फाटक ही खुसरूबाग का असली प्रवेश-द्वार है। यह फाटक किले में स्थित महलवाले फाटक-जैसा ही है। इस फाटक के बाहर जो सराय थी, उसमें बनी छोटी-छोटी कोठरियों के खँडहर आज भी मौजूद हैं। इसमें ही मुगल फौजें रहा करती थीं। 17 बीघे के क्षेत्र में स्थित इस सराय का निर्माण किस समय हुआ यह पता नहीं चलता।

खुसरूबाग का ऐतिहासिक महत्त्व तो है ही, साथ ही यह घूमने और पिकनिक करने के लिए भी एक उपयुक्त स्थान है। ब्रिटिश शासनकाल में तो तीनों मकबरों के सामनेवाले लॉन पर क्रिकेट मैच भी हुआ करते थे और क्रिसमस के समय तो इस बाग का अनोखा ही रंग रहा करता था। उस समय कोई भारतीय इस बाग में प्रवेश नहीं कर सकता था।

जंक्शन स्टेशन

इलाहाबाद का जंक्शन स्टेशन इस नगर को देश के लगभग सभी केन्द्रों से रेलमार्ग द्वारा जोड़ता है और इसे मॉडल स्टेशन बनाने की योजना है।

पहले यह स्टेशन बेहद पुराने किस्म का था। लालबहादुर शास्त्री जब रेलमन्त्री बने, तो उन्होंने स्टेशन के नये भव्य भवन का निर्माण करवाया। भवन का उद्घाटन प्रधानमन्त्री पण्डित जवाहरलाल नेहरू ने किया था।

उद्घाटन के समय लाउडस्पीकर फेल हो जाने पर नेहरूजी बेहद नाराज हुए थे और जनता के बीच हँसी के फौव्वारे फूट पड़े थे।

स्टेशन पर इस समय दस प्लेटफार्म हैं, फिर भी प्लेटफार्म की कमी महसूस की जाती है।

स्टेशन का मुख्य स्वरूप चौक की तरफ है, किन्तु सिविल लाइन्स की तरफ भी इसकी भव्यता बढ़ती जा रही है।

पत्थर गिरजा : वास्तविक नाम—आल सेण्ट्स कैथेड्रल

सिविल लाइन्स में महात्मा गाँधी मार्ग के पश्चिमी छोर पर निर्मित पत्थर गिरजा ब्रिटिश वास्तुकला का अद्भुत नमूना है। चारों ओर से चौड़ी सड़कें, बीच में वृक्षों,

फूल-पत्तियों से भरा हरा-भरा प्रांगण। हर तरफ से सुन्दर लगता यह गिरजाघर ईसाई बन्धुओं ही नहीं, आम लोगों के लिए भी आकर्षण का केन्द्र है।

क्रिसमस के दिनों इस गिरजाघर की शोभा देखते ही बनती है। अन्दर ईसा मसीह के जीवन से सम्बन्धित सुन्दर झाँकियाँ, बिजली की लतरों से सजा पूरा गिरजाघर, दर्शकों की लम्बी कतारें, लाउडस्पीकरों से निरन्तर कार्यक्रमों की घोषणा तथा कुछ ही देर में सैकड़ों पौण्ड का केक काटकर उसे जन-जन के बीच वितरित करने की सार्वजनिक चर्चा। यही नहीं, कठपुतली शो तथा हास्य नाटकों के मंचन का भी कार्यक्रम।

गिरजाघर से पूरे महात्मा गाँधी मार्ग पर सुभाष बोस चौराहे तक बिजली की लतरों की भव्य सजावट को देखने के लिए शहर भर के लोग उमड़ पड़ते हैं—कोई भेदभाव नहीं, कोई धार्मिक विरोध की बात नहीं, पूरा सद्भाव, बड़े दिन का उत्साह—यह है इस गिरजाघर और उसके समारोह की विशिष्टता। पूरे नगर का गौरव है यह पत्थर गिरजा।

इस भव्य गिरजाघर की डिजाइन विलियम इमरसन ने तैयार की थी, जिन्होंने कोलकाता के विक्टोरिया मेमोरियल का भी नक्शा बनाया था। 13वीं शताब्दी की गोथिक वास्तुकला का यह अत्यन्त सुन्दर नमूना है। गिरजाघर की आन्तरिक साज-सज्जा उसके बाह्य स्वरूप से भी अधिक सुन्दर तथा भव्य है।

उच्च न्यायालय

मैकफर्सन झील जाते समय कैण्टोनमेण्ट क्षेत्र के पहले उच्च न्यायालय का जो विशाल भवन है वही उत्तर प्रदेश का उच्च न्यायालय है—न्याय का मन्दिर। उच्च न्यायालय के इस नये भवन का निर्माण सन् 1916 में हुआ था। सन् 1801 में प्रयाग पूरी तरह अंग्रेजों के हाथ में आया था, और फिर 1836 में इसे प्रान्त की राजधानी बनाया गया था। तभी यहाँ के हाईकोर्ट की स्थापना हुई थी। सन् 1843 में हाईकोर्ट को यहाँ से हटाकर आगरा ले जाया गया था, और सन् 1868 में पुनः इसे इलाहाबाद वापस लाया गया। उच्च न्यायालय की स्थापना ने वास्तव में प्रयाग के गौरव को बढ़ाया है। बहुत बड़े लॉन और फूलों की क्यारियों के उस पार बनी यह इमारत बड़ी भव्य भी है।

मैकफर्सन झील, अब नेहरू पार्क

कैण्टोनमेण्ट एरिया में स्थित मैकफर्सन झील बड़ी बुरी हालत में हो गयी थी। चारों ओर बेतरतीबी-से उगे झाड़-झंखाड़, इधर-उधर ऊँचे-नीचे खड्ड और हर तरफ गन्दगी। अंग्रेजों के शासनकाल में यही झील चाँदनी रातों में दूल्हन-जैसी सजी-धजी रहती थी। दिन में लोग यहाँ मछली मारने आते, और चाँदनी रातों में नाव पर सैर करते। मछली मारने तो अभी भी कुछ लोग आ जाते हैं, पर रात में शायद ही अब इधर कोई आने की हिम्मत करे। यह सुन्दर झील बुरी तरह उपेक्षित हो गयी थी। इलाहाबाद की इस एकमात्र झील का अब विकास किया जा रहा है। यह अपने ढंग की एक अनोखी झील बनने की ओर अग्रसर है। बगल में ही मैकफर्सन पार्क है। इसकी भी वैसी ही दुर्दशा रही थी। किन्तु अब प्रदेश सरकार नेहरू शताब्दी वर्ष से यहाँ विशाल नेहरू पार्क विकसित कर रही है, जिससे इस क्षेत्र का महत्त्व निश्चित ही बढ़ गया है।

मेयो हॉल

ब्वायज हाईस्कूल और पब्लिक सर्विस कमीशन के निकट मेयो रोड पर स्थित मेयो हॉल इलाहाबाद की सबसे अच्छी इमारतों में से एक है। अर्ल ऑफ मेयो भारत के गवर्नर-जनरल थे। सन् 1872 में अण्डमान द्वीप में एक सरहदी कैदी ने उनकी हत्या कर दी थी। उन्हीं के स्मारक के रूप में इस भवन का निर्माण करवाया गया था। इसकी नींव वाइसराय लॉर्ड लिटन ने रखी थी, और सन् 1879 में 1 लाख 85 हजार की लागत से यह भवन बनकर तैयार हुआ। लाल ईंटों के इस भवन की मीनार 180 फीट ऊँची है। भवन के सामने लॉर्ड मेयो की गर्दन तक की मूर्ति स्थापित है और एक नकली कब्र बनी हुई है। इस भवन में एक सुन्दर हॉल भी है जिसगें अकसर उत्सव आयोजित होते रहते हैं। अब यहाँ स्पोर्ट्स काम्प्लेक्स है, जहाँ नित्य सैकड़ों लड़के-लड़कियाँ खेल का प्रशिक्षण लेते और अभ्यास करते हैं।

मिण्टो पार्क

सन् 1858 में 1 नवम्बर को उस समय के वाइसराय लॉर्ड कैनिंग ने महारानी विक्टोरिया का घोषणा-पत्र पढ़कर जहाँ सुनाया था वहाँ अब मिण्टो पार्क है। साढ़े

तेरह एकड़ भूमि पर स्थित इस बाग की आधारशिला 9 नवम्बर, 1910 को उस समय के गवर्नर-जनरल मिण्टो ने रखी थी, इसीलिए इसका नाम मिण्टो पार्क रखा गया। महारानी विक्टोरिया के घोषणा-पत्र को चूँकि इसी स्थान पर पढ़कर सुनाया गया था, इसलिए उसके स्मृति-चिह्न का भी यहाँ निर्माण करवाया गया। यहाँ स्थापित सफेद पत्थर के स्तम्भ पर वह घोषणा-पत्र और उसके समर्थन में कहे गये वाक्य अंकित हैं। अब इस पार्क का नाम बदलकर महामना मदनमोहन मालवीय पार्क कर दिया गया है। बाग विशाल क्षेत्र में फैला हुआ है। किन्तु इसकी दशा अच्छी नहीं है। इसका सुधार किया जाना अत्यन्त आवश्यक प्रतीत होता है।

सामने यमुना की धारा प्रवाहित होती रहती है और इधर-उधर नावें आ-जा रही होती हैं, जिससे इस पार्क की सुन्दरता और भी बढ़ जाती है।

सामने यमुना तट पर ईंट की खँडहर-जैसी जो इमारत है, वहाँ कभी इस नगर का बन्दरगाह था। पहले जब ट्रेनें नहीं थीं, उस समय सारा माल नदी के रास्ते ही आता-जाता था। उस समय यहीं नावें आकर लगती थीं, और रस्सियों द्वारा माल खींचकर ऊपर उठाया जाता था। माल उतारने और नावों पर लादने का यह स्थान बहुत पोख्ता बना हुआ था, किन्तु अब खँडहर बनकर रह गया है।

शिवकुटी मन्दिर

नगर के उत्तरी छोर पर गंगा के तट पर स्थापित इस मन्दिर के नाम से ही पता चलता है कि यहाँ कभी एक करोड़ शिवजी की पिण्डियाँ स्थापित की गयी थीं। अभी भी यहाँ शिव दरबार में कई-कई पंक्तियों में शिवजी की पिण्डियाँ दिखती हैं। बीच में शिवजी का मन्दिर स्थापित है।

ठीक गंगा तट पर शंकर भगवान् का जो मन्दिर है वहाँ का दृश्य अनुपम है। लहराती गंगा, वर्षा ऋतु में मन्दिर की सीढ़ियों तक का प्रक्षालन करती लहरें। गंगा के दूसरे तट पर दूर तक फैली हरियाली।

वर्ष में एक बार श्रावण मास की अष्टमी के दिन यहाँ भव्य मेले का आयोजन होता है।

कभी-कभी बाढ़ के समय एक साध्वी मोटर बोट पर गंगा में निकलती थी। श्वेत-धवल वस्त्र, खुले लहराते बाल, लहरों को चीरती उसकी भव्य बोट और उस

पर खड़ी होकर मोटर बोट चलाती वह साध्वी। देखकर लगता था जैसे देवलोक से कोई देवी उतर आयी हो।

नारायणी आश्रम

शिवकुटी में गंगा के किनारे नारायणी आश्रम अपने-आप में अनूठा है। आश्रम की संचालिका तथा वहाँ निवास कर रही संन्यासिनियाँ जन-साधारण के बौद्धिक, धार्मिक तथा नैतिक विकास के लिए कार्यरत हैं।

बगल में नारायण अस्पताल की भी स्थापना की गयी है, जो मेडिकल संयन्त्रों से सुसज्जित है और योग्य डॉक्टर वहाँ नित्य मरीजों के इलाज में संलग्न हैं।

आश्रम हरियाली के बीच भव्य रूप में स्थित है और पीछे गंगा तट जाने का भी सुगम मार्ग है। बाढ़ के दिनों में गंगा की लहरें आश्रम की सीढ़ियों को निरन्तर पखारती रहती हैं।

नेपाल कोठी

शिवकुटी में ही नेपाल नरेश की कोठी कभी बड़े भव्य रूप में स्थित थी।

शिवभक्त होने के कारण राजमहल के सम्बन्धियों ने यहाँ हजारों शिव पिण्डियों की स्थापना कर रखी थी, जो आज भी विद्यमान हैं।

बहुत समय पहले नेपाल साम्राज्य से सम्बन्धित महिलाओं में गंगा के प्रति अगाध प्रेम था। बाढ़ के समय गंगा की अथाह जलधारा में इस परिवार की एक महिला की मोटर बोट कोठी के अन्दर से ही लहरों को काटती हुई निकलती। खड़ी होकर मोटर बोट का संचालन, ऊपर से नीचे तक श्वेत वस्त्र, गौर वर्ण, खुले लहराते केश ऐसा भव्य दृश्य उपस्थित कर देते थे कि जैसे कोई देवांगना लहरों पर सैर कर रही हो। देखनेवाले मोहित होकर देखते रह जाते। अब नेपाल कोठी की न तो वैसी भव्यता रही, न वैसे सुन्दर नजारे। किन्तु ध्वस्त अवस्था भी बताती है कि कभी इस कोठी की कैसी भव्यता रही होगी।

भारती-भवन पुस्तकालय

अपना शताब्दी-समारोह मना चुका यह पुस्तकालय इलाहाबाद का सबसे पुराना पुस्तकालय है, जिससे राजर्षि पुरुषोत्तमदास टण्डन, महामना मदनमोहन मालवीय निकटता से जुड़े हुए थे।

पण्डित जवाहरलाल नेहरू तथा कमला नेहरू भी इस पुस्तकालय की नियमित सदस्य थीं। बालकृष्ण भट्ट, महादेवी वर्मा, पण्डित सूर्यकान्त त्रिपाठी 'निराला', सुमित्रानन्दन पन्त, हरिवंश राय 'बच्चन', धर्मवीर भारती तथा अन्य अनेक साहित्यकार और विद्वान्, न्यायमूर्ति, राज्यपाल, सम्पादक, पत्रकार, मुख्यमन्त्री आदि इसके प्रशंसक रहे हैं।

स्वतन्त्रता-आन्दोलन में भी इस पुस्तकालय की महत्त्वपूर्ण भूमिका थी। जेल में बन्द स्वतन्त्रता-सेनानियों के लिए पुस्तकालय पुस्तकें तो उपलब्ध कराता ही था, कभी-कभी स्वतन्त्रता-सेनानी और उनके नेता इकट्ठे होकर विचार-विमर्श करने के लिए भी पुस्तकालय का इस्तेमाल करते थे।

नगर के मालवीय नगर और लोकनाथ-जैसे घने मुहल्लों में पुस्तकालय नगर के पुस्तक-प्रेमियों की निरन्तर सेवा में संलग्न रहा है। कई प्रतिष्ठित पत्र-पत्रिकाओं की सम्पूर्ण फाइलें तथा अनेक महत्त्वपूर्ण पाण्डुलिपियाँ भी इस पुस्तकालय में संकलित और सुरक्षित हैं।

हिन्दी विद्यापीठ

नैनी में एग्रीकल्चर इन्स्टीट्यूट के निकट नये यमुना पुल के दक्षिणी छोर के आगे लगभग छह सौ एकड़ विशाल परिसर में यमुना तट पर स्थित हिन्दी विद्यापीठ हिन्दी के प्रचार-प्रसार की दृष्टि से तो महत्त्वपूर्ण है ही, साथ ही स्वतन्त्रता-आन्दोलन के समय इसकी महत्त्वपूर्ण भूमिका थी।

राजर्षि पुरुषोत्तमदास टण्डन इसके अध्यक्ष थे तथा पण्डित जवाहरलाल नेहरू, डॉ. राजेन्द्रप्रसाद, लालबहादुर शास्त्री, मौलाना अबुल कलाम आजाद-जैसे शीर्षस्थ नेता इस परिसर में शिविर आयोजित किया करते थे। यहाँ देश के नेता एकत्र होकर आन्दोलन की योजनाएँ तैयार करते थे।

अत्यन्त रमणीक वातावरण में स्थित विद्यापीठ में एक विद्यालय संचालित हो रहा है। राजर्षि टण्डन की भव्य मूर्ति भी परिसर में लगी हुई है।

आज भी हिन्दी विद्यापीठ हिन्दी के प्रचार-प्रसार में संलग्न है और विकास की कई योजनाएँ भी इस संस्था में तैयार की गयी हैं, जिनमें एक महिला महाविद्यालय की स्थापना प्रमुख है।

एग्रीकल्चर इन्स्टीट्यूट

यह इलाहाबाद का सबसे बड़ा कृषि महाविद्यालय है, जिसे भारत सरकार के शिक्षा मन्त्रालय ने डीम्ड यूनिवर्सिटी का सम्मान प्रदान कर दिया है।

विस्तृत परिसर में स्थित यह डीम्ड यूनिवर्सिटी अब विकास की बड़ी योजनाओं का क्रियान्वयन विश्वविद्यालय अनुदान आयोग की सहायता से करने में संलग्न है।

कृषि के अतिरिक्त कम्प्यूटर तथा सूचना प्रौद्योगिकी के कोर्स भी इस डीम्ड यूनिवर्सिटी में चलाये जा रहे हैं।

यह आधुनिक शिक्षण-प्रशिक्षण का महत्त्वपूर्ण केन्द्र बन गया है।

ट्रिपल आई-टी.

इण्डियन इन्स्टीट्यूट ऑफ इनफार्मेशन टेक्नोलॉजी ने 1999 में अपने गठन के बाद मात्र दस-ग्यारह वर्षों में देश ही नहीं विदेशों में भी अच्छी ख्याति प्राप्त कर ली है।

पूरे विश्व में सूचना प्रौद्योगिकी के निरन्तर बढ़ते कदम और उसके आकाश छूते विकास में भारत की अहम् भूमिका को देखते हुए इलाहाबाद के ट्रिपल आई-टी. का महत्त्व अति विशिष्ट है और इस संस्थान ने उसके अनुरूप विकास किया है तथा निरन्तर प्रगति की ओर अग्रसर है।

भारत सरकार ने सन् 2000 में ही इस संस्थान को 'डीम्ड टू बी यूनिवर्सिटी' का सम्मान प्रदान कर दिया था।

प्रारम्भ में इलाहाबाद विश्वविद्यालय के विज्ञान परिसर में स्थापित ट्रिपल आई-टी. ने अब झलवा में अपना अत्यधिक प्रभावशाली परिसर विकसित कर लिया है तथा अपना ही नहीं अपने पूरे क्षेत्र झलवा को भी विकास की नयी दिशा दी है।

इसमें सन्देह नहीं कि प्रीतमनगर के दूसरी तरफ जी. टी. रोड पर दक्षिण की ओर ट्रिपल आई-टी. का झलवा क्षेत्र भविष्य में एक अत्यधिक विकसित और आधुनिक क्षेत्र बन जायेगा।

ट्रिपल आई-टी. को स्वयं डिग्रियाँ प्रदान करने का अधिकार मिला हुआ है और वह निरन्तर सूचना प्रौद्योगिकी में प्रशिक्षण तथा कुशलता प्राप्त छात्रों को तैयार कर रही है। ऐसे कुशल छात्र जो सूचना क्रान्ति में अपना समुचित योगदान दे सकें। सच्चाई यह है कि पूरे विश्व में सूचना प्रौद्योगिकी द्वारा उत्पन्न क्रान्ति की लहर तेजी

से हर क्षेत्र में बहुआयामी विकास का मार्ग प्रशस्त करती जा रही है, जिसमें भारत एक महत्त्वपूर्ण सहभागी बन चुका है।

ट्रिपल आई-टी. ने देश ही नहीं विदेशों के भी प्रतिष्ठित सूचना प्रौद्योगिकी संस्थानों से निकट सम्बन्ध स्थापित कर लिये हैं जो सम्मानपूर्ण सहयोग को नयी दिशा देने में सहायक सिद्ध हो रहे हैं।

पुरुषोत्तमदास टण्डन मुक्त विश्वविद्यालय

अपनी स्थापना के चन्द वर्षों में ही इस मुक्त विश्वविद्यालय ने उच्च शिक्षा के प्रचार-प्रसार में उल्लेखनीय योगदान देकर आश्चर्यजनक प्रतिष्ठा प्राप्त कर ली है।

गंगा नदी के उस पार फाफामऊ में गोहरी रोड पर यह मुक्त विश्वविद्यालय अत्यधिक प्रभावशाली परिसर विकसित करके उच्च शिक्षा के क्षेत्र में अपने उद्देश्यों की पूर्ति के लिए अपने क्रियाकलाप को अपेक्षित विस्तार दे रहा है।

अनेक डिग्रियों के पाठ्यक्रमों के लिए विश्वविद्यालय अपने सम्बद्ध केन्द्रों में शिक्षण-प्रशिक्षण चला रहा है और अनुशासित रूप में परीक्षाओं का संचालन भी कर रहा है।

दिल्ली में स्थापित इन्दिरा गाँधी नेशनल ओपेन यूनिवर्सिटी (इग्नू IGNOU) की तर्ज पर पुरुषोत्तमदास टण्डन मुक्त विश्वविद्यालय अपने पूरे क्षेत्र में उच्च शिक्षा के विस्तार के लिए सतत प्रयत्नशील है और उसका भविष्य अत्यधिक उज्ज्वल है। भविष्य में इसके पाठ्यक्रमों का और विस्तार होना और उच्च शिक्षा के क्षेत्र में इसकी भूमिका में और अभिवृद्धि होना निःसन्देह सुनिश्चित है।

होम्योपैथिक मेडिकल कॉलेज

फाफामऊ में ही गोहरी रोड की नुक्कड़ पर स्थापित होम्योपैथिक मेडिकल कॉलेज इस महत्त्वपूर्ण चिकित्सा-पद्धति को समुचित विस्तार देने में महत्त्वपूर्ण भूमिका का निर्वाह कर रहा है।

पिछले अनेक दशकों में होम्योपैथिक चिकित्सा को जनसाधारण के बीच पर्याप्त लोकप्रियता प्राप्त हुई है और इसके लिए प्रशिक्षित डॉक्टरों की अधिकाधिक संख्या में आवश्यकता महसूस की जा रही है। होम्योपैथिक चिकित्सा-पद्धति न केवल अपेक्षाकृत सस्ती और सुलभ है, बल्कि यह असाध्य रोगों में भी कारगर साबित हो रही है। यही कारण है कि मीठी गोलीवाली चिकित्सा कहकर इसकी उपेक्षा करनेवाले

लोग भी अब होम्योपैथिक को असरदार और कारगर चिकित्सा-पद्धति मानने लगे हैं। होम्योपैथिक डॉक्टरों के दवाखानों और इन दवाइयों की दूकानों पर निरन्तर बढ़ती भीड़ इस सच्चाई का प्रत्यक्ष प्रमाण है।

इन परिस्थितियों में होम्योपैथिक मेडिकल कॉलेज का महत्त्व और उसकी विकासशील भूमिका स्वयंसद्धि है।

महत्त्वपूर्ण ऐतिहासिक स्थल—कड़ा

इलाहाबाद से 36 मील दूर पश्चिम-उत्तर की ओर गंगा के दाहिने तट पर स्थित कड़ा का मुगल काल में इलाहाबाद से भी अधिक महत्त्व था। प्राचीन समय में इसे भारत के नौ पवित्र स्थानों में गिना जाता था और तभी से यहाँ कालेश्वर महादेव का मन्दिर स्थित है। इस मन्दिर के कारण ही इसे काल नगर के नाम से पुकारा जाता था। कुछ लोग इसका प्राचीन नाम कार्कोटक नगर बताते हैं और इस सम्बन्ध में वे एक कथा भी सुनाते हैं। एक बार शंकर जी की पत्नी सती के पिता दक्ष ने यज्ञ किया और उसमें वैर के कारण शंकर जी को निमन्त्रित नहीं किया। शंकर जी ने सती को भी इस अवसर पर पिता के घर जाने से मना किया किन्तु सती के आग्रह करने पर उन्होंने उन्हें दक्ष के यहाँ जाने की अनुमति दे दी। सती अपने पिता दक्ष के यहाँ पहुँचीं। राजभवन में यज्ञ की तैयारियाँ हो चुकी थीं, चारों ओर उत्सव-समारोह का वातावरण था। पर सती का वहाँ स्वागत नहीं किया गया। उनके पिता दक्ष तो उनसे बोले तक नहीं। सती ने देखा यज्ञ-भवन में समस्त देवताओं का स्थान था पर शंकर जी के लिए कहीं कोई स्थान न था। सती ने इस अनुचित व्यवहार पर विरोध किया तो शंकर जी के लिए अपमानजनक बातें कही गयीं। सती अपने पति के सम्बन्ध में अपमानजनक बातें सुन नहीं सकीं और उन्हें पति की इच्छा के विरुद्ध यज्ञ में आने के लिए भी क्षोभ होने लगा। फलस्वरूप क्रोधित सती यज्ञवेदी में कूद पड़ीं और अपने को भस्म कर डाला। चारों ओर ब्रह्माण्ड भर में हाहाकार मच गया। सती का शव उड़ता हुआ जाकर कैलास पर्वत पर शंकर जी के सामने गिरा जिससे उनकी समाधि भंग हो गयी। सती का शव सामने देखकर वे क्रोध से बावले हो उठे। उन्होंने अपनी जटा खोलकर एक शिला पर पटक दी जिससे वीरभद्र और रुद्र प्रकट हो उठे। शंकर जी ने दोनों को आज्ञा दी कि वे जाकर दक्ष के यज्ञ का विध्वंस कर दें और स्वयं सती का शव कन्धे पर लेकर ब्रह्माण्ड भर में पागलों की तरह चक्कर लगाने लगे। जिधर से भी वे निकलते भूचाल आ जाता, वृक्षादि काँपने लगते, पहाड़ों के पत्थर जोर-जोर से इधर-उधर लुढ़कने लगते, हाहाकार मच जाता। शंकर जी सती

के शव को लिये हुए इतने दिनों तक घूमते रहे कि उनका शव गल-गलकर गिरने लगा। जिस समय शंकर जी घूमते हुए कड़ा पहुँचे उस समय सती के शव की यही दशा हो चुकी थी। सती का एक हाथ यहाँ पर शव से अलग होकर गिर गया था। इसी कारण इस स्थान को बहुत पवित्र माना जाने लगा और कालान्तर में यह हिन्दुओं का प्रमुख तीर्थ बन गया।

सन् 1340 ई. में प्रसिद्ध मुसलमान यात्री इब्नबतूता यहाँ आया था। उसने भी अपने यात्रा वर्णन में इसे हिन्दुओं के महत्त्वपूर्ण तीर्थस्थल के रूप में वर्णित किया है। यहाँ के एक शिलालेख में इस स्थान का नाम कट भी बताया गया है।

कड़ा में जो बस्ती इस समय है उससे कुछ दूर गंगा के किनारे एक ऊँचा टीला है जिस पर यहाँ के प्राचीन किले का ध्वंसावशेष अभी भी मौजूद है। लगभग 90 फीट ऊँचे इस टीले की लम्बाई 900 फीट और चौड़ाई लगभग 550 फीट है। यहाँ जो टूटी-फूटी दीवारें ध्वंसावशेष के रूप में मौजूद हैं उनमें से कुछ ईंट की, कुछ पत्थर की हैं। इसे जयचन्द का किला कहा जाता है जो कन्नौज का अन्तिम हिन्दू नरेश था। उस समय यहाँ साम्राज्य के पूर्वीय भाग का मुख्य शासन-केन्द्र और उप-राजधानी थी। यहाँ हिन्दू नरेशों के कई पुराने सिक्के प्राप्त हुए हैं। यहाँ कुछ अभिलेख भी मिले हैं, जिनमें से एक इस स्थान के फाटक पर मिला था और परिहारवंशी राजा यशपाल के समय का था। 4 फीट 9 इंच लम्बे इस पत्थर पर केवल 9 इंच की जगह में ही अभिलेख लिखा हुआ है। यह अभिलेख कोलकाता के अजायबघर में संगृहीत है।

शहाबुद्दीन गोरी ने कन्नौज के राजा जयचन्द को परास्त करके 12वीं शताब्दी में काशी तक अपना राज्य फैला लिया था। तभी से कड़ा में मुस्लिम शासकों की सूबेदारी स्थापित हो गयी जो अंग्रेजों के शासन के पूर्व तक चलती रही।

कहते हैं दिल्ली के पहले मुसलमान बादशाह कुतुबुद्दीन ऐबक ने कड़ा का इलाका अपने गुरु कुतुबुद्दीन मदनी के सुपुर्द कर दिया था। उनकी कब्र अभी भी कड़ा में पश्चिम की ओर मौजूद है।

कड़ा ने कितनी ही लड़ाइयाँ देखीं, जाने कितने उथल-पुथल का सामना किया और अन्त में 1596 में जब अकबर ने अपने साम्राज्य को फिर से नये सिरे से सूबों में विभक्त किया तो कड़ा की सूबेदारी को खत्म करके इलाहाबाद को इस क्षेत्र के शासन का केन्द्र बना दिया और कड़ा को उसी के अन्तर्गत कर दिया।

सन्त मलूकदास और कड़ा

कड़ा में एक प्रसिद्ध गृहस्थ साधु भी हुए हैं जिनका नाम सन्त मलूकदास था। संवत् 1631 में जन्मे मलूकदास बाबा बिट्ठलदास के शिष्य थे और उन्होंने 'भक्त वत्सावली' और 'रत्नखानि'-जैसे सुन्दर ग्रन्थों की रचना की थी। इन ग्रन्थों में संगृहीत बानियाँ अभी भी साधु समाज में और धार्मिक स्थानों पर बड़ी श्रद्धापूर्वक गायी जाती हैं। मलूकदास स्वतन्त्र विचार के सन्त थे और केवल एक ब्रह्म के उपासक थे। धार्मिक आडम्बरों में उन्हें कोई दिलचस्पी नहीं थी। उनके उच्च विचारों के कारण ही औरंगजेब-जैसा कट्टर मुसलमान बादशाह भी उनका भक्त हो गया था और उन्हीं की वजह से कड़ा का जजिया (कर) माफ कर दिया था। औरंगजेब का एक कर्मचारी फतेह खाँ तो मलूकदास से इतना अधिक प्रभावित हुआ कि नौकरी छोड़कर माधव नाम रखकर जीवनभर उन्हीं की सेवा में लगा रहा। सन्त मलूकदास का 108 वर्ष की अवस्था में संवत् 1739 में स्वर्गवास हो गया। उनके वंशज अभी भी महन्त या बाबा जी कहलाते हैं।

प्राचीन काल में यहाँ एक पूरा नगर था। इसकी आबादी के सम्बन्ध में मीर उम्मीद अली खाँ ने 'जहूर-कुतुबी' में लिखा है कि कड़ा की आबादी पश्चिम में कमालपुर तक, पूर्व में शाहजादपुर तक और दक्षिण में दारानगर तक थी। 'तारीख आईन-ए-अवध' में लिखा हुआ है कि यहाँ की आबादी तीन कोस के क्षेत्र में स्थित थी। इब्नबतूता के यात्रा-वर्णन के अनुसार, कड़ा बहुत आबाद और हरा-भरा प्रदेश था।

कड़ा का प्राचीन वैभव नष्ट हो चुका है। यहाँ एक मामूली कस्बा मात्र रह गया है और वहाँ अब अधिकांशतः डीह और कब्रें हैं। असलियत तो यह है कि यहाँ आबादी से अधिक तो कब्रें हैं जो गंगा के किनारे दूर तक फैली हुई हैं।

कड़ा के पूर्व की ओर एक गाँव है सिपाह, जहाँ इस सूबेदारी की फौज रहा करती थी। दो मील पूर्व की ओर शाहजादपुर है जिसके बारे में कहा जाता है कि इसका नाम शाहजादा शाहजहाँ के नाम पर रखा गया था। यहाँ पर कुछ मस्जिदें हैं, जो सन् 1666 और सन् 1726 में बनवायी गयी थीं। कड़ा से एक मील दक्षिण की ओर दारानगर है जिसका असली नाम चमरूपुर था। कहते हैं यहाँ के सरदार अफजलुल्ला ने इसका नाम बदलकर दाराशिकोह के नाम पर दारानगर रख दिया था और इसके बदले में यह गाँव दाराशिकोह ने उसे दे डाला था। ग्रैण्ड ट्रंक रोड पर कड़े से 9 मील

दक्षिण की ओर सन् 1384 में बनी हुई एक मसजिद है जिसे फीरोज तुगलक ने बनवाया था।

कड़ा सिराथू रेलवे स्टेशन से पाँच मील की दूरी पर है और स्टेशन से कड़ा तक पक्की सड़क है। दारानगर कड़ा के रास्ते में पड़ता है और शाहजादपुर तक भी पक्की सड़क गयी है। बसों द्वारा भी इलाहाबाद से इन स्थानों को जाया जा सकता है।

प्राचीन वैभव का प्रतीक कौशाम्बी

कौशाम्बी का दूसरा नाम कोसम है। कुछ समय पहले तक इलाहाबाद विश्वविद्यालय के डिपार्टमेण्ट ऑफ आर्कलाजी की खोजों और खुदाइयों के पूर्व तो विद्वानों में इस सम्बन्ध में भी मतभेद था कि प्राचीन कौशाम्बी नगर का वास्तविक स्थल कहाँ है। सबसे पहले जनरल कनिंघम ने ही यह दावा पेश किया था कि कोसम गाँव के स्थान पर ही कभी कौशाम्बी नगर था। खोजों और खुदाइयों के फलस्वरूप जो मूर्तियाँ, शिलालेख और अन्य वस्तुएँ यहाँ प्राप्त हुई हैं उनसे अब यह पूरी तरह प्रमाणित हो चुका है कि इसी कोसम गाँव में कभी गौरवशाली नगर कौशाम्बी स्थित था।

इलाहाबाद से 38 मील दक्षिण-पश्चिम की ओर यमुना नदी के किनारे पर स्थित कौशाम्बी को कथा सरित्सागर में महापुरी कहा गया है और पाणिनि के सूत्र तथा मत्स्य और हरिवंश पुराणों में भी कौशाम्बी की चर्चा की गयी है।

इसके नामकरण के सम्बन्ध में कहा जाता है कि इसे पुरूरवा के वंशज चन्द्रवंशी नरेश कुशाम्ब ने बसाया था इसीलिए इसका नाम कौशाम्बी पड़ गया। कहते हैं अर्जुन के वंशज नेमचक्र नामक नरेश के शासनकाल से इस नगर का महत्त्व बढ़ गया। हस्तिनापुर को जब गंगा की लहरें बहा ले गयीं तब नेमचक्र ने कौशाम्बी को ही अपनी राजधानी बनाया था।

कुछ विद्वान् ऐसा मानते हैं कि कौशाम्बी का नाम वत्स या वत्सपटन था। कहते हैं जब भगवान् राम 14 वर्ष के वनवास के लिए अयोध्या से निकले थे और गंगा पार करके प्रयाग की ओर बढ़े थे तो यहाँ भी आये थे। यह भी माना जाता है कि पाण्डवों ने अपने 13 वर्ष के अज्ञातवास का समय यहीं व्यतीत किया था।

बौद्धकाल में यह विशाल नगर बन गया था और खुदाई से इसके पर्याप्त प्रमाण भी प्राप्त हो चुके हैं। गौतम बुद्ध साधु बनने के छह साल बाद यहाँ आये थे और नवें साल बाद फिर यहाँ पधारे थे। बौद्धों की प्राचीन पुस्तक 'महावंश' और

'ललितविस्तर' में और श्रीलंका की कुछ अन्य बौद्ध पुस्तकों में कौशाम्बी को भारत के 19 महानगरों में से एक बताया गया है।

बाणभट्ट की 'रत्नावली' नाटिका, कालिदास के 'मेघदूत' और भास के 'स्वप्नवासवदत्ता' में जिस राजा उदयन की चर्चा की गयी है उसने भगवान् बुद्ध की एक प्रतिमा कौशाम्बी में स्थापित की थी। सम्राट् अशोक ने कौशाम्बी को अपनी उप-राजधानी बनाया था। मगध नरेशों के बाद कन्नौज राज्य के अन्तर्गत कौशाम्बी आ गया और उन लोगों ने भी इसे पूरा महत्त्व दिया।

खुदाई में यहाँ बौद्धकालीन इमारतों के खुदे हुए नक्शदार पत्थर, जैन मूर्ति तथा भवन निर्माणकला के नमूने, चाँदी और ताँबे के सिक्के, कुछ मुस्लिमकालीन और कुछ हिन्दू नरेशों की पीतल की मोहरें, शिव और पार्वती की संयुक्त मूर्तियाँ आदि प्राप्त हुई हैं जो इस नगर के प्राचीन गौरव की याद दिलाती हैं। यहाँ प्राप्त अधिकांश वस्तुएँ इलाहाबाद संग्रहालय में संगृहीत हैं।

इलाहाबाद आनेवालों के लिए कौशाम्बी बहुत अधिक आकर्षण का स्थान है क्योंकि इसी ने वास्तव में इलाहाबाद के ऐतिहासिक महत्त्व को बढ़ाया है। इलाहाबाद से बस द्वारा कौशाम्बी जाया जा सकता है। रोज इलाहाबाद स्टेशन से कौशाम्बी के लिए बसें जाती रहती हैं।

खैरागढ़ का किला

मेजारोड रेलवे स्टेशन से दक्षिण-पश्चिम की ओर टोंस नदी के किनारे एक किला है जो 48 बीघे के क्षेत्र में स्थित है। इस बात का कोई ऐतिहासिक प्रमाण नहीं प्राप्त है कि इस किले को किसने बनवाया था। वैसे कहा यही जाता है कि यह भरों (नरेशों) का किला है जो इस परगने के पुराने राजा थे।

टोंस नदी इस किले के काफी बड़े भाग को काट ले गयी है और अब यहाँ किले के ध्वंसावशेष मात्र ही रह गये हैं। कहते हैं भरों (नरेशों) को माँडा के नरेशों ने पराजित करके इस परगने पर अपना अधिकार कर लिया था और किले पर भी उनका कब्जा हो गया था।

इस किले के निकट ही खारा गाँव है और इसीलिए मुस्लिम शासनकाल में इस पूरे इलाके को खारागढ़ कहा जाने लगा जो बदलकर खैरागढ़ हो गया।

यहाँ कुछ चाँदी के सिक्के भी मिले हैं जिन पर जौनपुर के नवाब इब्राहीम शाह मुलतानी का नाम फारसी लिपि में खुदा हुआ है।

मेजा रोड स्टेशन से इस स्थान तक एक सड़क गयी है। वहाँ इलाहाबाद से सीधे भी मोटर जा सकती है। इलाहाबाद से लगभग 36 मील दूर स्थित यह स्थान भी इलाहाबाद आनेवालों के लिए आकर्षण का केन्द्र है।

गींज की पहाड़ी

लगभग 800 फीट ऊँची यह पहाड़ी इलाहाबाद से 28 मील दूर बारा से चार मील दक्षिण की ओर है। इस पहाड़ी पर एक 200 फीट ऊँची शिला सीधी खड़ी हुई है। जंगलों से घिरी इस पहाड़ी की कुछ ऊँचाई पर लगभग 200 वर्ग फीट का एक प्राकृतिक जलाशय है जो पिकनिक के लिए एक उपयुक्त स्थल है। इस पहाड़ी पर एक लम्बी-चौड़ी गुफा है जिसमें आगे चलकर एक दालान है। यहाँ एक अभिलेख खुदा हुआ है जिससे मालूम होता है कि इसे महाराज भीमसेन ने खुदवाया था। भीमसेन कौन थे, कहाँ के राजा थे और कब उन्होंने यहाँ अभिलेख खुदवाया यह पता नहीं है। वैसे इस अभिलेख को देखकर अन्दाज यही लगता है कि इस गुफा को भीमसेन ने ही बनवाया था।

इलाहाबाद से सीधे सड़क द्वारा इस स्थान तक पहुँचा जा सकता है। रेल द्वारा जाने पर जसरा स्टेशन से उतरकर चार मील चलने पर यहाँ पहुँचा जा सकता है।

जलालपुर

पहले नेहरू जी और उसके बाद उनकी ही बहन श्रीमती विजयलक्ष्मी पण्डित के निर्वाचन क्षेत्र फूलपुर के रेलवे स्टेशन से 4-5 मील दूर एक गाँव जलालपुर है जिसकी बस्ती से कुछ दूर बड़े-बड़े टीले हैं, ईंटों के असंख्य टुकड़े पड़े हैं, कुओं की पक्की जगत आदि पड़ी हुई है। इन टीलों के पास एक झील है, जिसमें लगभग सालभर पानी भरा रहता है। इन टीलों की आकृति कुछ ऐसी है कि डमरू की शक्ल बन गयी है। कहते हैं यहाँ पहले एक जीता-जागता नगर था और इसे राजा बेन का कोट कहा जाता था। ऐसी कथा है कि पुराने जमाने में राजा बेन का यहाँ राज्य था। वे खेतों पर एक कौड़ी प्रति बीघा ही लगान लगाये हुए थे। एक बार उनका खजाना खाली हो गया तब उनकी महारानी ने कहा कि लगान दो कौड़ी प्रति बीघा कर दी जाय तो खजाने में धन आ जाय। राजा ने यह बात मान भी ली। दूसरे दिन एक बिल्ली कोट से निकली और उसने भविष्यवाणी की कि राजा की नीयत खराब हो गयी। इसलिए उसका अब विनाश हो जायेगा और यही हुआ भी। कुछ ही दिन बाद

यह नगरी नष्ट-भ्रष्ट हो गयी। इलाहाबाद से झूँसी और हनुमानगंज होते हुए सड़क द्वारा यहाँ जाया जा सकता है। ट्रेन से पूर्वोत्तर रेलवे द्वारा जाकर हनुमानगंज के रामनाथपुर स्टेशन पर उतरकर भी यहाँ पहुँचा जा सकता है। बड़ी लाइन अर्थात् उत्तर रेलवे से जाने पर फूलपुर स्टेशन पर उतरकर भी यहाँ पहुँचा जा सकता है।

पभोसा की पहाड़ी और गुफाएँ

यमुना के उत्तरी तट पर इलाहाबाद से 32 मील दक्षिण-पश्चिम की ओर मंझनपुर तहसील में एक पुरानी पहाड़ी है जिसे पभोसा की पहाड़ी कहते हैं। इस पहाड़ी के दो भाग हैं जिसका दक्षिणवाला भाग अधिक ऊँचा है। इस पहाड़ी पर 110 सीढ़ियाँ चढ़कर एक जैन मन्दिर मिलता है जो 1824 ई. का बना हुआ है। इस मन्दिर के उत्तर में एक 47 फीट ऊँची पहाड़ी एकदम सीधी खड़ी हुई है जिस पर चढ़ने का कोई रास्ता नहीं दिखता। इसी पहाड़ी पर एक गुफा है जिसके बारे में कहा जाता है कि इसमें कभी एक नाग रहता था जिसका मुँह यमुना में और पूँछ इस गुफा में थी। कहते हैं महात्मा बुद्ध ने यहाँ आकर तपस्या की थी। उन्होंने ही इस नाग को अपने वशीभूत कर लिया था।

यहाँ चीनी यात्री सुंगय्रान और ह्वेनसांग भी आये थे और उन्होंने यह लिखा है कि यहाँ दो बौद्ध स्तूप भी थे। अब यहाँ स्तूपों का नाम-निशान भी नहीं है।

उपर्युक्त गुफा में कुछ खण्डित अभिलेख हैं जो गुप्तकाल के बताये जाते हैं। अभिलेखों में से एक का अर्थ है कि अहिच्छत्र के राजा सोणकायन के पुत्र बंगपाल, उनके भी पुत्र त्रिदनी, उनके पुत्र भागवत, उनके पुत्र बैहीदरी और उनके पुत्र आसाढ़सेन ने यह गुफा बनवायी थी। चैत्र के महीने में यहाँ एक मेला भी लगता है।

इलाहाबाद नगर से 43 मील दूर स्थित इस पहाड़ी तक भरवारी होकर पहुँचा जा सकता है।

भट्टग्राम

इलाहाबाद से 25 मील दक्षिण-पश्चिम की ओर बारा क्षेत्र में गढ़वा का किला है जिसके आस-पास के क्षेत्र को गुप्तकाल में भट्टग्राम कहा जाता था। किले के दो तरफ भट्टगढ़ और बरगढ़ गाँव हैं, जिनके बीच पत्थरों के टुकड़े पड़े हुए हैं। इन असंख्य टुकड़ों को देखकर लगता है कि यहाँ कभी

एक सुन्दर नगर रहा होगा। गढ़वा के किले के अब ध्वंसावशेष रह गये हैं और पहाड़ियों के बीच यहाँ अब एक झील रह गयी है। झील का जल किले की दीवार को छूता है। किले के चार कोनों पर चार बुर्ज बने हुए हैं।

कहते हैं बघेल राजा विक्रमादित्य ने इसे सन् 1750 में बनवाया था। किले के बीच में जो भवन है वहाँ अब विष्णु के दस अवतारों की मूर्तियाँ रखी हुई हैं। ये मूर्तियाँ खुदाई में मिली हैं। एक और मन्दिर दक्षिणी कोने पर है जिसमें कोई मूर्ति नहीं है। यहाँ एक स्तम्भ पर एक मूर्ति खुदी है जिसके नीचे राजा बारा के दीवान रणपाल श्रीवास्तव का नाम खुदा हुआ है। इससे ऐसा लगता है कि उन्होंने यहाँ अपनी ही मूर्ति स्थापित कर दी थी।

यह स्थान एक समय जंगलों से घिरा हुआ था। बाद में राजा शिवप्रसाद सितारेहिन्द ने 1872 ई. में और बाद में जनरल कनिंघम ने इसका पता लगाया और यहाँ उन्होंने गुप्तकाल के बहुत-से अभिलेख प्राप्त किये। ये अभिलेख कोलकाता और लखनऊ के संग्रहालयों में संगृहीत हैं।

यहाँ रेल द्वारा जाने पर शंकरगढ़ स्टेशन पर उतरकर जाना होता है और इलाहाबाद से मोटर द्वारा यहाँ बारा और शंकरगढ़ होकर भी जाया जा सकता है।

महाभारतकालीन लाक्षागृह

इलाहाबाद से 22 मील दूर गंगा के किनारे स्थित यह टीला महाभारत काल का बताया जाता है। कहते हैं, दुर्योधन ने पाण्डवों को पूरी तरह नष्ट कर देने के लिए यहीं पर पुरोचन से लाख का भवन बनवाया था ताकि पाण्डव जब यहाँ आकर ठहरें तो भवन में आग लगा दी जाय और वे भस्म हो जायें। युधिष्ठिर, भीम, अर्जुन, नकुल और सहदेव अपनी माता कुन्ती के साथ आकर इस लाक्षागृह में ठहरे भी पर दुर्योधन की योजना सफल न हो सकी। पाण्डव बच गये और स्वयं पुरोचन जलकर मर गया।

यहाँ पर कुछ मुद्राएँ भी प्राप्त हुई हैं जिनमें से कुछ यवनकाल की भी हैं। इससे लगता है कि यहाँ कभी एक फलती-फूलती नगरी रही होगी।

अब यहाँ एक छोटा-सा गाँव ही रह गया है जिसे लच्छागिरि कहते हैं। यहाँ सोमवती अमावस्या के दिन बहुत बड़ा मेला लगता है।

इलाहाबाद से मोटर द्वारा यहाँ झूँसी और हँडिया होते हुए जाया जा सकता है। और ट्रेन द्वारा जाने पर हँडिया स्टेशन पर उतरकर जाना पड़ता है।

भीटा और सुजानदेव का मन्दिर

इरादतगंज स्टेशन से डेढ़ मील दूर और इलाहाबाद से 12 मील दक्षिण-पश्चिम की ओर यमुना के दाहिने तट पर जो तीन बड़े टीले हैं उन्हीं के पास भीटा गाँव है। सन् 1857 के स्वतन्त्रता-संग्राम के बाद जब उस तरफ रेलवे लाइन बिछायी जा रही थी उस समय इस स्थान का पता चला और यहाँ खुदाई करने पर बड़े-बड़े भवनों आदि के अवशेष प्राप्त हुए जिससे पता चला कि प्राचीन काल में यहाँ एक गौरवशाली नगर था। यहाँ कुछ अभिलेख और अन्य चीजें भी प्राप्त हुई हैं जिनसे पता चलता है कि यह नगर सुजानदेव के मन्दिर तक फैला हुआ था जो अब यमुना की धारा के बीच स्थित है। पहले यह नगर से मिला हुआ था। बाद में यमुना की धारा ने इसे काटकर नगर से अलग कर दिया।

कहते हैं, औरंगजेब के शासनकाल में इस मन्दिर को ध्वस्त करके एक मुस्लिम भवन यहाँ बनवा दिया गया था पर बाद में हिन्दुओं ने यहाँ फिर एक मूर्ति स्थापित कर दी। अब प्रतिवर्ष यमद्वितीया के दिन यहाँ मेला लगता है और लोग यहाँ नावों द्वारा जाते हैं। इसके पास एक पुराने गढ़ का अवशेष भी प्राप्त होता है। इन अवशेषों में मौर्य, कुषाण, गुप्त तथा शुंग काल के चिह्न मिलते हैं। यहाँ खुदाई में एक बाजार तक के अवशेष प्राप्त हुए हैं।

सिंगरौर

सोराँव तहसील में नवाबगंज में स्थित इस स्थान का भी प्राचीन महत्त्व है। इलाहाबाद शहर से 20 मील की दूरी पर स्थित इस स्थान पर राम वन जाते समय आये थे और यहीं अपने पीछे पागलों की तरह दौड़ते आये अयोध्यावासियों को विदा दी थी। जहाँ राम नदी पार उतरे थे उस स्थान को रामचौरा कहते हैं। अकबर के समय यह इस परगने का केन्द्र बन गया था। यहाँ गंगा के किनारे एक किला भी था जिसके ध्वंसावशेष यहाँ मिलते हैं। यहाँ पुराने सिक्के भी मिले हैं। यहाँ निकट ही भरभण्डीकुण्ड और सीताकुण्ड भी हैं। कहते हैं यहाँ एक शृंगी ऋषि हो गये हैं और उन्हीं के नाम पर इसका शृंगवेरपुर नाम पड़ा जो बाद में सिंगरौर हो गया। यहाँ आनन्दी माँ का भी मन्दिर है।

यहाँ अब सिंचाई योजना चल रही है और इसका काफी विकास हो गया है। इलाहाबाद शहर से मोटर द्वारा यहाँ जाया जा सकता है।

श्री वैष्णव आश्रम

नगर के प्राचीन मुहल्ले दारागंज के रेलवे पुल के ठीक पहले बायीं तरफ स्थित श्री वैष्णव आश्रम की स्थापना वैष्णव सन्त स्वामी गोविन्दाचार्य जी ने संवत् 1970 में की थी। इस आश्रम के निर्माण के लिए भूमि की व्यवस्था पण्डित मोतीलाल नेहरू के मीर मुन्शी श्री नन्दकिशोर ने करायी थी, जो स्वामी गोविन्दाचार्य जी से दीक्षा लेकर अपनी पत्नी सहित स्वयं भी वैष्णव हो गये थे।

स्वामी गोविन्दाचार्य जी ने अपने अथक प्रयास से आश्रम तथा मन्दिर का निर्माण तो कराया ही उसका समुचित शैक्षिक विकास भी किया।

सन् 1934 में आश्रम के अन्तर्गत श्रीरामदेशिक संस्कृत महाविद्यालय की भी स्थापना की गयी जो अब सम्पूर्णानन्द विश्वविद्यालय से सम्बद्ध है। महाविद्यालय में संस्कृत भाषा के अतिरिक्त ज्योतिष, कर्मकाण्ड तथा वैदिक शिक्षा प्रदान की जा रही है। यह महाविद्यालय निरन्तर विदेशी पर्यटकों को भी प्रभावित और प्रेरित करता रहा है।

जर्मनी के मैक्समिलन विद्यालय से आये डॉ. स्टिवन ने 13 सितम्बर, 1963 को लिखा था कि "इस आश्रम के रहन-सहन से हम बहुत आश्चर्यचकित हुए। इस महाविद्यालय के शैक्षिक स्तर ने हमें बहुत प्रभावित किया। हम लोगों को पवित्र महन्त स्वामी गोविन्दाचार्य ने भी बहुत प्रभावित किया जो ईश्वर की सेवा में लगे हैं तथा विश्व के सभी मनुष्यों के बीच बन्धुत्व के लिए सतत प्रयासरत हैं।"

जापान से आये प्रो. हारा ने लिखा है कि "इस आश्रम के छात्रों द्वारा वैदिक मन्त्रों तथा संस्कृत काव्यों के गान से मैं मन्त्रमुग्ध हो गया। वर्तमान समय में भी प्राचीन पद्धति से दी जा रही संस्कृत शिक्षा को देखकर मुझे अत्यधिक प्रसन्नता हुई।"

रूस की टी. के. पोसोवा ने लिखा था कि "इस विद्यालय में मन्त्रों की ध्वनि को सुनकर तथा पवित्र संस्कृत भाषा के वातावरण से अत्यन्त आनन्दित हुई।"

इन कथनों से वैष्णव आश्रम के इस महाविद्यालय द्वारा प्राचीन संस्कृति तथा संस्कृत भाषा के विकास-विस्तार का प्रयास स्वयंसिद्ध है।

आश्रम तथा महाविद्यालय भवन के बीच निर्मित सुन्दर ऋतुस्तम्भ भी दर्शनीय हैं। इस तरह के 108 ऋतुस्तम्भ पूरे देश तथा नेपाल के विशिष्ट स्थलों पर निर्मित किये गये थे।

शाश्वत सत्पथ संस्थान

अपने देश की अति प्राचीन ज्योतिष विद्या आधुनिक युग में यद्यपि अत्यधिक लोकप्रिय हो चुकी है, किन्तु साथ ही इस विज्ञान के सम्बन्ध में भ्रम की स्थिति भी उत्पन्न हो रही है। प्रत्येक समाचार-पत्र, पत्रिका और टी. वी. के लगभग सभी चैनलों पर राशिफल का प्रसारण अनिवार्य-जैसा हो चुका है। साथ ही ज्योतिष सम्बन्धी अन्य जानकारियाँ भी निरन्तर प्रसारित हो रही हैं। किन्तु बेहद दुःख की बात है कि प्रचारित-प्रसारित राशिफल एक-दो प्रतिशत से अधिक सही नहीं होते, जिससे पढ़ने-सुननेवाला भ्रमित ही होता है। किन्तु नित्य घटित होनेवाली घटनाओं की पहले से ही जानकारी प्राप्त करने तथा भविष्य जानने की जिज्ञासा इतनी प्रबल होती है कि लोग राशिफल पढ़ने और सुनने के लिए उतावले रहते हैं।

इस भ्रम की स्थिति से इस प्राचीन विद्या के सम्बन्ध में भी विपरीत धारणाएँ फैलना स्वाभाविक ही है।

इस विपरीत स्थिति को देखते हुए ही प्रयाग के हँडिया क्षेत्र में संचालित शाश्वत सपथ संस्थान ने ज्योतिष सम्बन्धी भ्रम को दूर करने का बीड़ा उठाया है। यह संस्थान बालकों को ज्योतिष का वैज्ञानिक ज्ञान देने के लिए ज्योतिष की निःशुल्क कक्षाएँ चला रहा है, जिसका उद्देश्य ही है कि शिक्षार्थी ज्योतिष का ऐसा ज्ञानोपार्जन करके निकलें कि समाज में ज्योतिष से सम्बन्धित भ्रमों का निवारण कर सकें और जिज्ञासुओं को अपने ज्ञान से लाभान्वित कर सकें।

संस्थान के प्रबन्धक-संचालक ज्योतिषाचार्य पण्डित देवीशंकर पाण्डेय बताते हैं कि उनका संस्थान तन्त्र-मन्त्र तथा कर्मकाण्ड का भी प्रशिक्षण दे रहा है। संस्थान पुरोहितरत्न, ज्योतिष मार्तण्ड, ज्योतिष भास्कर की उपाधियाँ भी प्रदान कर रहा है। सम्पूर्णानन्द विश्वविद्यालय से इस संस्थान को मान्यता भी प्राप्त हो चुकी है, जो अभी अस्थायी है।

संचालक जी का कहना है कि उनके संस्थान का उद्देश्य देश की लुप्तप्राय विद्याओं का प्रसार करना है। इसके लिए विशिष्ट प्रकाण्ड पण्डितों तथा विद्वानों को भी संस्थान समय-समय पर आमन्त्रित करता है।

माघमेले में शिविर लगाकर हवन-पूजन, भण्डारा तथा गरीबों को वस्त्र तथा कम्बल आदि का वितरण भी संस्थान के नियमित क्रियाकलापों में शामिल है।

संस्थान 'ओम् शंकर पंचांग' का प्रकाशन भी अपने मूल उद्‌देश्यों की पूर्ति के लिए ही प्रतिवर्ष कर रहा है।

इसमें संस्थान के नाम के अनुरूप देश की शाश्वत विद्याओं के प्रचार-प्रसार तथा समाज को सत्पथ का दिग्दर्शन कराने का लक्ष्य पूर्णरूपेण समाहित है।

कत्थक चबूतरा

विश्वविख्यात तथा अत्यधिक लोकप्रिय कथक नृत्य शैली के अधिकांश कलाकारों को भी शायद ही पता हो कि इस शास्त्रीय नृत्य का उद्‌भव प्रयाग की ही पावन धरती पर हुआ था। इलाहाबाद की हँडिया तहसील के अपने गाँव में पण्डित हरिप्रसाद ने इस नृत्य की अद्‌भुत परिकल्पना की और अपने गाँव में ही कथक चबूतरा का निर्माण करवाया। इस चबूतरे पर कथक नृत्य की भाव-भंगिमाएँ भी चित्रित हैं।

पण्डित हरिप्रसाद इस चबूतरे पर स्वयं नृत्य करते थे तथा अपने शिष्यों-शिष्याओं को नृत्य का प्रशिक्षण दिया करते थे। उनके शिष्यों-शिष्याओं ने प्रशिक्षण प्राप्त कर कथक नृत्य का प्रचार-प्रसार किया।

पण्डित हरिप्रसाद की परिकल्पना के अनुसार कथक नृत्य किसी-न-किसी कथा पर आधारित होता है, इसी कारण इसका नाम कथक नृत्य पड़ा। इस नृत्य की अधिकांश कथाएँ नटवर-नागर श्रीकृष्ण की रास-लीलाओं पर आधारित होती हैं। अतः इस नृत्य की प्रस्तुति करनेवाले कलाकार श्रीकृष्ण तथा गोपिकाओं-जैसी वेश-भूषा में ही मंच पर उतरते हैं।

पण्डित बिरजू महाराज, सितारा देवी तथा गोपीकृष्ण-जैसे कलाकारों ने इस नृत्य शैली को देश ही नहीं, विश्व के अनेक देशों में भी लोकप्रिय बना दिया। कोई भी संगीत-समारोह हो, वह कथक नृत्य के बिना अधूरा ही रहता है।

सितारा देवी ने प्रयाग संगीत समिति के मेहता आडीटोरियम में लगातार पाँच घण्टे कथक नृत्य प्रस्तुत करके एक रिकार्ड कायम किया था। बिरजू महाराज ने भी कई बार संगीत समिति के मंच पर कथक की अद्‌भुत भाव-भंगिमाएँ प्रस्तुत कीं और गोपीकृष्ण ने भी लगातार कई घण्टे कथक नृत्य यहाँ प्रस्तुत करके दर्शकों को भाव-विभोर कर दिया था।

गोपीकृष्ण को तो लेकर शान्ताराम-जैसे फिल्म-निर्माता ने नृत्य-आधारित 'झनक-झनक पायल बाजे'-जैसी पूरी फिल्म ही बना डाली।

इस शास्त्रीय नृत्य ने समाज में नृत्य-कला को पूरी प्रतिष्ठा भी दिलायी, जिसके फलस्वरूप आज देश के प्रत्येक संगीत विद्यालय में कथक नृत्य का प्रशिक्षण प्रदान किया जा रहा है और लोग अपने बच्चों को इस नृत्य शैली का प्रशिक्षण दिलाकर गौरवान्वित महसूस करते हैं।

संस्कृति मन्त्रालय तथा संगीत-प्रेमियों को पण्डित हरिप्रसाद के कथक चबूतरे पर एक विशाल नृत्य आडीटोरियम का निर्माण करके कथक नृत्य के इस प्रणेता को अपनी श्रद्धांजलि अर्पित करनी चाहिए।

●

साहित्य-चर्चा

आचार्य रामानन्द

प्रयाग के सम्बन्ध में चर्चा करते समय यदि साहित्य की चर्चा न की जाय तो बात अधूरी ही रह जायेगी। इस नगर में गंगा-यमुना तथा विलुप्त सरस्वती के अद्‌भुत संगम के साथ ही यहाँ संस्कृति, साहित्य तथा शिक्षा की भी त्रिवेणी प्राचीन काल से ही प्रवाहित होती रही है।

संस्कृत साहित्य के सम्बन्ध में जो जानकारी उपलब्ध है उसके अनुसार, प्रयाग के प्राचीन संस्कृत विद्वान् आचार्य रामानन्द थे। इनका जन्म प्रयाग में ही हुआ था। इन्होंने संस्कृत भाषा में 'ब्रह्मसूत्र' पर 'आनन्दभारत', 'श्रीमद्‌भगवद्‌गीता भाष्य', 'वैष्णव मतान्तर भास्कर' तथा 'श्रीरामार्चन पद्धति' आदि ग्रन्थों की रचना की थी। यह उल्लेखनीय है कि इन्होंने अपने कार्यक्षेत्र के लिए काशी को चुना और अपने जीवन के अधिकांश वर्ष वहीं व्यतीत किये थे।

मलूकदास

बाबा मलूकदास का जन्म कड़ा में सन् 1631 ई. में हुआ था। इन्होंने ऐसे भजनों की रचना की जो साधुओं में ही नहीं पूरे समाज में बड़े लोकप्रिय हुए। इनके भजन सन्तबानी पुस्तकमाला में संकलित हैं जिन्हें बेलवेडियर प्रेस से प्रकाशित किया गया था। अब तो मलूकदास का समग्र साहित्य प्रकाशित है।

श्रीधर पाठक

पाठक जी ने खड़ीबोली में कई पुस्तकों की रचना की, जो प्रकाशित भी हुईं और लोकप्रिय भी हुईं। साहित्य में उनको इतना महत्त्व प्राप्त हुआ कि लखनऊ में आयोजित हिन्दी साहित्य सम्मेलन के अधिवेशन में उन्हें सभापति बनाया गया।

महामना पण्डित मदनमोहन मालवीय

मालवीय जी को काशी में आयोजित हिन्दी साहित्य सम्मेलन के पहले अधिवेशन का सभापतित्व करने का गौरव प्राप्त हुआ था। हिन्दी के प्रति उनका इतना प्रेम था कि कचहरियों में हिन्दी के प्रयोग की मान्यता दिलाने के लिए उन्होंने अथक प्रयास किया और इसमें उन्हें सफलता भी प्राप्त हुई। प्रयाग के लोकनाथ क्षेत्र में जन्मे मालवीय जी ने 'हिन्दोस्थान' पत्र का सम्पादन भी किया जिसे कालाकाँकर नरेश रामपाल सिंह के सहयोग से प्रकाशित किया गया था।

विश्वविद्यालय में बी. ए. और एम. ए. की कक्षाओं में हिन्दी साहित्य के अध्ययन-अध्यापन का श्रेय भी श्री मालवीय जी को ही प्राप्त है काशी हिन्दू विश्वविद्यालय के माध्यम से।

श्रीधर

हिन्दी के इस कवि का उपनाम मुरलीधर था। सन् 1680 तथा उसके पश्चात् उन्होंने 'राग-रागिनी', 'श्रीकृष्ण चरित्र', 'चित्रकाव्य' तथा 'जगनामा' आदि बड़े सरस काव्य लिखे। 'जगनामा' में फर्रुखसियर तथा जहाँदार के युद्ध का उन्होंने काव्यमय विवरण लिखा था।

तोषनिधि

इनका निवास नवाबगंज परगना के अन्तर्गत गंगा के तट पर शृंगवेरपुर था, जहाँ भगवान् राम, सीता और लक्ष्मण के साथ आये थे और वहीं से गंगा को पार कर भरद्वाज आश्रम आये थे। इन्होंने 'रसभेद', 'भावभेद', 'विनयशतक' तथा 'नखशिख' आदि ग्रन्थों की रचना की।

सदासुख लाल

ये निवासी तो दिल्ली के थे किन्तु बढ़ती उम्र में सन् 1811 में प्रयाग आये और यहीं बस गये। इन्होंने खड़ीबोली में 'सुखसागर' की रचना की जो 'श्रीमद्‌भागवत' का हिन्दी की बोलचाल की भाषा में सरल रूपान्तर था। इन्होंने 'निसार' उपनाम से उर्दू में शायरी भी की थी।

शाह मोहम्मद अजमल

शाह अज़मल उर्दू और फारसी के बहुत अच्छे शायर माने गये जिन्होंने इलाहाबाद को ही अपने साहित्यिक क्रिया-कलाप का केन्द्र बनाया। उन्होंने शायरी ही नहीं की बल्कि एक दायरे (आश्रम) की भी स्थापना की जो मुख्य रूप से उर्दू शायरों के लिए बनाया गया था। इस दायरे में मुशायरे तथा नशिस्त (गोष्ठियाँ) हुआ करती थीं और लखनऊ तक के शायर उसमें हिस्सा लिया करते थे इसके बावजूद कि उस समय न तो रेलगाड़ियाँ थीं न बसें। लखनऊ के आला शायर शाह अबुलम आली तो लखनऊ से यहाँ आकर बारह वर्ष तक इसी दायरे में रहे और यहीं शेरो-शायरी करते रहे।

शाह मोहम्मद अजमल के नाम से आज भी वह स्थान दायरा शाह अजमल के नाम से प्रसिद्ध है।

मिर्जा आजमअली बेग

बेग साहब लखनऊ के नासिख साहब के समकालीन ख्वाजा हैदरअली 'आतिश' लखनवी के शिष्य थे। इलाहाबाद में रहकर शायरी करते थे। इनका दीवान भी प्रकाशित हुआ था किन्तु वह अब अनुपलब्ध है।

मौलवी वहीदुद्दीन 'वहीद'

सन् 1824 में इलाहाबाद के कड़ा क्षेत्र में जन्मे इस शायर का अपने जमाने में बहुत नाम था। इन्होंने अपने शागिर्दों की एक लम्बी पंक्ति खड़ी कर दी थी। उन शायरों की फेहरिश्त में मुन्शी मोहम्मद जान खाँ 'हैरत', मुन्शी अमीनुद्दीन 'कैसर', मुन्शी मुनीर, हकीम फजलहुसैन 'फरोग', हकीम खलीलुद्दीन खाँ के नाम शामिल थे।

लाला काशीनाथ खत्री

सन् 1857 के प्रथम स्वतन्त्रता-संग्राम के बाद खत्री जी का नाम हिन्दी काव्य तथा उर्दू शायरी के लिए काफी लोकप्रिय हुआ। हालाँकि उनकी कविताएँ तथा उर्दू की नजमें मौलिक नहीं थीं, किन्तु उन्हें लोकप्रियता अच्छी प्राप्त हुई। उनकी रचनाएँ

कुछ तो अंग्रेजी से अनूदित थीं और कुछ दूसरे कवियों की रचनाओं से संकलित की गयी थीं। इनका रचनाकाल 1858 से 1891 तक माना जाता है।

रायबहादुर लाला सीताराम 'भूप'

भूप जी संस्कृत, फारसी, उर्दू और अंग्रेजी के विद्वान् थे। यही नहीं, वे ब्रजभाषा के अच्छे कवि थे। इनकी पुस्तकें सन् 1883 से प्रकाशित होने लगी थीं। इन्होंने संस्कृत के नाटकों तथा काव्य का हिन्दी में अनुवाद करके हिन्दीभाषी साहित्य-प्रेमियों को उन रचनाओं से परिचित ही नहीं कराया बल्कि उनको उन काव्यों से अभिभूत भी किया। इन्होंने अपने अन्तिम समय तक हिन्दी साहित्य की सेवा की।

मेजर वामनदास बसु

मेजर साहब थे तो फौज के अफसर लेकिन उनका मन-मस्तिष्क साहित्य प्रेम से उद्वेलित था। यही कारण था कि सन् 1907 में इन्होंने सेना से अवकाश लेकर अपने जीवन को साहित्य-सेवा के लिए समर्पित कर दिया। इन्होंने अंग्रेजी में धर्म, इतिहास तथा चिकित्सा विज्ञान पर अनेक पुस्तकों की रचना की और उन्हें स्वयं प्रकाशित भी करवाया। उनकी सबसे प्रसिद्ध और उपयोगी पुस्तक 'इण्डियन मेडिसनल प्लाण्ट्स' थी। इन्होंने 'द सेक्रेड बुक्स ऑफ द हिस्ट्रीज' शीर्षक से अनेक धार्मिक पुस्तकों का प्रकाशन भी किया। इन्होंने विभिन्न विषयों पर पुस्तकों की रचना करने के लिए लेखकों को हर तरह की सुविधा प्रदान करने के लिए एक 'रिसर्च इन्स्टीट्यूट' स्थापित करने की महत्त्वाकांक्षी योजना भी तैयार की थी किन्तु अचानक देहावसान हो जाने के कारण वे अपनी इस महत्त्वपूर्ण योजना को कार्यान्वित नहीं कर सके।

रायबहादुर श्रीशचन्द्र बसु

ये मेजर वामनदास बसु के बड़े भाई थे। इन्होंने अंग्रेजी में अनेक पुस्तकों की रचना की और उन पुस्तकों को प्रकाशित करके पाठकों तक पहुँचाने का महत्त्वपूर्ण कार्य भी किया। इनका सबसे वृहद् और महत्त्वपूर्ण ग्रन्थ 'अष्टाध्यायी' का भाष्य था। पुस्तकों के प्रकाशन के लिए सन् 1891 में इन्होंने पणिनि आफिस के नाम से एक

प्रकाशन संस्था की स्थापना भी की थी। इन्हीं के नाम से नगर में एस. सी. बसु रोड भी मौजूद है।

महामहोपाध्याय पण्डित गंगानाथ झा

महामहोपाध्याय पण्डित गंगानाथ झा संस्कृत और अंग्रेजी के विद्वान् थे। उन्होंने संस्कृत के महत्त्वपूर्ण ग्रन्थों का अंग्रेजी में अनुवाद किया था। उनकी विद्वत्ता के कारण ही पण्डित गंगानाथ झा इन्स्टीट्यूट की स्थापना हुई जो वर्तमान समय में चन्द्रशेखर आजाद पार्क के पूर्वी हिस्से में अपने विशाल भवन में स्थित है। पण्डित गंगानाथ झा के नाम से ही इलाहाबाद विश्वविद्यालय में गंगानाथ झा छात्रावास भी बना हुआ है।

पण्डित मोहनलाल शाण्ड्याल

शाण्ड्याल जी भी अंग्रेजी के अच्छे विद्वान् थे। इन्होंने भी संस्कृत के कई ग्रन्थों का अंग्रेजी में अनुवाद किया जो पाणिनि कार्यालय द्वारा प्रकाशित किये गये। संस्कृत, अंग्रेजी विद्वानों की शृंखला में इनका भी महत्त्वपूर्ण स्थान है।

खान बहादुर सैय्यद अकबर हुसैन

खान साहब उर्दू के ऐसे शायर थे जिन्होंने अपनी शायरी में हास्य तथा व्यंग्य का ऐसा पुट दिया कि उनकी रचनाएँ आम जनता के बीच बहुत लोकप्रिय हुईं। यही नहीं, इन्होंने अंग्रेजी के अनेक शब्दों को भी अपनी शायरी में इस तरह अपनाया कि वे अंग्रेजी शब्द उर्दू के ही लगने लगे। इन्हें आम जनता का शायर कहा जाये तो अतिशयोक्ति न होगी।

सर तेजबहादुर सप्रू

सर तेजबहादुर सप्रू चोटी के वकील होने के साथ ही उर्दू साहित्य के मर्मज्ञ भी थे। पण्डित ब्रजनारायण चकबस्त के कलाम की भूमिका उन्होंने अत्यधिक विद्वत्तापूर्ण लिखी थी जिससे स्पष्ट होता है कि उन्हें उर्दू साहित्य का बहुत अच्छा ज्ञान था। जब हिन्दुस्तानी एकेडमी की स्थापना हुई तो सप्रू साहब को ही उसका पहला अध्यक्ष

बनाया गया। उनकी अध्यक्षता में ही एकेडमी ने अनेक पुस्तकों का प्रकाशन किया तथा एक पुस्तकालय भी स्थापित किया। हिन्दुस्तानी एकेडमी वर्तमान समय में चन्द्रशेखर आजाद पार्क में प्रयाग संगीत समिति के बगल में स्थित है और निरन्तर साहित्य की सेवा कर रही है।

पण्डित इन्द्रनारायण द्विवेदी

द्विवेदी जी ज्योतिष तथा गणित के बहुत अच्छे विद्वान् थे। इन्होंने बड़ौदा की राजकीय वैदिक परीक्षा उत्तीर्ण की थी जहाँ से उन्हें त्रिवेदी की उपाधि प्राप्त हुई थी। इन्होंने अथर्ववेद तथा गोपथब्राह्मण का संस्कृत से हिन्दी में अनुवाद किया था तथा ज्योतिषशास्त्र पर एक वृहद् ग्रन्थ की रचना भी की थी। इन्होंने कई स्थानीय पत्रों का सम्पादन भी किया था। द्विवेदी जी सराय अकिल के निवासी थे और उन्होंने उत्साह में इस कस्बे के नाम का भी हिन्दी में अनुवाद करके 'बुद्धिपुरी' रख दिया था।

राजर्षि पुरुषोत्तमदास टण्डन

टण्डन जी देश के चोटी के नेताओं में थे। उन्होंने अखिल भारतीय कांग्रेस कमेटी के अध्यक्ष पद को भी सुशोभित किया था और विधानसभा अध्यक्ष भी निर्वाचित हुए थे। राजनीति में उच्च मान्यताओं तथा मर्यादाओं का पालन करने के लिए सम्मानित टण्डन जी को राजर्षि की उपाधि से सुशोभित किया गया था और राष्ट्रभाषा हिन्दी की सेवा के लिए सदैव उनका स्मरण किया जाता रहेगा। हिन्दी साहित्य सम्मेलन की स्थापना तथा विकास के लिए उनका योगदान चिरस्मरणीय है। हिन्दी साहित्य सम्मेलन के विशाल भवन के निकट सम्मेलन मार्ग तथा जीरो रोड के चौराहे पर उनकी भव्य मूर्ति भी स्थापित है। इन्होंने 'मर्यादा' पत्रिका का सम्पादन भी किया था तथा हिन्दी साहित्य सम्मेलन के कानपुर अधिवेशन की अध्यक्षता भी की थी। टण्डन जी ने महेवा (नैनी) में यमुना तट पर हिन्दी विद्यापीठ की भी स्थापना की, जो स्वतन्त्रता से पहले स्वतन्त्रता-सेनानियों के क्रियाकलाप का भी केन्द्र था।

पण्डित कृष्णकान्त मालवीय

'अभ्युदय' के सम्पादक तो थे ही, उनकी साहित्य-साधना भी कम महत्त्वपूर्ण नहीं थी। इन्होंने अनेक बहुमूल्य साहित्यिक ग्रन्थों की रचना भी की, साथ ही उर्दू

में भी इनकी नजमें तथा गजलें काफी लोकप्रिय हुईं। 'अभ्युदय' में प्रकाशित उनके अग्रलेखों का बहुत महत्त्व था और पाठकों तथा प्रशासन पर भी उनके सम्पादकीय विचारों का अच्छा प्रभाव देखा जाता था।

गिरिजाकुमार घोष

घोष बाबू थे तो बंगाली किन्तु हिन्दी में उनकी रचनाएँ काफी लोकप्रिय हुईं। उस समय की सबसे महत्त्वपूर्ण पत्रिका 'सरस्वती' में इनकी कहानियाँ 'पार्वतीनन्दन' के नाम से प्रकाशित हुआ करती थीं। उनका यह नाम उनके वास्तविक नाम का रूपान्तर था। बाद में वे अपने असली नाम से कहानियाँ लिखने लगे थे। उनकी कहानियों का संग्रह 'गल्पलहरी' के नाम से साहित्य भवन से प्रकाशित हुआ था। किन्तु उनकी बहुत-सी रचनाएँ अप्रकाशित ही रह गयीं। उनकी एक रचना 'होमरगाथा' अपने समय में काफी लोकप्रिय हुई थी।

आचार्य महावीरप्रसाद द्विवेदी

आचार्य महावीरप्रसाद द्विवेदी अपने समय की सबसे महत्त्वपूर्ण पत्रिका 'सरस्वती' के सम्पादक ही नहीं थे बल्कि हिन्दी साहित्य में उन्होंने युग-प्रवर्तक की प्रतिष्ठा प्राप्त की थी। हिन्दी खड़ीबोली काव्य तथा गद्य को उन्होंने अपनी सम्पादन-कला से एक नयी दिशा दी और अनेक लेखकों तथा कवियों को महत्त्वपूर्ण साहित्यिक सम्मान प्राप्त कराया। इसके पूर्व केवल ब्रजभाषा काव्य को ही महत्त्व दिया जाता था किन्तु द्विवेदी जी ने खड़ीबोली में महत्त्वपूर्ण काव्य तथा गद्य रचनाओं का सम्पादन, प्रकाशन करके एक नये साहित्यिक युग का प्रवर्तन किया।

उनका जन्म यद्यपि रायबरेली में संवत् 1927 में हुआ था, किन्तु उन्होंने प्रयाग को अपने कार्यक्षेत्र के लिए चुना और यहीं के होकर रह गये। हिन्दी साहित्य में उनको इतना सम्मान मिला कि उनके ही नाम से साहित्य में द्विवेदी-युग को पहचान मिली। इण्डियन प्रेस चौराहे पर एक छोटे-से तिकोने पार्क में उनकी मूर्ति की स्थापना करके साहित्य-प्रेमियों ने द्विवेदी जी को समुचित सम्मान प्रदान किया।

मुन्शी प्रेमचन्द

बहुत कम लोग जानते होंगे कि उपन्यास सम्राट् मुन्शी प्रेमचन्द ने कई वर्षों तक इलाहाबाद के कटरा मोहल्ले में रहकर साहित्य-रचना की थी।

उल्लेखनीय है कि जिन शिवरानी देवी से मुन्शी प्रेमचन्द का विवाह

हुआ था वह बहुत छोटी उम्र में ही विधवा हो गयी थीं। वह ऐसा युग था जब विधवा-विवाह हिन्दू समाज में पूरी तरह वर्जित था। कोई विधवा-विवाह का नाम भी ले ले तो समाज उसका बहिष्कार कर देता था। किन्तु पण्डित मोतीलाल के मीर मुन्शी नन्दकिशोर जी ने उनका पुनर्विवाह करने का बीड़ा उठाया क्योंकि शिवरानी देवी उनकी साली थीं। मुन्शी जी ने एक पम्फ्लेट छपवाया और उसे समाज में अधिक- से-अधिक वितरित करवाया। आश्चर्य की बात थी कि मुन्शी प्रेमचन्द को छोड़कर और किसी ने भी एक विधवा से विवाह करने के लिए पम्फ्लेट का जवाब नहीं दिया।

मुन्शी नन्दकिशोर ने सहर्ष यह विवाह सम्पन्न करवा दिया। शायद इसी निकटता के कारण मुन्शी प्रेमचन्द कटरा निवासी मुन्शी नन्दकिशोर के निवास के पास ही काफी दिनों तक कटरा में रहकर साहित्य-सेवा करते रहे।

मुन्शी नन्दकिशोर के सुपुत्र राजेश्वरप्रसाद सिंह हिन्दी के अच्छे कहानीकारों में गिने जाते थे, इस कारण अपने मौसा मुन्शी प्रेमचन्द से उनकी निकटता और भी प्रगाढ़ होती गयी। कम लोगों को ही मालूम होगा कि 'हंस' पत्रिका का प्रकाशन मुन्शी प्रेमचन्द तथा राजेश्वरप्रसाद सिंह ने आपसी सहयोग से किया था। मुन्शी प्रेमचन्द को इस कार्य के लिए राजेश्वरप्रसाद सिंह के पिता मुन्शी नन्दकिशोर ने धन भी मुहैया कराया। मुन्शी प्रेमचन्द का आग्रह रहता था कि 'हंस' के प्रत्येक अंक में राजेश्वर अपनी कोई रचना प्रकाशन के लिए अवश्य दें। प्रेमचन्द जी अपने असली नाम धनपतराय के हस्ताक्षर से राजेश्वरप्रसाद सिंह को बराबर पत्र लिखते थे और स्नेहपूर्वक राजेश्वरी के नाम से सम्बोधित करते थे। 'कलम का सिपाही' लिखते समय अमृतराय जी उनमें से अनेक पत्र अपने मौसेरे भाई दादा राजेश्वरप्रसाद सिंह से ले गये थे।

सुमित्रानन्दन पन्त

पन्त, महादेवी तथा निराला की साहित्यधर्मिता प्रयाग की अस्मिता के साथ बड़ी गहराई से जुड़ी हुई है। प्रयाग की चर्चा इन तीनों के बिना अधूरी है।

सुमित्रानन्दन पन्त का जन्म उत्तरांचल प्रदेश में हुआ था लेकिन उन्होंने अपनी काव्य-रचना का केन्द्र गंगा तट पर स्थित कालाकाँकर तथा प्रयाग को बनाया। हिन्दी कविता के छायावादी युग के वे एक सुदृढ़ स्तम्भ थे। उनकी काव्य-रचना में प्रकृति

के प्रति अथाह लगाव और सुकुमार भावात्मकता स्पष्ट दृष्टिगोचर होती है। उन्होंने रमणीक प्राकृतिक वातावरण में रहकर 'पल्लव' और 'उच्छ्वास' की रचना की। बाद के दिनों में वे इलाहाबाद में बेली अस्पताल के निकट जजेज कॉलोनी के दक्षिणी मार्ग पर रहने लगे थे। पन्त जी के नाम से इलाहाबाद संग्रहालय के सामने हिन्दू छात्रवास के निकट सुमित्रानन्दन पन्त पार्क की स्थापना भी हुई है जिसे लोग चिल्ड्रेन्स पार्क तथा हाथी पार्क के नाम से भी जानते हैं। छुट्टी के दिनों में इस पार्क में बहुत बड़ी संख्या में बच्चों का जमावड़ा रहता है, जिसमें बच्चों के खेलने के लिए झूले आदि भी लगे हैं।

20 मई, सन् 1900 को जन्मे सुमित्रानन्दन पन्त जी का निधन 28 दिसम्बर, 1977 को हो गया और हिन्दी साहित्य से छायावादी युग का एक सशक्त स्तम्भ छिन गया।

महादेवी वर्मा

महीयसी महादेवी वर्मा छायावादी काव्य के सशक्त स्तम्भों में से एक थीं। उनके काव्य में नारी-वेदना की ऐसी अविरल धारा प्रवाहित होती थी जैसी अन्यत्र कहीं दृष्टिगोचर नहीं होती। उन्होंने अपनी रचनाओं में पशु-पक्षियों को भी ऐसा जीवन्त स्थान दिया था जो पाठकों को उनके अन्तर्मन तक छू लेता था। उनकी रचनाओं में प्रवाहित वेदना सम्भवतः उनके व्यक्तिगत जीवन से भी प्रभावित थी जो सुखद नहीं था। पति से सम्बन्ध-विच्छेद किसी-न-किसी रूप में उनके मन की पीड़ा बनकर उनकी रचनाओं में भी अप्रत्यक्ष रूप से उजागर होता था।

उनकी काव्य-रचनाओं में आन्तरिक वेदना की झलक मिलती है, तो उनकी गद्य-रचनाओं में सामाजिक विद्रूपतओं का अत्यधिक प्रभावशाली चित्रण दिखायी पड़ता है। 'रश्मि', 'नीहार', 'नीरजा', 'सान्ध्यगीत' तथा 'दीपशिखा' उनकी महत्त्वपूर्ण काव्य-रचनाएँ हैं। उनका गद्य साहित्य प्रेरक कहानियों तथा रेखाचित्रों से परिपूर्ण है। उन्हें ज्ञानपीठ पुरस्कार से भी सम्मानित किया गया।

फर्रूखाबाद के एक सम्पन्न परिवार में जन्मी महादेवी ने बी. ए. तथा संस्कृत में एम. ए. की उपाधि इलाहाबाद विश्वविद्यालय से प्राप्त की थी और यहीं प्रयाग महिला विद्यापीठ में प्रधानाचार्य नियुक्त हुई थीं। उन्होंने साहित्यकारों के लिए रसूलाबाद में गंगा तट पर साहित्यकार संसद् के भवन का निर्माण करवाया था जहाँ

आवश्यकता पड़ने पर साहित्यकार निवास करते थे तथा साहित्यिक समारोह भी आयोजित किये जाते थे। प्रयाग संगीत समिति के सामने तिराहे पर उनकी मूर्ति की स्थापना करके इस नगर ने उन्हें समुचित सम्मान प्रदान किया है।

सूर्यकान्त त्रिपाठी 'निराला'

निराला जी छायावादी युग के विद्रोही और क्रान्तिकारी कवि थे। उनकी रचनाओं में सामाजिक विद्रूपतओं के विरुद्ध तीखा प्रहार दिखता था। किसी भी प्रकार के अन्याय से समझौता उनके स्वभाव के विरुद्ध था जो उनकी रचनाओं में भी दृष्टिगोचर होता है।

उनका जन्म पश्चिम बंगाल के मेदिनीपुर में हुआ था किन्तु उन्होंने साहित्य-सेवा का अपना केन्द्र इलाहाबाद के गंगा तट पर बसे दारागंज मोहल्ले को बनाया। बचपन में ही उनके माता-पिता का असमय स्वर्गवास हो गया। बाद में पत्नी तथा पुत्री का इन्फ्लुएंजा की बीमारी से निधन हो गया। इन दुःखद घटनाओं से निराला जी का मन अन्दर तक टूट गया था किन्तु उनका मन विद्रोही और क्रान्तिकारी बन गया जिसकी झलक 'जूही की कली' से लेकर 'सान्ध्यकाकली' तक उनकी रचनाओं में दृष्टिगोचर होती है।

दुःखियों, दरिद्रों के प्रति उनके मन में ऐसी वेदना थी कि अपना सब-कुछ उन्हें दान कर देने से भी वे हिचकते नहीं थे। प्रकाशक के यहाँ से अपनी रायल्टी का पैसा लेकर निकलते तो घर पहुँचते-पहुँचते शायद ही उनकी जेब में कुछ बचा रह पाता।

निराला ने दारागंज मोहल्ले को ऐसी नयी पहचान दी कि यह मोहल्ला निराला-नगर कहलाने लगा। दारागंज तिराहे पर उनकी मूर्ति की स्थापना करके उन्हें सम्मान प्रदान किया गया जहाँ उनके जन्मदिन बसन्त पंचमी पर कोई-न-कोई समारोह अवश्य आयोजित होता है।

इलाचन्द्र जोशी

हिन्दी के उपन्यासकारों-कहानीकारों में इलाचन्द्र जोशी का महत्त्वपूर्ण स्थान है। 'जहाज का पंछी' उनका बहुचर्चित उपन्यास है।

'धर्मयुग' के अतिरिक्त इन्होंने न्यूजपेपर लिमिटेड, लीडर प्रेस से प्रकाशित 'संगम' पत्रिका का तथा साहित्यकार संसद् से प्रकाशित 'साहित्यकार' पत्रिका का

भी सम्पादन किया था। कई वर्षों तक इन्होंने महादेवी वर्मा के साहित्यकार संसद् भवन में निवास भी किया था।

राजेश्वरप्रसाद सिंह

26 फरवरी, सन् 1903 को सोराँव के हाजीगंज में जन्मे तथा बचपन से ही पुराना कटरा में रहे राजेश्वरप्रसाद सिंह हिन्दी के कुछ गिने-चुने कहानीकारों में माने जाते थे। उनकी कहानियाँ 'सरस्वती', 'माधुरी', 'विश्वमित्र', 'धर्मयुग', 'हंस', 'सारिका' तथा 'कहानी' आदि सम्मानित पत्रिकाओं में बराबर प्रकाशित होती रहती थीं। उनकी अंग्रेजी की कहानियाँ 'हिन्दू', 'माडर्न रिव्यू', 'अमृत बाजार पत्रिका', 'द लीडर' आदि पत्रों में प्रकाशित होती थीं। इनके उपन्यास तथा कहानी-संग्रह भारती भण्डार, रामनारायण लाल बुकसेलर, इण्डियन प्रेस, नीलाभ प्रकाशन, मोतीलाल बनारसीदास प्रकाशन, परिमल प्रकाशन तथा अनादि प्रकाशन आदि से प्रकाशित हुए। इनका 'आदमी और जिन्दगी' उपन्यास बहुचर्चित रहा। इनके एक उपन्यास 'जारज' की मूल कथा को रूपान्तर करके बी. आर. चोपड़ा ने 'धूल का फूल' फिल्म भी बनायी थी जिसके खिलाफ कोर्ट में केस भी चला था, जिसमें उपेन्द्रनाथ अश्क तथा वाचस्पति पाठक ने गवाही दी थी।

राजेश्वर बाबू ने अनेक वर्षों तक 'माया' पत्रिका के प्रधान सम्पादक पद पर भी कार्य किया। उसी समय ख्वाजा अहमद अब्बास की कहानी 'सरदार जी' पर एक केस भी चला था, जिसमें हिन्दी के सभी कहानीकारों ने एकजुट होकर उनका पक्ष लिया था। 15 मई, सन् 1987 को उनका निधन हो गया।

उन्होंने हिन्दी तथा उर्दू में काव्य-रचनाएँ भी की थीं। उनके हिन्दी काव्य-संकलन 'राशि राशि छवि कलोल' पर उत्तर प्रदेश हिन्दी संस्थान द्वारा पुरस्कार भी प्रदान किया गया। संस्कृत के अमर कवि 'अमरु' के 'अमरु शतकम्' का उन्होंने अंग्रेजी में अनुवाद भी किया था।

गिरिजादत्त शुक्ल 'गिरीश'

दारागंज की एक सँकरी गली के निवासी 'गिरीश' जी ने पिछली पीढ़ी के साहित्यकारों में अच्छा नाम अर्जित किया था। साहित्य की काव्य, उपन्यास, कहानी आदि लगभग सभी विधाओं में उन्होंने साहित्य-सृजन किया और साहित्य-सेवा को ही अपने जीवनयापन का साधन बनाया।

गंगा तट पर बसा दारागंज उन्हें बेहद प्रिय था, जैसे उसी से उन्हें निरन्तर साहित्य-सृजन की प्रेरणा प्राप्त होती रही हो।

खेद का विषय है कि उनका समग्र साहित्य पाठकों के लिए सहज उपलब्ध नहीं है, यद्यपि समकालीन पत्र-पत्रिकाओं में उनका ससम्मान प्रकाशन होता रहता था।

उपेन्द्रनाथ 'अश्क'

पंजाब से बम्बई और फिर बम्बई से इलाहाबाद आकर अश्क जी के जीवन में ऐसा महत्त्वपूर्ण ठहराव आया कि वे पूरी तरह लेखन-कार्य में संलग्न हो गये। उन्होंने नाटक, उपन्यास, कहानियाँ तथा कविताओं की रचना की। लूकरगंज में उनका आवास हमेशा साहित्यकारों के लिए खुला रहता था। इन्होंने अपनी प्रकाशन संस्था नीलाभ प्रकाशन की स्थापना की और उसका कार्यालय सिविल लाइन्स स्थित दरबारी बिल्डिंग्स में बनाया, जहाँ से अश्क साहित्य का अच्छा प्रचार-प्रसार हुआ। उनकी महत्त्वपूर्ण रचनाएँ हैं—'अंजोदीदी', 'तौलिये', 'गिरती दीवारें', 'शहर में घूमता आईना' आदि।

भैरवप्रसाद गुप्त

भैरवप्रसाद गुप्त बलिया में जन्मे थे लेकिन साहित्य-सेवा के लिए उन्होंने इलाहाबाद को अपना रचना-केन्द्र बनाया। कई वर्षों तक उन्होंने राजेश्वर बाबू के साथ 'माया' के सम्पादन का कार्य भी किया। उस समय 'माया' के सम्पादन विभाग में शमशेरबहादुर सिंह और कुछ समय तक नेमिचन्द्र जैन भी कार्यरत थे।

बाद में भैरवप्रसाद गुप्त ने 'कहानी' पत्रिका का सम्पादन किया और दो बड़े विशेषांक भी निकाले, जिनमें हिन्दी के सभी श्रेष्ठ कहानीकारों की रचनाएँ प्रकाशित की गयीं। अपने उपन्यासों और कहानी-संग्रहों के प्रकाशन के लिए उन्होंने धारा प्रकाशन के नाम से प्रकाशन संस्था भी स्थापित की थी। अनेक वर्षों तक वे लूकरगंज में निवास करते रहे।

सच्चिदानन्द हीरानन्द वात्स्यायन 'अज्ञेय'

अज्ञेय जी हिन्दी में प्रयोगवाद के सुदृढ़ स्तम्भ थे। उन्होंने अनेक युवा कवियों को प्रयोगवादी कविता की ओर प्रेरित किया। प्रयोगवादी कविता के महत्त्वपूर्ण संकलन 'तार सप्तक' की योजना उन्होंने इलाहाबाद में ही बनायी थी। श्रेष्ठ उपन्यासकार होने के साथ ही वे प्रयोगवादी कविता के श्रेष्ठतम कवि माने जाते हैं।

इलाहाबाद के हेस्टिंग रोड पर इन्होंने उस बँगले में अनेक वर्षों तक निवास किया जहाँ अब उत्तर मध्य सांस्कृतिक केन्द्र विकसित हो गया है।

नेमिचन्द्र जैन

नेमिचन्द्र जैन की रुचि नाटक तथा नाटकों के मंचन में अधिक थी। अज्ञेय जी के साथ उन्होंने 'तार सप्तक' के सम्पादन का कार्य भी किया था। कई वर्षों तक वे 'माया' के सम्पादकीय विभाग में भी रहे।

हरिवंश राय 'बच्चन'

बच्चन जी ने अधिकांश काव्य-साधना इलाहाबाद में ही की थी। इलाहाबाद विश्वविद्यालय के अंग्रेजी विभाग में वे प्रोफेसर थे किन्तु काव्य-रचना हिन्दी में ही करते थे। कोई भी कवि-सम्मेलन उनके बिना अधूरा माना जाता था। उनकी काव्य-रचना 'मधुशाला' ने उनको सर्वाधिक प्रतिष्ठा दिलायी। उनकी अन्य महत्त्वपूर्ण रचनाएँ 'तेरा हार', 'एकान्त गीत', 'मधुबाला' तथा 'निशा निमन्त्रण' प्रमुख हैं। उनकी आत्मकथा भी अत्यधिक रोचक है।

अपने अन्तिम वर्षों में वे अपने सुपुत्र हिन्दी-सिनेमा-जगत् के सुपर स्टार अमिताभ बच्चन के साथ बम्बई में रहने लगे।

प्रयाग में वे बहुत वर्षों तक कटघर में रहते थे जहाँ उनके परिवार के कुछ सदस्य अभी भी रहते हैं।

बालकृष्ण भट्ट

सन् 1901 में प्रयाग में जन्मे बालकृष्ण भट्ट भारतेन्दुयुगीन रचनाकारों में अपनी तीखी लेखन-शैली के कारण बहुत प्रतिष्ठित व्यंग्यकार माने जाते थे। कायस्थ पाठशाला में वे संस्कृत के अध्यापक थे। सन् 1933 में उन्होंने 'हिन्दी प्रदीप' का सम्पादन भी किया था।

सुभद्राकुमारी चौहान

सुभद्राकुमारी चौहान ने अपना रचना-क्षेत्र बुन्देलखण्ड को बनाया था किन्तु इलाहाबाद के पुराने मोहल्ले अतरसुइया में उनका जन्म होने के कारण उन्हें हम

इलाहाबाद की ही मान सकते हैं। उनकी 'झाँसी की रानी' कविता इतनी अधिक लोकप्रिय हुई कि आज भी उसकी पंक्तियाँ लोगों की जुबान पर बरबस आ जाती हैं।

डॉ. रामकुमार वर्मा

इलाहाबाद विश्वविद्यालय के हिन्दी विभाग में डॉ. रामकुमार वर्मा प्राध्यापक थे किन्तु नाटक, नाट्य मंचन तथा गीत रचना ने उन्हें हिन्दी साहित्य में बहुत प्रतिष्ठा दिलायी। उन्होंने ही हिन्दी में एकांकी नाटक लिखना आरम्भ किया, ऐसे नाटक जिनका सरलता से मंचन हो सके और जिनकी संवेदनशीलता दर्शकों को मन्त्रमुग्ध कर दे। उनका सबसे लोकप्रिय एकांकी था 'चारुमित्रा'। वर्मा जी को 'एकांकी सम्राट्' कहा जाता है क्योंकि हिन्दी में वे ही एकांकी नाटकों के जनक माने जाते हैं। उन्होंने हिन्दी साहित्य का इतिहास भी लिखा था जो छात्रों के बीच काफी लोकप्रिय हुआ।

धर्मवीर भारती

इलाहाबाद में अतरसुइया निवासी डॉ. धर्मवीर भारती इलाहाबाद विश्वविद्यालय के हिन्दी विभाग में प्राध्यापक थे। उन्होंने उपन्यासकार, कहानीकार और कवि के रूप में बहुत अच्छी ख्याति प्राप्त की थी। उनका 'गुनाहों का देवता' उपन्यास युवाओं और युवतियों के बीच बहुत लोकप्रिय हुआ। उनका दूसरा महत्त्वपूर्ण उपन्यास 'सूरज का सातवाँ घोड़ा' था। इसके अतिरिक्त 'ठण्डा लोहा', 'कनुप्रिया' तथा 'अन्धायुग' उनकी महत्त्वपूर्ण रचनाएँ हैं।

बाद के वर्षों में वे 'धर्मयुग' के सम्पादक हो गये और इलाहाबाद छोड़कर बम्बई में रहने लगे।

परिमल साहित्यिक संस्था के वे आधारस्तम्भ थे।

शमशेरबहादुर सिंह

शमशेरजी ने प्रयोगवादी तथा प्रगतिशील कवियों में अपना अच्छा स्थान बनाया था। इलाहाबाद के बहादुरगंज मोहल्ले के एक मकान में रहकर उन्होंने बहुत दिनों

तक साहित्य-साधना की थी। उन्होंने 'माया' के सम्पादकीय विभाग में भी अनेक वर्षों तक कार्य किया था।

गणेशशंकर विद्यार्थी

पत्रकार शिरोमणि गणेशशंकर विद्यार्थी इलाहाबाद के अतरसुइया मोहल्ले के निवासी थे। एक सिर-फिरे दंगाई के हाथों वे शहीद हो गये। स्वतन्त्रता-आन्दोलन के दौरान उनकी तीखी सम्पादकीय लेखन-शैली का बहुत प्रभाव था। उन्होंने अपना कार्यक्षेत्र कानपुर को बनाया।

विद्यार्थी जी के नाम से इलाहाबाद रिपोर्ट्स क्लब का हॉल हाईकोर्ट के निकट बना हुआ है जो उनके प्रति एक छोटी-सी श्रद्धांजलि-स्वरूप है।

मैथिलीशरण गुप्त

मैथिलीशरण गुप्त काफी दिनों तक प्रयाग में भी रहे थे और यहीं उन्होंने अनेक रचनाएँ लिखीं। उनकी कविताएँ 'सरस्वती' पत्रिका में भी बराबर प्रकाशित होती रहती थीं। 'साकेत' तथा 'यशोधरा' उनकी प्रमुख रचनाएँ हैं। राष्ट्रवादी कवि होने के कारण उन्हें राष्ट्रकवि के सम्मान से भी नवाजा गया। इलाहाबाद के लिए यह गौरव की बात है कि उन्होंने यहाँ भी रहकर साहित्य सर्जन किया था।

जगदीश गुप्त

डॉ. जगदीश गुप्त इलाहाबाद विश्वविद्यालय में हिन्दी विभाग के प्राध्यापक थे। वे नयी कविता के एक सशक्त कवि थे और बहुत अच्छे चित्रकार भी थे। मृदुल स्वभाव के जगदीश जी पहले दारागंज के मोतीमहल में गंगा के किनारे रहते थे, बाद में उन्होंने नागवासुकि क्षेत्र में अपना मकान निर्मित कर लिया था, जिसमें उनके अनेक चित्रों को देखा जा सकता है।

डॉ. सत्यप्रकाश (स्वामी सत्यप्रकाशानन्द)

डॉ. सत्यप्रकाश यद्यपि विज्ञान के प्राध्यापक थे, किन्तु उनके व्यक्तित्व तथा क्रियाकलाप ने उन्हें स्वामी सत्यप्रकाशानन्द बना दिया और इसी रूप में उन्हें ख्याति

प्राप्त हुई। आध्यात्मिक दृष्टि तथा विज्ञान के साथ उच्चस्तरीय मानव-मूल्यों के सामंजस्य के कारण उन्होंने लोगों के मन में सन्त के रूप में अपनी छवि बना ली थी।

इलाहाबाद विश्वविद्यालय के म्योर कॉलेज परिसर में मुस्लिम हॉस्टल के दक्षिण की ओर निर्मित विज्ञान भवन स्वामी जी की सबसे बड़ी देन है, जो सदैव उनकी धरोहर के रूप में जाना जाता रहेगा।

विज्ञान भवन मात्र विज्ञान ही नहीं, अन्य विविध आयोजनों के लिए भी जाना जाता है।

डॉ. धीरेन्द्र वर्मा

अति सरल किन्तु धीर-गम्भीर डॉ. धीरेन्द्र वर्मा हिन्दी भाषाविज्ञान के श्रेष्ठ विद्वान् थे। उन्होंने जीवनभर छात्रों को भाषाविज्ञान की महत्त्वपूर्ण शिक्षा प्रदान की और अनेक वर्षों तक हिन्दी विभाग के अध्यक्ष पद पर आसीन रहे।

यूनिवर्सिटी के सीनेट हॉल के सामने एलनगंज जानेवाली बन्द रोड के पहले बँगले में रहनेवाले लम्बे, दुबले-पतले डॉक्टर साहब नित्य निश्चित समय पर पैदल ही हिन्दी विभाग आते थे। अत्यन्त सरल और सौम्य थे, किन्तु उनका अनुशासन स्वयमेव स्थापित था।

अपनी विद्वत्ता के कारण वे छात्र-छात्राओं में ही नहीं, साहित्यिक तथा विद्वत्समाज में भी अतिसम्मानित तथा लोकप्रिय थे।

भाषाविज्ञान के उनके नोट्स कक्षा में पढ़ाते समय बराबर उनके सामने रहते थे, जो शायद ज्यों-के-त्यों प्रकाशित हो जाते तो छात्र-छात्राओं तथा भाषाविज्ञानियों के लिए अत्यधिक महत्त्वपूर्ण सिद्ध होते।

डॉ. लक्ष्मीसागर वार्ष्णेय

हिन्दी साहित्य के इतिहासज्ञ के रूप में वार्ष्णेय जी ने अपना विशिष्ट स्थान बनाया था।

इलाहाबाद विश्वविद्यालय के हिन्दी विभाग में उन्होंने जीवनभर छात्र-छात्राओं को हिन्दी साहित्य के इतिहास से बड़ी बारीकी से रू-ब-रू कराया और उनके बीच एक लोकप्रिय शिक्षक के रूप में जाने जाते रहे।

उन्होंने 'हिन्दी साहित्य का इतिहास' पुस्तक लिखकर अच्छी ख्याति प्राप्त की। छात्रों के लिए ही नहीं साहित्य के इतिहास में रुचि रखनेवालों के लिए भी उनकी पुस्तक बहुत उपयोगी सिद्ध हुई।

वे अनेक वर्षों तक इलाहाबाद विश्वविद्यालय के अध्यक्ष पद पर भी आसीन रहे और हिन्दी विभाग के उन्नयन में अपनी भागीदारी दर्ज की।

डॉ. हरदेव बाहरी

इलाहाबाद विश्वविद्यालय के हिन्दी विभाग में अत्यन्त सम्मानित प्राध्यापक डॉ. बाहरी ने भाषाविज्ञान के क्षेत्र में बहुत अच्छी ख्याति प्राप्त की।

उनके द्वारा तैयार किये गये हिन्दी-अंग्रेजी तथा अंग्रेजी-हिन्दी के वृहद् शब्दकोश उनके वैज्ञानिक विचारों तथा भाषाविज्ञान के उद्भट विद्वान् होने के साक्षात् प्रमाण हैं।

प्रयाग के दरभंगा कॉलोनी के निवासी डॉ. बाहरी का निवास उनके अन्तिम समय तक भाषाविज्ञान के जिज्ञासुओं तथा शब्दकोश में रुचि रखनेवालों के लिए आकर्षण का केन्द्र बना रहा और उनके शब्दकोश निरन्तर छात्रों तथा भाषा और साहित्य में रुचि रखनेवालों का ज्ञानवर्द्धन करते रहेंगे।

उन्हें उनकी कृतियों के सम्मान में उत्तर प्रदेश हिन्दी संस्थान द्वारा भी पुरस्कृत किया गया था।

श्रीलाल शुक्ल

श्रीलाल जी को उनके उपन्यास 'राग दरबारी' ने कथाकारों की प्रथम श्रेणी में स्थापित कर दिया। इस उपन्यास को जितनी ख्याति और लोकप्रियता प्राप्त हुई वैसी लोकप्रियता कम रचनाओं को ही प्राप्त होती है।

सूनी घाटी का सूरज, अज्ञातवास, आदमी का जहर, सीमाएँ टूटती हैं, विश्रामपुर का सन्त आदि आपके लोकप्रिय उपन्यास हैं। आप ज्ञानपीठ सम्मान, पद्मभूषण सम्मान, साहित्य अकादमी पुरस्कार, साहित्यभूषण सम्मान आदि से सम्मानित हैं।

कार्टूनिस्ट शिक्षार्थी

व्यंग्य चित्रकार शिक्षार्थी जी ने नगर के पत्रकारों-साहित्यकारों के बीच अपना विशिष्ट स्थान बनाया था। सरल, सुसंस्कृत तथा हँसमुख शिक्षार्थी जी की पैनी नजर से ऐसी कोई राजनीतिक-सामाजिक घटना छूटती नहीं थी, जिस पर वे चित्रों के माध्यम से व्यंग्य न कर सकें।

समाचार-पत्रों तथा पत्रिकाओं में उनके कार्टून सम्मानपूर्वक प्रकाशित होते रहते

समाचार-पत्रों तथा पत्रिकाओं में उनके कार्टून सम्मानपूर्वक प्रकाशित होते रहते थे, जिन्हें देखकर कोई पाठक हँसे बिना न रह सके और व्यंग्यचित्र के पात्र से भी कार्टून देखकर मुस्कराये बिना न रहा जाये।

उनके परिजनों ने प्रीतमनगर में उनके नाम से शिक्षार्थी मार्केट तथा कॉम्प्लेक्स निर्मित करवाकर उनके नाम को जीवन्त बनाये रखने का सराहनीय प्रयास किया है। यदि शिक्षार्थी जी के व्यंग्यचित्रों की एक प्रदर्शनी भी लगा दी जाय, तो शिक्षार्थी जी के प्रति प्रशंसनीय श्रद्धांजलि होगी।

विजयदेवनारायण साही

साही इलाहाबाद विश्वविद्यालय में अंग्रेजी के प्राध्यापक थे और हिन्दी में नयी कविता के एक सशक्त हस्ताक्षर भी। इनकी रचनाओं का तीखापन उनकी विशेषता थी। 'मछलीघर', 'संवाद तुमसे', 'कविता', 'लघु मानव के बहाने' इनकी महत्त्वपूर्ण रचनाएँ हैं।

कमलेश्वर

कमलेश्वर ने अपनी शिक्षा-दीक्षा इलाहाबाद में प्राप्त की थी और उन्होंने यहीं कहानियाँ लिखना आरम्भ कर दिया था। 'राजा निरबंसिया' उनकी प्रमुख रचना है। उनकी कहानी में निहित संवेदनशीलता ने उन्हें काफी लोकप्रियता प्रदान की थी। वे आकाशवाणी के महानिदेशक पद पर काफी दिनों तक आसीन रहे तथा मुम्बई से प्रकाशित 'सारिका' पत्रिका का सम्पादन भी किया। उन्होंने फिल्मों के लिए भी लिखा। 'आँधी' उनकी बहुचर्चित और विवादित फिल्म थी।

श्रीनरेश मेहता

श्रीनरेश मेहता का झुकाव इनके आरम्भिक रचनाकाल के समय प्रगतिशील विचारधारा की ओर था किन्तु बाद में उनकी रचनाओं में वैष्णवी चेतना उजागर होने लगी और वे इस विचारधारा में अपनी रचनाधर्मिता की ऊँचाई पर पहुँच गये। इन्हें ज्ञानपीठ पुरस्कार से भी सम्मानित किया गया।

अमरकान्त

अमरकान्त ने हिन्दी कहानीकारों में अपना एक विशिष्ट स्थान बनाया। इनकी 'डिप्टी कलेक्टरी' तथा 'इन्हीं हथियारों से' रचनाएँ बहुत चर्चित रही हैं। अमरकान्त जी को सन् 2004 का साहित्य अकादमी पुरस्कार भी प्राप्त हुआ।

अमरकान्त जी ने 'अमृत प्रभात' तथा 'भारत' के सम्पादकीय विभाग में भी कार्य किया था और बाद में 'मनोरमा' पत्रिका के अनेक वर्षों तक सम्पादक रहे थे। यद्यपि वे काफी अस्वस्थ रहने लगे हैं, किन्तु अभी भी लेखन कार्य में संलग्न हैं।

पण्डित रामनरेश त्रिपाठी

इन्होंने सबसे पहले ग्रामीण गीतों का संकलन किया था जिससे उन्हें अच्छी ख्याति प्राप्त हुई। काव्य रचनाओं के साथ-साथ उन्होंने गद्य में भी रचनाएँ कीं।

लक्ष्मीकान्त वर्मा

वर्मा जी के सम्बन्ध में एक महत्त्वपूर्ण तथ्य यह है कि वे अपने आरम्भिक रचनाकाल में नास्तिक थे किन्तु बाद के दिनों में वे पूरी गहराई से आस्तिक हो गये। 'नयी कविता के प्रतिमान', 'अतुकान्त', 'दीप देहरी द्वार' उनकी महत्त्वपूर्ण रचनाएँ हैं। वे समाजवादी आन्दोलन से भी जुड़े हुए थे जिसकी झलक उनकी रचनाओं में भी मिलती है।

सर्वेश्वरदयाल सक्सेना

सर्वेश्वर जी अज्ञेय जी के साथ उनकी 'तार सप्तक' योजना से जुड़े हुए थे। अतः उनकी रचनाओं में उसकी स्पष्ट छाप मिलती है। इन्होंने कविताओं के साथ-साथ नाटक भी लिखे और 'दिनमान' पत्रिका का सम्पादन भी किया।

केशवचन्द्र वर्मा

वर्मा जी आकाशवाणी से जुड़े हुए थे। उन्होंने 'काठ का उल्लू', 'वीणा पाथी', 'आँसू की मशीन'-जैसी महत्त्वपूर्ण रचनाएँ प्रस्तुत की थीं। वे परिमल साहित्यिक संस्था से भी जुड़े हुए थे।

पण्डित उमाशंकर शुक्ल

शुक्ल जी ने इलाहाबाद विश्वविद्यालय के हिन्दी विभाग में अध्यापन करते हुए साहित्य की उल्लेखनीय सेवा की तथा महत्त्वपूर्ण पुस्तकें भी लिखीं।

प्रो. रघुवंश

प्रो. रघुवंश इलाहाबाद विश्वविद्यालय में हिन्दी विभाग के प्राध्यापक थे। इन्होंने उपन्यास के साथ-साथ आलोचनात्मक ग्रन्थ भी लिखे। यद्यपि रघुवंश जी के हाथ की उँगलियों में बहुत तकलीफ थी और उनकी स्थिति पंगु-जैसी थी किन्तु गहन इच्छाशक्ति, गहरी विचारशीलता तथा उच्चकोटि की साहित्यिक चेतना ने उन्हें साहित्यकारों में सम्मानजनक स्थान दिलाया। उन्होंने अपनी अधिकांश रचनाएँ बैंक रोड स्थित अपने निवास में लिखीं।

रामस्वरूप चतुर्वेदी

चतुर्वेदी जी भी इलाहाबाद विश्वविद्यालय के हिन्दी विभाग में प्रोफेसर थे तथा आलोचकों में उनका महत्त्वपूर्ण स्थान है। 'हिन्दी भाषा का संवेदनात्मक इतिहास' ग्रन्थ से उन्हें अच्छी ख्याति प्राप्त हुई। 'भाषा एवं संवेदना', 'कामायनी एक पुनर्विचार' इनकी प्रमुख रचनाएँ हैं।

डॉ. सत्यव्रत सिन्हा

अनेक वर्षों तक वे हिन्दुस्तानी एकेडेमी में सचिव पद पर आसीन थे। वहाँ रहकर इन्होंने पुस्तक प्रकाशन के कार्य को काफी गति प्रदान की। डॉ. सिन्हा रंगमंच से निकटता से जुड़े हुए थे। उन्होंने इसके लिए प्रयाग रंगमंच की स्थापना की थी। अनेक नाटकों का मंचन करके उन्होंने नगर के नाट्य प्रेमियों के बीच अपना महत्त्वपूर्ण स्थान बना लिया था। इनकी प्रमुख रचनाएँ हैं 'भोजपुरी की लोकगाथा' तथा 'मृच्छकटिकम्' का अनुवाद।

उमाकान्त मालवीय

गीतकार उमाकान्त मालवीय कवि-सम्मेलनों में अपने कविता-पाठ के लिए काफी लोकप्रिय थे। कार्यरत थे एकाउण्टेण्ट जनरल कार्यालय में किन्तु अपना सारा

खाली समय काव्य-रचना में ही व्यतीत करते थे। उनकी रचनाओं में 'अभिशप्त', 'अमरबेलि', 'देवकी', 'रक्तपथ', 'मेंहदी और महावर', 'वेणु से शंख तक', 'सुबह रक्त पलाश की' प्रमुख हैं।

दूधनाथ सिंह

'सपाट चेहरेवाला आदमी', 'नमो अन्धकारम्', 'आखिरी कलाम', 'निराला एक आत्महन्ता आस्था', 'कोरम', 'लौट आओ ओ धार' के रचनाकार हैं। वे इलाहाबाद विश्वविद्यालय के हिन्दी विभाग में प्राध्यापक थे। इसके पूर्व इन्होंने कुछ समय तक 'द लीडर' के सम्पादकीय विभाग में भी कार्य किया था।

रवीन्द्र कालिया

भारतीय भाषा परिषद् की मासिक पत्रिका 'वागर्थ' के सम्पादक रवीन्द्र कालिया मुख्य रूप से कहानीकार और उपन्यासकार हैं। इनकी रचनाओं में 'नौ साल छोटी पत्नी', 'खुदा सही सलामत है' प्रमुख हैं। इनकी चुटीली व्यंग्यात्मक शैली ने इन्हें साहित्य-जगत् में अच्छी ख्याति दिलायी।

केन्द्रीय हिन्दी निदेशालय से अहिन्दीभाषी लेखक पुरस्कार। उ.प्र. हिन्दी संस्थान का प्रेमचन्द स्मृति सम्मान तथा म.प्र. साहित्य अकादमी का पदुमलाल पुन्नालाल बख्शी पुरस्कार से सम्मानित हैं। वर्तमान में आप भारतीय ज्ञानपीठ के निदेशक पद पर कार्यरत हैं।

ममता कालिया

महिला कहानीकारों में ममता कालिया का प्रमुख स्थान है। अपने पति रवीन्द्र कालिया के साथ-साथ उन्होंने भी संवेदनशील कहानियों की रचना की। अनेक वर्षों तक वे महिला सेवा सदन कॉलेज के प्राचार्य का पद भी सँभालती रहीं।

डॉ. राजेन्द्र कुमार

राजेन्द्र कुमार इलाहाबाद विश्वविद्यालय के हिन्दी विभाग में प्राध्यापक थे। उन्होंने आलोचना, कहानी तथा काव्य-रचना में अपना अच्छा स्थान बनाया है। उनकी आलोचना में तीखेपन के साथ विद्वत्ता का भी अच्छा समावेश मिलता है। इन्होंने 'अभिप्राय' साहित्यिक पत्रिका का सम्पादन तथा प्रकाशन भी

किया। उनकी रचनाओं में प्रमुख हैं 'ऋण गुणा ऋण' तथा 'अनन्तर तथा अन्य कहानियाँ'।

कैलाश गौतम

आकाशवाणी के कृषि दर्शन कार्यक्रम से जुड़े कैलाश गौतम ने लोक मुहावरों तथा लोकगीतों पर महत्त्वपूर्ण कार्य किया है। इनकी गद्य-रचना 'चिन्ता नये जूते की' काफी लोकप्रिय हुई। लोकरंजन पर आधारित इनकी प्रमुख रचना 'अमौसा का मेला' है।

शेखर जोशी

शेखर जोशी उपन्यासकार और कहानीकार हैं। उनकी प्रमुख रचना है 'जोशी का घरबार'।

मार्कण्डेय

मार्कण्डेय जी को हिन्दी कहानीकारों तथा उपन्यासकारों में प्रमुख स्थान प्राप्त है। इन्होंने दर्जनों उपन्यास तथा कहानी-संग्रह प्रस्तुत किये–'गुलरा के बाबा', 'अग्निबीज' इनकी प्रमुख रचनाएँ हैं।

अकबर इलाहाबादी

अकबर इलाहाबादी का जन्म इलाहाबाद के बारा गाँव में 16 नवम्बर, 1846 को हुआ था, हालाँकि उनके पूर्वज ईरान से आये थे। जमुना मिशन कॉलेज में शिक्षा लेने के बाद उन्होंने कई सरकारी नौकरियाँ कीं। बाद में वकालत की परीक्षा भी पास कर ली और जिला जज के पद तक पहुँचे।

शायरी का शौक उन्हें बचपन से था। उन्होंने समय के साथ-साथ शायरी में महारत हासिल कर ली थी। सामाजिक कुरीतियों और समस्याओं पर उन्होंने चुटीले कलाम लिखे और धीरे-धीरे उर्दू अदब में अपना एक खास मुकाम बना लिया। स्वभाव से वे बेहद हँसमुख थे जिसकी झलक उनकी शेरो-शायरी में भी मिलती है। उन्होंने अपने निवास के लिए कोतवाली के पीछे इशरत मंजिल के नाम से एक शानदार कोठी बनवायी थी जिसमें अन्तिम समय तक वे रहे। 9 सितम्बर, सन् 1921 को उनका इन्तकाल हो गया।

फिराक गोरखपुरी

रघुपति सहाय फिराक गोरखपुरी ने उर्दू अदब में अपना अजीमुश्शान मुकाम बनाया था। वे अपनी शायरी में इतने उच्चकोटि के फलसफे को बयाँ करते थे, जो श्रोता को सहज ही मोहित और प्रेरित करते थे। हिन्दुस्तान भर में कहीं भी जिस मुशायरे में फिराक पहुँच जाते उस मुशायरे की शान बेहद बढ़ जाती और अपनी शायरी पढ़ने का उनका निराला अन्दाज ऐसा होता कि सुननेवाले वाह-वाह करते न थकते।

फिराक साहब इलाहाबाद विश्वविद्यालय के अंग्रेजी विभाग में प्रोफेसर थे, प्रोफेसर भी ऐसे कि छात्र उनके इर्द-गिर्द भीड़ लगाये रहते।

विश्वविद्यालय के पीछे बैंक रोड पर उनका निवास छात्रों और शेर-ओ-शायरी के शौकीनों के मजमे से हमेशा गुलजार रहता था।

बिस्मिल इलाहाबादी

असली नाम था सुखदेवप्रसाद सिन्हा लेकिन शायरी करते थे बिस्मिल इलाहाबादी नाम से। बचपन में ही शेर-ओ-शायरी के प्रति उनके झुकाव को देखकर उनके चाचा ने बिस्मिल को उस समय के मशहूर शायर नूह नारवी के पास भेज दिया, जहाँ कुछ ही दिनों में बिस्मिल अपने उस्ताद के सबसे चहेते शागिर्द बन गये। नूह साहब जहाँ भी मुशायरे में शिरकत करने के लिए जाते, अपने साथ बिस्मिल को जरूर ले जाते। मुशायरों में बिस्मिल ने फलसफों से भरी अपनी गजलों और गजल पढ़ने के अपने अन्दाज से धाक जमा ली थी।

शायरी की ही बदौलत उन्हें म्युनिसिपल बोर्ड में नौकरी मिली थी। बनारस कोठी में आयोजित एक मुशायरे में जब उन्होंने अपनी गजल पढ़ी तो म्युनिसिपल बोर्ड के चेयरमैन शिवचरण लाल इतने खुश हुए कि बिस्मिल को बोर्ड में नौकरी करने की दावत दे दी। इस नौकरी में भी वे बराबर अपनी शायरी के ही कारण पदोन्नति पाते गये। एग्जीक्यूटिव आफीसर ब्रजमोहन व्यास ने उन्हें अपना पेशकार बना लिया था। शायरी के साथ-साथ बिस्मिल की ईमानदारी के भी चर्चे थे।

सरकारी नौकरी के बावजूद बिस्मिल ने वतनपरस्ती के कारण सरकार पर अपनी शायरी में तीखे प्रहार किये जिसके कारण उनकी कई रचनाएँ सरकार ने जब्त कर लीं।

नौकरी के दौरान लीडर रोड पर बस अड्डे के बगल में ही म्युनिसिपल बोर्ड के एक क्वार्टर में रहते थे। रिटायरमेण्ट के बाद अलोपीबाग में रहने लगे, जहाँ उनके मकान के सामने की सड़क को उनके सम्मान में बिस्मिल इलाहाबादी मार्ग नाम दिया गया। उस्ताद नूह नारवी ने उन्हें अपना जाँनसीन बनाया था।

सन् 1975 में उनका निधन हो गया। उनके बड़े पुत्र ने भी उसी दिन पिता के गम में प्राण त्याग दिये। गंगा तट पर पिता-पुत्र की चिता को अगल-बगल मुखाग्नि दी गयी।

'बिस्मिल की यादें' शीर्षक से प्रकाशित उनकी नजमों तथा गजलों का संग्रह विशेष महत्त्वपूर्ण है।

सी. वाई. चिन्तामणि

'द लीडर' के सम्पादक सर सी. वाई. चिन्तामणि अपने समय के ऐसे प्रख्यात सम्पादक थे जिनकी सम्पादकीय टिप्पणियों का गहरा असर ब्रिटिश शासकों पर भी पड़ा करता था।

आन्ध्र प्रदेश में 10 अप्रैल, 1880 को एक ब्राह्मण परिवार में जन्मे चिन्तामणि सच्चिदानन्द सिन्हा के आग्रह पर इलाहाबाद आये थे और फिर यहीं के होकर रह गये। उनकी निर्भीक पत्रकारिता ने 'द लीडर' को पूरे देश में सम्मान दिलाया था।

वे प्रदेश के शिक्षामन्त्री भी बने। लेकिन इलाहाबाद विश्वविद्यालय के अंग्रेज कुलपति के मामले पर विरोध होने पर उन्होंने त्यागपत्र दे दिया।

उस समय विधवा विवाह समाज में वर्जित था, किन्तु तमाम विरोध के बावजूद उन्होंने भगवन्तुल कृष्णराव की विधवा बेटी कृष्णवेणी से विवाह किया था।

सी. बी. राव

सी. वाई. चिन्तामणि के सुयोग्य पुत्र सी. बी. राव योग्य आई. सी. एस. अधिकारी थे। उन्होंने लेखन तथा पत्रकारिता में भी अपना एक विशेष स्थान बनाया था। हिन्दी साहित्य सम्मेलन द्वारा प्रकाशित पत्रिका 'माध्यम' का उन्होंने सम्पादन किया था, जिसे साहित्य-जगत् में अच्छी ख्याति मिली। वे इलाहाबाद के महापौर (मेयर) के पद पर भी आसीन हुए थे।

हेरम्ब मिश्र

पत्रकारिता-जैसे विषय पर पाँच पुस्तकों की रचना करके हेरम्ब मिश्र ने पत्रकारिता जगत् की उल्लेखनीय सेवा की थी। अपनी पहली पुस्तक 'पत्रकारिता : संकट और सन्त्रास' में उन्होंने पत्रकारिता में व्याप्त संकट तथा पत्रकारों के सन्त्रास को भी उजागर किया था। अपनी अन्य पुस्तकों में भी उन्होंने पत्रकारिता के किसी पाठ्यक्रम को आधार नहीं बनाया, वरन् पत्रकार जगत् में व्याप्त आन्तरिक समस्याओं तथा संकटों पर ही अपनी कलम चलायी।

अपने कनिष्ठ सहयोगियों और पत्रकारिता में आनेवाले नये पत्रकारों को वे हमेशा 'रीड बिट्वीन द लाइन्स' की शिक्षा और प्रेरणा देते रहते थे। कहते थे, खबरों के पीछे छिपी खबर को समझो और उजागर करो।

युवावस्था में कट्टर कम्युनिस्ट और बाद में घोर आस्थावान् आस्तिक हेरम्ब जी को उनके कुछ सहयोगियों ने तो सन्त पत्रकार तक कहकर सम्मानित किया था। बात-बात में 'विनय पत्रिका' की पंक्तियाँ दोहरानेवाले हेरम्ब जी सचमुच ही सन्तों-जैसी वाणी ही बोलने लगे थे।

डॉ. पृथ्वीनाथ पाण्डेय

मात्र पचास वर्ष की आयु में एक हजार तेईस (1023) पुस्तकों की रचना करके डॉ. पाण्डेय ने अद्भुत कीर्तिमान स्थापित किया है। बाल साहित्य, प्रौढ़ साहित्य, गम्भीर साहित्य से लेकर विज्ञान, सामान्य ज्ञान, प्रतियोगी परीक्षोपयोगी पुस्तकों तथा विश्व ज्ञान शब्दकोश तक की रचना करके इन्होंने न केवल छात्र-छात्राओं को सफलता प्राप्त करने का मार्गदर्शन दिया, बल्कि विद्वज्जनों को भी चमत्कृत कर दिया। निबन्ध तथा व्याकरण की उनकी पुस्तकें भी उल्लेखनीय हैं।

डॉ. पाण्डेय की विशेष रुचि पत्रकारिता तथा सूचना प्रौद्योगिकी में है और वे कई पत्रों-पत्रिकाओं का सफल सम्पादन भी कर चुके हैं।

भाषा की बारीकियों के प्रति उनकी अभिरुचि प्रशंसनीय है। वे जब इन बारीकियों की गहन चर्चा करते हैं, तो विद्वान्-से-विद्वान् व्यक्ति भी अभिभूत हुए बिना नहीं रहते।

डॉ. पाण्डेय को उनकी लेखकीय प्रतिभा के लिए देश-विदेश से अनेक सम्मान भी प्राप्त होते रहे हैं, जिनमें पर्सनैलिटीज ऑव एशिया एण्ड पैसिफिक सम्मान

(संयुक्त राष्ट्र संघ), सुपर्व बॉयोइण्टरनेशनल अवार्ड (संयुक्त राष्ट्र अमेरिका), डॉ. मेघनाद साहा पुरस्कार (अहमदाबाद), मीडिया-विशेषज्ञ पुरस्कार, भाषा विशेषण पुरस्कार, बीरबल साहनी पुरस्कार (लखनऊ), पराड़कर पुरस्कार (कोलकाता), राहुल सांकृत्यायन सम्मान (देवघर), युगुल किशोर शुक्ल पुरस्कार (हैदराबाद) विशेष उल्लेखनीय हैं।

संवेदनशीलता तथा सदाशयता लेखन-धर्म में संलग्न रचनाकर्मी का सबसे बड़ा गुण होता है, जो डॉ. पाण्डेय को जैसे आत्मीय थाती के रूप में प्राप्त हुआ है।

•

इलाहाबाद विशिष्ट पर्यटकों की नजर में

फाहियान

चीन का यह पहला पर्यटक चार सौ ईसवी के पश्चात् जब भारत आया तो वह उन सभी स्थलों पर गया जहाँ भगवान् बुद्ध किसी समय आये थे। इसी क्रम में वह प्रयाग से पश्चिम की ओर कौशाम्बी भी आया और उसने प्रयाग का नाम लिये बगैर ही कौशाम्बी से पूर्व की ओर स्थित इस नगर की भी चर्चा अपने यात्रा-विवरणों में की है। उसने लिखा था कि कौशाम्बी से आठ योजन पूर्व की ओर जो प्राचीन स्थान है वहाँ भगवान् बुद्ध आये थे और उन्होंने एक बड़े पिशाच को बौद्ध धर्म का अनुयायी बना लिया था। फाहियान ने प्रयाग का नाम तो नहीं लिया किन्तु कौशाम्बी से आठ योजन पूर्व की ओर उसने जिस स्थान की चर्चा की है वह प्रयाग के अतिरिक्त और कोई स्थान नहीं हो सकता। उस समय प्रयाग का एक हिस्सा मगध राज्य के ही अधीन था।

ह्वेनसांग

महाराज हर्षवर्द्धन के काल में चीन का दूसरा यात्री ह्वेनसांग भारत आया। वह चौदह वर्षों तक देश के प्रसिद्ध स्थानों की यात्रा करता रहा और साथ ही उनका विवरण भी लिखता रहा।

सन् 644 में महाराज हर्षवर्द्धन के साथ ही वह प्रयाग भी आया था। उसने अपनी भाषा में प्रयाग का नाम पो-लोये-किया लिखा है।

उसने लिखा है कि प्रयाग गंगा तथा यमुना नदी के किनारे बीस ली अथवा मील के क्षेत्र में फैला हुआ है। यहाँ के निवासियों के बारे में उसने लिखा है कि उनमें शिक्षा तथा पढ़ने-लिखने के प्रति विशेष रुचि है, जिससे यह लगता है कि उस समय

भी प्रयाग में शिक्षा के प्रति विशेष आकर्षण था। इस यात्री ने यह भी लिखा है कि इस क्षेत्र के निवासी अत्यधिक विनम्र तथा सभ्य हैं। किन्तु उसने उनकी एक कमी की ओर इंगित करते हुए लिखा है कि ये लोग भ्रमपूर्ण बातों अर्थात् अन्धविश्वासों के प्रति विशेषरूप से आकर्षित होते रहते हैं।

इस चीनी यात्री ने लिखा है कि प्रयाग नगर में बड़ी संख्या में पौराणिक मन्दिर स्थित हैं। बौद्ध धर्म से सम्बन्धित यहाँ दो प्राचीन स्थल भी हैं जहाँ भगवान् बुद्ध आकर कुछ दिनों तक ठहरे थे और अन्य धर्मावलम्बियों को अपने प्रवचनों से प्रभावित करके बौद्ध धर्मावलम्बी बना लिया था। नगर के दक्षिण-पश्चिम में चम्पक वाटिका में इस यात्री के अनुसार एक बड़ा स्तूप था जिसे सम्राट् अशोक ने बनवाया था। इसी के निकट एक छोटा स्तूप था जिसमें भगवान् बुद्ध के केश और नाखून रखे हुए थे। लेकिन इन स्तूपों के ठीक-ठीक स्थान का पता नहीं लगता। दक्षिण से आकर महात्मा बुद्ध इस यात्री के अनुसार प्रयाग के इसी संघाराम में ठहरे थे और हीनयान सम्प्रदाय के सिद्धान्तों का खण्डन करते हुए 'सत्यशास्त्र वाय पुलियम' की रचना की थी। कहते हैं कि नगर का एक ब्राह्मण उनसे तर्क करने के लिए संघाराम आया था। वह ब्राह्मण सिद्धान्तों पर तर्क करने में बुरी तरह परास्त हो गया था।

ऐसी आशंका प्रकट की जाती है कि बौद्धकालीन ये स्तूप दक्षिण की ओर बह रही यमुना नदी की धारा से धीरे-धीरे कटते हुए नदी में विलीन हो गये होंगे और उनका अब कोई चिह्न दिखायी नहीं देता।

ह्वेनसांग ने यह भी लिखा है कि नदी तट पर एक भव्य मन्दिर है जहाँ एक विशाल वटवृक्ष भी है। ऐसी मान्यता है कि जो इस मन्दिर में एक पैसा चढ़ाता है उसे अन्य किसी मन्दिर में एक सहस्र स्वर्ण मुद्राएँ चढ़ाने का पुण्य प्राप्त होता है। उसने लिखा है कि यह भी मान्यता है कि जो व्यक्ति वटवृक्ष से कूदकर अपने प्राण त्याग देता है वह सीधे स्वर्ग चला जाता है। उसने लिखा है कि इस वटवृक्ष के निकट हड्डियों का ढेर लगा हुआ है, जो वटवृक्ष से कूदकर प्राण देनेवालों की हड्डियों का ही ढेर है। एक ब्राह्मण इस वृक्ष पर चढ़कर अन्य लोगों को भी स्वर्ग जाने के लिए अपने प्राण देने के लिए प्रेरित कर रहा था। जब वह स्वयं वटवृक्ष से कूदा तो नीचे खड़े लोगों ने उसे बचा लिया। इस पर वह जोर-जोर से चिल्लाने लगा कि देखो-देखो भगवान् मुझे स्वर्ग में बुला रहे हैं लेकिन ये लोग मुझे जाने नहीं दे रहे हैं।

ह्वेनसांग ने यह भी लिखा है कि अक्षयवट से पूर्व की ओर गंगा-यमुना के संगम पर बड़ी संख्या में लोग स्नान करते हैं और कुछ अन्धविश्वासी लोग इस स्थान पर

अपने प्राण भी त्याग देते हैं। क्योंकि उनका विश्वास है कि इस स्थान पर प्राण त्यागने पर स्वर्ग की प्राप्ति होती हैं तथा संसार में आवागमन के चक्र से मुक्ति मिल जाती है। उसने लिखा है कि कुछ लोग संगम पर स्तम्भ खड़ा करके सूर्यास्त के पहले उस पर चढ़ जाते हैं और अँधेरा हो जाने पर स्तम्भ से उतरकर उसी स्थान पर स्वर्ग जाने के विश्वास में जल समाधि ले लेते हैं।

मुगल सम्राट् अकबर ने जब गंगा-यमुना तथा अदृश्य सरस्वती के अद्‌भुत संगम स्थल के निकट अपना किला निर्मित करवाया तो बादशाह ने पातालपुरी मन्दिर तथा अक्षयवट को भी किले के अन्दर घेर लिया। वर्तमान समय में जिस पातालपुरी मन्दिर तक यात्रियों को जाने की अनुमति है। वस्तुतः वह चीनी यात्री द्वारा वर्णित भव्य देव मन्दिर नहीं है तथा पातालपुरी मन्दिर में जिस वटवृक्ष की पूजा करवायी जाती है वह भी वास्तविक अक्षयवट नहीं है।

वास्तव में किले में सेना की यूनिट होने के कारण प्राचीन अक्षयवट, अशोक स्तम्भ तथा पातालपुरी मन्दिर तक लोगों को जाने की अनुमति नहीं है और न किले में निर्मित मुगलकालीन भवनों को ही देखने की अनुमति किसी को मिल पाती है।

ह्वेनसांग ने यह भी लिखा है कि नगर के पूर्व की ओर दोनों नदियों के संगम पर बालू से ढकी हुई भूमि का जो सुन्दर स्थल है वहाँ प्राचीन काल से ही लोग आकर अपना संचित धन दान कर देते हैं। यहाँ तक कि राजे-महाराजे भी इस प्रथा का अनुसरण करते हैं। महाराज हर्षवर्द्धन भी इस स्थल पर आकर पाँच वर्ष में जमा किये हुए धन को छठे वर्ष दान में दे डालते थे। ह्वेनसांग ने अपना देखा हुआ जो वर्णन लिखा है उसके अनुसार, कुम्भ के पहले दिन महाराज हर्षवर्द्धन ने भगवान् बुद्ध की एक प्रतिमा स्थापित करके अपने सारे बहुमूल्य रत्न, वस्त्र, धनादि उस प्रतिमा को समर्पित कर दिये। इसके पश्चात् उन्होंने स्थानीय पुजारियों को दान-दक्षिणा दिया। फिर बारी आयी बाहर से आये हुए साधु-सन्तों की। उन्हें भी दान-दक्षिणा देने के बाद महाराज हर्षवर्द्धन ने विधवाओं और अनाथों को दान दिया। समस्त रत्नादि दान कर देने के बाद महाराज हषवर्द्धन ने अपना रत्नजड़ित मुकुट तथा अपने पहने हुए वस्त्र भी दान कर दिये।

महाराज के पास जब कुछ भी न रह गया तब अन्य राजाओं तथा नरेशों ने उन्हें रत्न, आभूषण तथा धन भेंट किया जिससे महाराज का खजाना खाली न रहे।

ह्वेनसांग के इस वर्णन से यह स्पष्ट नहीं होता कि यह अवसर कुम्भ का था या अर्द्धकुम्भ का किन्तु इतना निश्चित है कि पाँच वर्ष में संचित धन दान करने का यह अवसर कुम्भ अथवा अर्द्धकुम्भ का ही रहा होगा।

ह्वेनसांग के इस वृत्तान्त से यह स्वयं सिद्ध होता है कि अपना देश उस काल में कितना समृद्धिशाली था तथा राजे-महाराजे कितने उदार और दानशील थे कि वे अपना समस्त संचित धन दान कर दिया करते थे।

ह्वेनसांग की नजर में कौशाम्बी

ह्वेनसांग ने कौशाम्बी के सम्बन्ध में लिखा है कि जब वह प्रयाग से दक्षिण-पश्चिम की ओर 10 मील की दूरी तक गया तो वहाँ उसे अत्यन्त घने जंगल से पार होना पड़ा। उस जंगल में तरह-तरह के जंगली जानवर भी थे। उसने लिखा है कि यदि उसके साथ यात्रियों का बड़ा झुण्ड न होता तो जंगल को पार करना उसके लिए असम्भव हो जाता। यह क्षेत्र कौशाम्बी का था।

कुमारिल भट्ट

सातवीं और आठवीं शताब्दी में किसी समय कुमारिल भट्ट जब प्रयाग आया तो शंकराचार्य से उसकी यहीं पर भेंट हुई थी।

उन्हीं शताब्दियों में कुमारिल भट्ट ने अपने प्राण भी यहीं त्यागे थे। कहते हैं कि उस समय प्रयाग गौड़ के पाल नरेशों 'गोपाल' और 'धर्मपाल' के अधीन था।

प्रतिष्ठानपुर, वर्तमान झूँसी तथा कौशाम्बी को सन् 1027 में परिहार नरेश त्रिलोचन पाल ने अपनी उपराजधानी बना रखा था और ये दोनों क्षेत्र उस समय बहुत विकसित थे। कड़ा तथा झूँसी में प्राप्त अभिलेखों से इस बात की जानकारी प्राप्त होती है।

प्रयाग 1090 तक कन्नौज के नरेश चन्द्रदेव गहरवार के अधीन रहा तथा मुस्लिम आक्रमणों के समय तक प्रयाग कन्नौज राज्य के ही अधीन बना रहा। कन्नौज के अन्तिम राजा जयचन्द का किला कड़ा में गंगा के किनारे स्थित था, जिसके खँडहर किसी-न-किसी रूप में अभी भी वहाँ दिखायी देते हैं।

सन् 1194 ई. में शहाबुद्दीन गोरी ने आक्रमण करके दिल्ली तथा कन्नौज पर अपना अधिकार जमा लिया तथा इन दोनों राजघरानों के नरेशों को जब मौत के घाट उतार दिया तभी से प्रयाग भी मुस्लिम शासकों के अधीन हो गया।

फ्रांसीसी जौहरी टैवर्नियर

फ्रांस का एक बहुत बड़ा जौहरी सन् 1665 में इलाहाबाद आया था। उसने अपने यात्रा-विवरण में लिखा है कि यह एक बड़ा नगर है, जो गंगा तथा यमुना के संगम पर स्थित है। यहाँ गढ़े हुए पत्थरों का एक महल है जिसमें गवर्नर निवास करता है। उसने लिखा है कि गवर्नर की आज्ञा के बिना कोई नगर में प्रवेश नहीं कर सकता। स्वयं टैवर्नियर को भी सुबह से दोपहर तक गवर्नर का आदेश प्राप्त करने के लिए प्रतीक्षा करनी पड़ी थी। उसके अनुसार, नदी के दोनों तरफ घाट दरोगा की तैनाती रहती थी। वह बिना आज्ञा के किसी को आने-जाने नहीं देता था। प्रत्येक बड़ी नाव की चुंगी 4 रुपये और छोटी की चुंगी एक रुपया वसूल की जाती थी। नाव में लाये गये सामान की सघन जाँच भी की जाती थी।

गजेटियर

सन् 1815 में प्रकाशित ईस्ट इण्डिया कम्पनी के गजेटियर में लिखा है कि इलाहाबाद में जितने भी मकान बने हुए थे उनमें 10 में से 9 मकान कच्चे थे। यहाँ अफीम, शक्कर, नील तथा कपास का उत्पादन हुआ करता था जो देशभर में विक्रय हेतु भेजा जाता था।

बिशप हेबर

बिशप ने इलाहाबाद के सम्बन्ध में सन् 1824 में लिखा था कि यह नगर गंगा और यमुना के किनारे एक त्रिकोण-जैसे स्थान पर बसा हुआ है। यहाँ के मकान बड़े भद्‌दे ढंग के बने हुए हैं और अधिकांशतः यमुना के किनारे बसे नगर में बहुत पतली-पतली और बेढंगी गलियाँ हैं। लेकिन उसने यह भी लिखा है कि इस नगर की स्थिति बहुत-कुछ वैसी ही है जैसी किसी बड़े नगर की होनी चाहिए। यहाँ की जलवायु भी बड़ी अनुकूल और स्वास्थ्यवर्द्धक है।

स्किनर

विदेशी विद्वान् स्किनर ने इलाहाबाद नगर के सम्बन्ध में तो अधिक नहीं लिखा किन्तु माघमेले के सम्बन्ध में लिखा था कि यह मेला गंगा और यमुना की धाराओं के किनारे लगा हुआ था। धाराओं के निकट लकड़ी के तख्ते बिछे हुए थे, जिनके

बीच-बीच में पण्डे विराजमान थे। यह पण्डे अपने यजमानों के पारलौकिक कल्याण के लिए पूजा-पाठ कराते थे तथा मन्त्रोच्चार करते थे। स्त्रियाँ अच्छे-अच्छे वस्त्र पहने तथा लाल चादरें ओढ़े हुए मेले में दिखायी पड़ती थीं। सभी आगन्तुकों का ध्यान नदियों में स्नान करने की ओर ही अधिक दिखता था। मेले में सामान की बिक्री होती नहीं दिखायी पड़ती थी किन्तु मेला बहुत आकर्षक प्रतीत होता था।

राबर्ट

इन्होंने इलाहाबाद के सम्बन्ध में 1837 में लिखा था कि यह नगर पश्चिम की ओर यमुना नदी के तट पर बसा हुआ है जो अपनी प्राकृतिक स्थिति के कारण बहुत सुन्दर प्रतीत होता है। किन्तु यहाँ बने घरों की स्थिति बड़ी दयनीय और दुःखद प्रतीत होती है।

कैप्टन वान ओरली

जर्मनी के इस यात्री ने सन् 1845 में इलाहाबाद के सिविल स्टेशन क्षेत्र के विषय में लिखा था कि यह क्षेत्र बहुत सुरम्य और सुन्दर है। छावनी के आस-पास बने बँगलों में लगाये गये सुन्दर बगीचों ने इस क्षेत्र की सुन्दरता को और भी अधिक सुरम्य बना दिया है।

उसने लिखा है कि इस क्षेत्र में चौड़ी-चौड़ी सड़कें हैं। सड़कों के किनारे हरे-भरे वृक्ष हैं। सड़कें नगर के महत्त्वपूर्ण स्थलों की ओर जाती हैं।

मार्क ट्वेन

प्रसिद्ध साहित्यकार मार्क ट्वेन ने लिखा है कि इलाहाबाद का सिविल स्टेशन क्षेत्र बहुत ही सुन्दर है। यहाँ चौड़ी-चौड़ी सड़कें हैं जिनके किनारे घने छायादार वृक्ष लगे हैं। सुन्दर-सुन्दर बँगले बगीचों के बीच में बने हुए हैं। ये सभी भवन ऐसे मनोरम प्राकृतिक वातावरण में बने हुए हैं कि किसी भी बुद्धिजीवी के लिए वहाँ निवास करके सोचने-विचारने तथा लेखन करने के लिए उत्तम वातावरण का सृजन करते हैं। मार्क ट्वेन ने यह भी लिखा है कि इस क्षेत्र में बड़े-बड़े समृद्धिशाली व्यापारी, कलाकार तथा चित्रकार रहते हैं। लोग इस क्षेत्र में अपनी आवश्यकता की वस्तुएँ लेने के लिए जाते हैं।

डब्ल्यू. एस. केन

इस यात्री ने अपने यात्रा-विवरण में लिखा है कि यह नगर एक त्रिकोणीय भूमि पर स्थित है, जो अत्यधिक उपजाऊ और रमणीक है। यहाँ जाड़े भर गुलाब के सुन्दर-सुन्दर पेड़ बड़ी मात्रा में उगाये जाते हैं। सिविल स्टेशन क्षेत्र में बड़े-बड़े सुन्दर बँगले सुन्दर वाटिकाओं के बीच में बने हुए हैं। सड़कें खूब चौड़ी हैं जिनके दोनों ओर छायादार वृक्षों की कतारें हैं। यह क्षेत्र लगभग 6-7 मील के इलाके में बसा हुआ है, जहाँ मकानों के इर्द-गिर्द चौरस अहाते और सुन्दर बगीचे लगे हुए हैं।

•

आवागमन सुविधाएँ

इलाहाबाद वायुमार्ग, रेलमार्ग तथा सड़कमार्ग से पूरे देश से जुड़ा अवश्य है किन्तु यहाँ से वायुयान यात्रा अत्यधिक अव्यवस्थित, असुविधाजनक और कठिन है। वायुमार्ग से इलाहाबाद केवल लखनऊ और दिल्ली से जुड़ा है, वह भी अत्यन्त अव्यवस्थित रूप में है। इसमें सुधार की गुंजाइश और आवश्यकता भी है। विश्वभर में प्रख्यात इस नगर को सैलानियों के आवागमन हेतु सुगम बनाने के लिए वायुयान यात्रा को सुव्यवस्थित तथा नियमित बनाने की अत्यधिक आवश्यकता है, ताकि इलाहाबाद पर्यटन मानचित्र पर अपना उचित स्थान प्राप्त कर सके।

रेलमार्ग

रेलमार्ग से यह संगम नगरी उत्तर, दक्षिण, पूर्व, पश्चिम सभी ओर से जुड़ी हुई है। इस ऐतिहासिक, सांस्कृतिक, शैक्षिक और धार्मिक नगर तक रेलमार्ग द्वारा आना और जाना सुगम और सुव्यवस्थित है।

नगर के जंक्शन स्टेशन, रामबाग स्टेशन, प्रयाग स्टेशन, दारागंज स्टेशन, नैनी स्टेशन तथा माघमेले की ओर प्रयागघाट स्टेशन से रेलयात्रा की पर्याप्त सुविधा है, जिसमें प्रतिवर्ष वृद्धि हो रही है।

पैसेन्जर से लेकर एक्सप्रेस, मेल तथा सुपरफास्ट और राजधानी एक्सप्रेस तक इलाहाबाद आनेवाले रेलमार्ग पर संचालित हो रही हैं। रेल समय सारिणी प्रत्येक वर्ष कुछ-न-कुछ परिवर्तित होती रहती है। अतः उसे यहाँ प्रकाशित करना निरर्थक प्रतीत होता है।

सड़क परिवहन

बस द्वारा भी उत्तर प्रदेश के सभी नगरों तक आवागमन तथा मध्य प्रदेश, महाराष्ट्र के कुछ नगरों और उत्तरांचल के नगरों तक बसों द्वारा यात्रा करना सुविधाजनक हो गया है।

सिविल लाइन्स, जीरो रोड तथा लीडर रोड बस स्टेशनों से विभिन्न नगरों के लिए बस सेवा उपलब्ध है, जो सुव्यवस्थित और सुगम भी है।

नगर के अन्दर स्थानीय बस सेवा, विक्रम तथा टेम्पो सेवा और रिक्शा की सेवा पर्याप्त रूप में उपलब्ध है।

ताँगे अब लुप्तप्राय हैं तथा इक्के भी कभी-कभी ही कुछ मार्गों पर दिखायी पड़ते हैं।

गाँवों में ट्रैक्टर ट्राली सेवा भी उपलब्ध है।

आधुनिक इलाहाबाद के विस्तार, हर सड़क पर निरन्तर बढ़ती भीड़ तथा जनवरी, 2013 में आयोजित हो रहे महाकुम्भ को देखते हुए प्रयाग को अत्यधिक विकसित तथा आधुनिक नगर बनाने के लिए सरकार पूरी तरह सचेष्ट हो गयी है तथा नगर की अनेक विकास योजनाओं के लिए 437.79 करोड़ की धनराशि आबण्टित की गयी है। सड़कों को चौड़ी करने, उन्हें आवागमन के लिए सुचारु बनाने, चौराहों के सौन्दर्यीकरण, ओवरब्रिज निर्माण, जल-आपूर्ति तथा विद्युत् व्यवस्था को व्यवस्थित करने का कार्य तेजी से किया जा रहा है, जिसे महाकुम्भ के पहले पूरा किया जाना है। साथ ही गंगा-यमुना को प्रदूषणमुक्त करने तथा घाटों के निर्माण का कार्य भी चल रहा है। महाकुम्भ के बहाने आम दिनों में भी इससे प्रयागवासियों तथा वर्ष भर आनेवाले तीर्थयात्रियों और देशी-विदेशी पर्यटकों के लिए सुलभ-सुचारु सुविधाएँ प्राप्त हो सकेंगी तथा प्रयाग को देश ही नहीं विश्व पर्यटक केन्द्र के रूप में विकसित करने की परिकल्पना पूरी हो सकेगी।

•

इलाहाबाद : महत्त्वपूर्ण तथ्य एवं सूचनाएँ

- उत्तर प्रदेश का सातवाँ सर्वाधिक जनसंख्यावाला जनपद
- सन् 2011 में विश्व का 130वाँ तीव्र गति से विकासशील नगर घोषित
- **क्षेत्रफल :** 5424 किलोमीटर
- **जनसंख्या :** सन् 2011 की जनगणना के अनुसार 5,959,798
- **पिनकोड :** 211001 से 05
- **टेलीफोन कोड :** 91-532
- **भाषा :** हिन्दी (अवधी तथा खड़ीबोली), उर्दू, अंग्रेजी, बँगला तथा पंजाबी
- **वेबसाइट :** allahabad.nic.in (http.//allahabad.nic.in/)
- **रेलवे स्टेशन :** इलाहाबाद जंक्शन, रामबाग सिटी स्टेशन, प्रयाग, प्रयागराज
- **बस स्टेशन :** सिविल लाइन्स, जीरो रोड, लीडर रोड
- **हवाई अड्डा :** बमरौली
- **मौसम :** गर्मी-अप्रैल से जून, वर्षा ऋतु-जुलाई के आरम्भ से सितम्बर, शरद् ऋतु-नवम्बर से फरवरी
- **तापमान :** अधिकतम 40° सें. मी. अधिक 48° सें. तक मई-जून में, न्यूनतम 2 सें शरद् ऋतु में।
- **वर्षा**—1,027 मिलीमीटर प्रतिवर्ष

◆ **धार्मिक अनुपात :**	हिन्दू	85.15	प्रतिशत
◆	इस्लामधर्मी	13.77	”
◆	ईसाई	0.36	”
◆	सिख	0.20	”
◆	अन्य	0.52	”

- **शैक्षिक अनुपात :** 74.41 प्रतिशत

  पुरुष 85 प्रतिशत, महिलाएँ 62.67 प्रतिशत

●●●

इलाहाबाद

कैमरे की नजर से

चित्र -1

बादशाही मण्डी, चौक-स्थित 200 वर्ष पुराना श्री बड़ा गणेश मन्दिर, जहाँ गणेश जी की विशाल प्रतिमा स्थापित है। यहीं से प्रत्येक वर्ष गणेश चतुर्थी के दिन गणेश जी नगर-भ्रमण के लिए पूरी सज-धज के साथ निकलते हैं।

चित्र -2

यमुना-तट पर सरस्वती घाट के निकट मनकामेश्वर मन्दिर, जहाँ स्थापित शिव जी की पिण्डी प्रत्येक शिव भक्त की मनोकामना पूरी करती है, ऐसी मान्यता प्रचलित है। शिव मन्दिर का ऐसा सुन्दर और मनोरम स्थल शायद ही कहीं अन्यत्र देखने को मिलेगा।

चित्र -3

पाण्डवों के समय का प्राचीन मन्दिर पँड़िला महादेव, जहाँ नियमित रूप से तीर्थयात्रियों का ताँता लगा रहता है।

चित्र -4

महर्षि भरद्वाज मुनि का प्राचीन मन्दिर, जहाँ भगवान् राम, सीता और लक्ष्मण वन जाते समय महर्षि से मिले थे और वन का मार्ग पूछा था।

चित्र -5

प्राचीन नागवासुकि मन्दिर, जिसकी सीढ़ियों का बरसात के समय पवित्र गंगा की लहरें प्रक्षालन करती हैं। इस मन्दिर का निर्माण मराठों ने सन् 1742 में अवध स्थापत्य शैली में करवाया था।

चित्र -6
नागवासुकि मन्दिर के मुख्य द्वार के बगल में गंगापुत्र भीष्म पितामह की शर-शय्या पर लेटी हुई विशाल मूर्ति ।

चित्र -7
त्रिवेणी बाँध पर भव्य शंकर विमान मण्डपम् मन्दिर, जहाँ स्थापित बाला जी तथा कामाख्या देवी की प्रतिमाएँ भक्तजनों के लिए विशेष आकर्षण हैं।

चित्र -8

सत्तीचौरा, बाँसमण्डी स्थित श्री पञ्चमुखी महादेव मन्दिर का मुख्य द्वार।

चित्र -9

पञ्चमुखी महादेव मन्दिर में स्थापित 200 वर्ष पुरानी पाँच पिण्डियाँ।

चित्र -10
त्रिवेणी बाँध के पूर्व की ओर बड़े हनुमान जी मन्दिर का भव्य द्वार।

चित्र -11
त्रिवेणी बाँध के नीचे मन्दिर में लेटे हुए बड़े हनुमान जी की भव्य मूर्ति स्थापित है। नित्य हजारों भक्त यहाँ पूजा-अर्चना करने आते हैं और गाते-नाचते निशान चढ़ानेवाले नर-नारियों का ताँता लगा रहता है।

चित्र -12
कमला नेहरू रोड, महात्मा गाँधी मार्ग चौराहे पर पवन-पुत्र हनुमान के आधुनिक मन्दिर का भव्य द्वार, जिस पर अर्जुन का रथ निर्मित है। भगवान् कृष्ण सारथी बने हुए हैं, अर्जुन युद्ध के लिए तत्पर अन्दर आसीन हैं और सबसे ऊपर विराजमान हैं श्री हनुमान।

चित्र -13
कमला नेहरू रोड तथा महात्मा गाँधी मार्ग चौराहे पर निर्मित आधुनिक मन्दिर में पवन-पुत्र हनुमान जी की भव्य मूर्ति, जिनके समक्ष माथा टेकने हजारों श्रद्धालु नित्य उपस्थित होते हैं।

चित्र -14

हाईकोर्ट के निकट मन्दिर में आशीष की मुद्रा में हनुमान जी की प्रेरक मूर्ति, जहाँ अन्य भक्तजनों के अतिरिक्त हाईकोर्ट में मुकदमे की पेशी में आये लोग माथा टेकने के बाद ही अदालत में जाते हैं।

चित्र -15

रामबाग में हनुमान जी का यह मन्दिर भक्तों के आकर्षण का प्रमुख केन्द्र है। संलग्न हॉल में भजन-कीर्त्तन के आयोजन भी होते रहते हैं।

चित्र -16

फोर्ट रोड चौराहे के निकट गीता निकेतन मन्दिर।

चित्र -17

श्री नारायण आश्रम, शिवकुटी का मुख्य द्वार।

चित्र -18

आस्था के प्रतीक अलोपशंकरी मन्दिर के गर्भगृह में माता सती के प्रतीकस्वरूप पवित्र पालना जहाँ पूजा-अर्चना करने तथा पालने को माथे से लगाने हजारों श्रद्धालु नित्य आते हैं, मनौतियाँ मानते हैं।

चित्र -19

अलोपशंकरी देवी के निकट शिवाला, जिसे हरियाणा निवासी पीरूमल राधारमण ने लगभग 150 वर्ष पहले निर्मित करवाया था।

चित्र -20
कल्याणी देवी मन्दिर में माँ कल्याणी देवी। इस मन्दिर का निर्माण लगभग 150 वर्ष पूर्व हुआ था।

चित्र -21
मीरापुर का ललिता देवी मन्दिर, जो शक्तिपीठ माना जाता है और जहाँ आयोजित भक्ति प्रेरित धार्मिक कार्यक्रम तथा अनुष्ठान निरन्तर हुआ करते हैं।

चित्र -22

इलाहाबाद रेलवे स्टेशन के उत्तर की ओर स्मिथ रोड पर कमौरीनाथ का मन्दिर, जिसका जीर्णोद्धार सन् 1895 में कराया गया था। कहते हैं इसमें स्थापित मूर्तियाँ लगभग 700 ई. की हैं, जिन्हें औरंगजेब के सैनिकों ने खण्डित कर दिया था।

चित्र -23

मुट्ठीगंज के काली बाड़ी मन्दिर में माँ काली की भव्य मूर्ति की पूजा-अर्चना।

चित्र -24

दारागंज में निराला मार्ग पर वेणी माधव मन्दिर का 100 फिट ऊँचा शिखर। मन्दिर लगभग 150 वर्ष पूर्व बनाया गया था, जो पंचायती अखाड़ा महानिर्वाणी की देख-रेख में संचालित हो रहा है।

चित्र -25

दारागंज के वेणी माधव मन्दिर में स्थापित भव्य मूर्तियाँ।

चित्र -26

निम्बार्क आश्रम, रामबाग में श्री राधा सर्वेश्वर मन्दिर। इस धर्म-स्थल का निर्माण सन् १८५७ में राजा बसन्त सिंह ने अपने गुरु श्री राधिका दास की स्मृति में करवाया था।

चित्र -27

तुलाराम बाग स्थित गौड़ीय मठ में स्थापित राधा-कृष्ण की मूर्तियाँ।

चित्र -28

थार्नहिल रोड पर आकाशवाणी केन्द्र के निकट शिरडी के साँईं बाबा का मन्दिर, जहाँ बृहस्पतिवार तथा विशेष अवसरों पर सड़क तक भक्तों की भीड़ लगी रहती है।

चित्र -29

अशोक नगर में सत्य साँईं बाबा के मन्दिर का आन्तरिक कक्ष। दिवंगत साँईं के चमत्कारों ने उनके भक्तजनों को अत्यधिक अभिभूत किया था और उनके द्वारा संचालित अस्पताल तथा शिक्षण संस्थाएँ सदैव भक्तों को प्रेरित करती रहेंगी।

चित्र -30

ग्राण्ड ट्रंक रोड पर हिम्मतगंज में निर्मित दायराशाह मुनब्बर अली की महत्त्वपूर्ण इबादतगाह है। इसका निर्माण लगभग 504 वर्ष पहले हुआ था। कहते हैं यहाँ आने पर मन्नतें पूरी हो जाती हैं और मानसिक रोग ठीक हो जाते हैं।

चित्र -31

शाहंशाह अकबर द्वारा यमुना-तट पर बनवाया गया इलाहाबाद किला, जिस पर सेना का अधिकार है। पर्यटकों के लिए किला अभी तक खुल नहीं सका है।

चित्र -32

किला घाट पर संगम स्नान के इच्छुक स्नानार्थियों की प्रतीक्षा में नावों का बेड़ा।

चित्र -33

पवित्र त्रिवेणी संगम, जहाँ विदेशी पक्षी भी संगम के जल में स्नान का आनन्द लेने आते हैं।

चित्र -34

कुम्भ मेला क्षेत्र में साधु-सन्त एवं तीर्थयात्री।

चित्र -35

गंगा, यमुना और अन्तःसलिला सरस्वती के पवित्र संगम तट पर स्नानार्थियों की भीड़ का दृश्य।

चित्र -36
संगम की ओर जाते नागा साधुओं की भीड़ का दृश्य

चित्र -37
आधुनिक तीर्थ आनन्द भवन जहाँ प्रयाग आनेवाला प्रत्येक यात्री अवश्य आता है। यहाँ कभी देश के प्रथम प्रधानमन्त्री जवाहरलाल नेहरू देशभर से आनेवाली भीड़ से नगर में मौजूद रहने पर अवश्य भेंट किया करते थे। इसका निर्माण सन् 1927 में पण्डित मोतीलाल नेहरू ने करवाया था।

चित्र -38

स्वराज भवन, जो एक संग्रहालय है और यहाँ पर आज़ादी की कहानी श्रव्य दृश्य माध्यम से प्रदर्शित होती है।

चित्र -39

आनन्द-भवन से सटा हुआ जवाहर प्लेनेटेरियम, जिसका तत्कालीन प्रधानमन्त्री श्रीमती इन्दिरा गाँधी के कर-कमलों द्वारा 29 नवम्बर, 1980 को उद्घाटन हुआ था। यहाँ खगोल विज्ञान से सम्बन्धित लोकरुचि के आकर्षक कार्यक्रम दिखाये जाते हैं।

चित्र -40

शास्त्रीय संगीत तथा नृत्य को अपने देश ही नहीं, विदेशों में भी प्रतिष्ठा दिलानेवाली संस्था प्रयाग संगीत समिति। देशभर में इससे सम्बद्ध केन्द्र हैं, जहाँ गायन, वादन तथा नृत्य के प्रशिक्षण के साथ ही प्रयाग संगीत समिति द्वारा संचालित परीक्षाएँ भी होती हैं।

चित्र -41

इलाहाबाद किला के अन्तर्गत अशोक स्तम्भ।

चित्र -42

कौशाम्बी का स्तम्भ।

चित्र -43

न्याय का मन्दिर उत्तर प्रदेश का उच्च न्यायालय भवन, जो सन् 1916 में निर्मित हुआ था।

चित्र -44

पं. जवाहरलाल नेहरू तथा पं. ब्रजमोहन दास के प्रयासों से स्थापित इलाहाबाद संग्रहालय, जिसमें इस नगर तथा देश की अनेक सांस्कृतिक धरोहरें संकलित हैं।

चित्र -45

पूर्व के आक्सफोर्ड इलाहाबाद विश्वविद्यालय का सिनेट हॉल। ऊपर 100 फिट ऊँची मीनार पर लगी घड़ी। इसकी डिजाइन स्वीण्टन जैकब ने तैयार की थी, निर्माण 1912 में हुआ और उद्घाटन 3 अगस्त, 1912 को किया गया।

चित्र -46

विश्वविद्यालय का विज्ञान संकाय परिसर। ऊपर 200 फुट ऊँची मीनार, नीचे ऐतिहासिक विजयनगरम हॉल, जिसका निर्माण सन् 1873 से 1885 के बीच हुआ। तत्कालीन वाइसराय नार्थब्रुक ने सन् 1873 में इसकी आधारशिला रखी। शिल्पकार थे मिस्टर एमरसन।

चित्र -47

चन्द्रशेखर आजाद पार्क में अमर शहीद चन्द्रशेखर आजाद की भव्य प्रेरक मूर्ति। इसी स्थल पर ब्रिटिश सिपाहियों से लड़ते हुए आजाद ने स्वयं अपने को गोली मार ली थी ताकि वे जीवित अंग्रेजों के हाथ न आयें।

चित्र -48

चन्द्रशेखर आजाद पार्क स्थित ऐतिहासिक पब्लिक लाइब्रेरी, जहाँ अति प्राचीन से आधुनिक पुस्तकों तक का वृहद् संग्रह ज्ञानार्थियों का मन मोह लेता है।

चित्र -49

चन्द्रशेखर आजाद पार्क के बीच बैण्ड सर्किल। पीछे स्थित ऐतिहासिक मूर्ति-मंचिका, जिस पर ब्रिटिश शासनकाल में महारानी विक्टोरिया की मूर्ति स्थापित की गयी थी। देशप्रेमियों की माँग पर अब मूर्ति हटा दी गयी है।

चित्र -50

थार्नहिल रोड, वर्तमान दयानन्द मार्ग स्थित बाइबिल सोसाइटी भवन, जिसकी आधारशिला सर जेम्स मेस्टोन ने 11 मार्च, 1914 को रखी थी। मूल रूप से इसका निर्माण लेफ्टिनेण्ट गवर्नर के निवास के लिए करवाया गया था। अब इसमें बाइबिल हाउस है, जो भारत के 15 बाइबिल हाउसों में से एक है।

चित्र -51

सिविल लाइन्स स्थित ऑल सेण्ट्स कैथेड्रल, जो पत्थर गिरजा के नाम से प्रचलित है। क्रिसमस के समय यह दुल्हन-जैसा सज जाता है। 10 अप्रैल, 1871 को यह बनकर तैयार हुआ। इस भवन की डिजाइन विलियम एम्बेर्सन ने बनायी थी।

चित्र -52

कानपुर रोड पर पानी की टंकी तथा ओवर ब्रिज के निकट सेण्ट पैट्रियोक चर्च, जिसका निर्माण सन् 1929 में हुआ।

चित्र -53

इण्डो-रोमन स्थापत्य शैली में निर्मित मेथोडिस्ट चर्च, जो ताशकन्द मार्ग और कानपुर रोड के मुहाने पर स्थित है। इसका निर्माण 1877 में कराया गया था।

चित्र -54

कमला नेहरू रोड स्थित सेण्ट पॉल्स चर्च, जो 1856 में निर्मित हुआ। सन् 1881 में इसे इंग्लैण्ड के चर्च का दर्जा प्राप्त हो गया था।

चित्र -55

इलाहाबाद स्टेशन, जिसका उद्घाटन देश के प्रथम प्रधानमन्त्री पं. जवाहरलाल नेहरू ने किया था। उस समय रेलमन्त्री थे श्री लालबहादुर शास्त्री।

चित्र -56

चौक का ऐतिहासिक घण्टाघर, जो अनेक स्मरणीय घटनाओं का गवाह है। निर्माण सन् 1913 में हुआ था। इसकी डिजाइन सर स्वीण्टन जैकब ने तैयार की थी।

चित्र -57

यमुना नदी पर निर्मित रेलवे पुल, जो 15 अगस्त, 1865 ई. को आवागमन के लिए खोला गया था। दोतरफा पुल 21 अगस्त, सन् 1929 को खुला।

चित्र -58
पवित्र यमुना पर निर्मित नया यमुना पुल, जो अपनी भव्यता के साथ घूमनेवालों के लिए भी आकर्षण का केन्द्र बन गया है।

चित्र -59
राजस्थानी स्थापत्य शैली में निर्मित बड़ी कोठी, दारागंज, जो लगभग 250 वर्ष पूर्व निर्मित करायी गयी थी। इसके निर्माता पीरूमल ने 1857 के प्रथम स्वतन्त्रता संग्राम में अंग्रेजी हुकूमत की मदद की थी, अतः इन्हें राय साहब की खिताब से नवाजा गया था और बड़ी रियासत भी भेंट की गयी थी। इस परिवार के लोग आज भी राय साहव खिताब नाम के साथ लगाते हैं।

चित्र -60

यमुना नदी के किनारे इविंग क्रिश्चियन कालेज जो स्कूल के रूप में 1836 ई. में खोला गया था। भवन सन् 1903 में निर्मित हुआ।

चित्र -61

लाउदर रोड पर स्थित प्रदेश की मनोविज्ञानशाला। 1853 ई. में इलाहाबाद की कचहरी इसी भवन में जमुना स्कूल परिसर से स्थानान्तरित की गयी थी। 15 जुलाई, 1947 को जिला कचहरी भवन बन जाने पर यहाँ मनोविज्ञानशाला खोली गयी।

चित्र -62
महात्मा गाँधी मार्ग पर उत्तर प्रदेश दृश्य-श्रव्य शिक्षा प्रसार भवन, जिसका निर्माण 1890 में हुआ था।

चित्र -63
शिक्षा प्रसार भवन के निकट महात्मा गाँधी मार्ग पर सी.पी.आई. बिल्डिंग, जहाँ विविध तकनीकी शिक्षा का केन्द्र है। इसका निर्माण सन् 1911 में हुआ था।

चित्र -64

कचहरी रोड पर पुलिस लाइन के सामने जिला पंचायत भवन, जो सन् 1918 में निर्मित हुआ था। ग्राम पंचायतों के महत्त्व के साथ ही इस भवन का महत्त्व भी वर्तमान समय में बहुत बढ़ गया है।

चित्र -65

राजस्व परिषद् भवन, जो 1870 ई. में वर्तमान सरोजिनी नायडू मार्ग के पूर्वी किनारे पर निर्मित हुआ था।

चित्र -66

सरोजिनी नायडू रोड पर रोमन शैली में बना बिशप जानसन स्कूल भवन, जो मार्च, 1891 में निर्मित हुआ था।

चित्र -67

पातालपुरी मन्दिर और वटवृक्ष, जो अक्षयवट के नाम से प्रसिद्ध है।

चित्र -68

रंगमहल, इलाहाबाद किला।

चित्र -69

समुद्रकूप, झूँसी, इलाहाबाद।

चित्र -70
महर्षि दुर्वासा जी का मन्दिर, ककरा-दुबावल।

चित्र -71
मन्दिर में स्थापित महर्षि दुर्वासा जी की भव्य मूर्ति।

चित्र -72

माँ एन्द्री देवी धाम जो महर्षि दुर्वासा के आश्रम से लगभग डेढ़ किलोमीटर की दूरी पर स्थित है।

चित्र -73

माँ ऐन्द्री देवी धाम में नवनिर्मित महादेव शंकर जी का मन्दिर।

चित्र -74

धाम में स्थापित माँ ऐन्द्री देवी की प्रेरक मूर्ति।